Luiz Mário Ferreira Costa

OS INTELECTUAIS-HERÓIS:
uma história transnacional luso-brasileira

Luiz Mário Ferreira Costa

OS INTELECTUAIS-HERÓIS: uma história transnacional luso-brasileira

EDITORA CRV
Curitiba – Brasil
2018

Copyright © da Editora CRV Ltda.
Editor-chefe: Railson Moura
Diagramação e Capa: Editora CRV
Revisão: O Autor

DADOS INTERNACIONAIS DE CATALOGAÇÃO NA PUBLICAÇÃO (CIP)
CATALOGAÇÃO NA FONTE

C834

Costa, Luiz Mário Ferreira.
    Os intelectuais-heróis: uma história transnacional luso-brasileira / Luiz Mário Ferreira Costa – Curitiba: CRV, 2018.
194 p.

    Bibliografia
    ISBN 978-85-444-2599-2
    DOI 10.24824/978854442599.2

    1. História 2. História luso-brasileira 3. Transnacionalidade I. Título II. Série

CDU 94(81)   CDD 981.05

Índice para catálogo sistemático
1. História luso brasileira 981.05

ESTA OBRA TAMBÉM ENCONTRA-SE DISPONÍVEL EM FORMATO DIGITAL.
CONHEÇA E BAIXE NOSSO APLICATIVO!

2018
Foi feito o depósito legal conf. Lei 10.994 de 14/12/2004
Proibida a reprodução parcial ou total desta obra sem autorização da Editora CRV
Todos os direitos desta edição reservados pela: Editora CRV
Tel.: (41) 3039-6418 - E-mail: sac@editoracrv.com.br
Conheça os nossos lançamentos: www.editoracrv.com.br

Conselho Editorial:

Aldira Guimarães Duarte Domínguez (UNB)
Andréia da Silva Quintanilha Sousa (UNIR/UFRN)
Antônio Pereira Gaio Júnior (UFRRJ)
Carlos Alberto Vilar Estêvão (UMINHO/PT)
Carlos Federico Dominguez Avila (Unieuro)
Carmen Tereza Velanga (UNIR)
Celso Conti (UFSCar)
Cesar Gerónimo Tello (Univer. Nacional Três de Febrero/Argentina)
Eduardo Fernandes Barbosa (UFMG)
Elione Maria Nogueira Diogenes (UFAL)
Élsio José Corá (UFFS)
Elizeu Clementino (UNEB)
Fernando Antônio Gonçalves Alcoforado (IPB)
Francisco Carlos Duarte (PUC/PR)
Gloria Fariñas León (Universidade de La Havana/Cuba)
Guillermo Arias Beatón (Universidade de La Havana/Cuba)
Jailson Alves dos Santos (UFRJ)
João Adalberto Campato Junior (UNESP)
Josania Portela (UFPI)
Leonel Severo Rocha (UNISINOS)
Lídia de Oliveira Xavier (UNIEURO)
Lourdes Helena da Silva (UFV)
Maria de Lourdes Pinto de Almeida (UNOESC)
Maria Lília Imbiriba Sousa Colares (UFOPA)
Maria Cristina dos Santos Bezerra (UFSCar)
Paulo Romualdo Hernandes (UNIFAL/MG)
Rodrigo Pratte-Santos (UFES)
Sérgio Nunes de Jesus (IFRO)
Simone Rodrigues Pinto (UNB)
Solange Helena Ximenes-Rocha (UFOPA)
Sydione Santos (UEPG)
Tadeu Oliver Gonçalves (UFPA)
Tania Suely Azevedo Brasileiro (UFOPA)

Comitê Científico:

Adriane Piovezan (Faculdades Integradas Espírita)
Alexandre Pierezan (UFMS)
Andre Eduardo Ribeiro da Silva (IFSP)
Antonio Jose Teixeira Guerra (UFRJ)
Antonio Nivaldo Hespanhol (UNESP)
Carlos de Castro Neves Neto (UNESP)
Edilson Soares de Souza (FABAPAR)
Eduardo Pimentel Menezes (UERJ)
Euripedes Falcao Vieira (IHGRRGS)
Fabio Eduardo Cressoni (UNILAB)
Gilmara Yoshihara Franco (UNIR)
Jussara Fraga Portugal (UNEB)
Karla Rosário Brumes (UNICENTRO)
Luciana Rosar Fornazari Klanovicz (UNICENTRO)
Luiz Guilherme de Oliveira (UnB)
Marcel Mendes (Mackenzie)
Marcio Jose Ornat (UEPG)
Marcio Luiz Carreri (UENP)
Maurilio Rompatto (UNESPAR)
Mauro Henrique de Barros Amoroso (FEBF/UERJ)
Michel Kobelinski (UNESPAR)
Rosangela Aparecida de Medeiros Hespanhol (UNESP)
Sergio Murilo Santos de Araújo (UFCG)
Simone Rocha (UnC)

Este livro foi avaliado e aprovado por pareceristas *ad hoc*.

AGRADECIMENTOS

O livro *Os intelectuais-heróis: uma história transnacional luso-brasileira* é uma versão revisada da tese *Os "intelectuais-heróis" e as mitologias políticas contemporâneas: a história transnacional da produção intelectual de Alfredo Pimenta, Gustavo Barroso, Plínio Salgado e Rolão Preto*, defendida no ano de 2015, que foi amplamente refletida e fundamentada à medida que as pesquisas de pós-doutoramento avançavam.

Como sabemos uma obra literária nunca será um trabalho individual, escrito e inspirado por apenas um homem, é o resultado de inúmeros esforços intelectuais, inúmeras tentativas com erros e acertos, tem o mérito de ser um produto coletivo, social e culturalmente datado. Por esta razão gostaria de agradecer a todos aqueles que contribuíram para a realização deste livro, a começar pelos professores doutores: Francisco Carlos Palomanes Martinho, Leandro Pereira Gonçalves, António Costa Pinto, Paulo Fernando de Oliveira Fontes, Ignácio José Godinho Delgado, Alexandre Mansur Barata, Claudia Maria Ribeiro Viscardi, Riccardo Marchi, Paula Borges Santos, Célia Maria Aparecida Resende Borges, Michelle Vasconcelos e Maurício Barreto Alvarez Parada.

Agradeço às instituições, brasileiras e portuguesas, que prontamente abriram seus arquivos para esta investigação, são elas: o Arquivo Nacional da Torre do Tombo, a Academia Portuguesa de História, a Biblioteca Nacional de Portugal, a Biblioteca do Instituto de Ciências Sociais da Universidade de Lisboa, a Academia Brasileira de Letras, o Museu Histórico Nacional, a Biblioteca Redentorista de Juiz de Fora, o Arquivo Público e Histórico de Rio Claro e, especialmente, a todos os funcionários da Biblioteca Universitária João Paulo II da Universidade Católica Portuguesa, que gentilmente disponibilizaram para cópia os documentos do Fundo António Sardinha. Estendo os meus agradecimentos ao Programa de Pós-Graduação em História do Instituto de Ciências Humanas da Universidade Federal de Juiz de Fora e ao Programa de Pós-Graduação em História da Faculdade de Filosofia e Ciências Humanas da Universidade de São Paulo. Assim como, às entidades que concederam as bolsas de estudo de doutorado e pós-doutorado, respectivamente, à Coordenação de Aperfeiçoamento de Pessoal de Nível Superior (CAPES) e a Fundação de Amparo à Pesquisa do Estado de São Paulo (FAPESP).

Sou também muito grato a todas aquelas pessoas queridas, amigos e familiares, que subsidiaram carinhosamente esta empreitada e me fizeram crescer. Algumas delas já não se fazem presentes, mas deixaram suas marcas... Um agradecimento especial à querida Val Dornellas, uma verdadeira musa inspiradora, e a toda a sua família linda, que deram toques finais de arte e harmonia a esta obra.

E, finalmente, agradeço aos meus pais e a Deus! A tríade "Deus, Lar, interior" sempre me guiará pelo caminho da esperança e da fé inabalável...

Aos meus pais,
Luiz Carlos e
Lucimar

Este livro nasceu de um sonho único, de uma mesma ideia inicial, que já há algum tempo tem conduzido o caminho... A vontade de "ser" novamente veio à tona, novos desafios e novos chamados para a "aventura" foram aceitos. Revelou-se no limiar do "mundo das ideias" manifestadas na concretude do cotidiano, ainda que imperfeitamente, e, assim, seguirá...

SUMÁRIO

PREFÁCIO..13

INTRODUÇÃO...15

1. ASPECTOS BIOGRÁFICOS E "MISSÕES" INTELECTUAIS......25
1.1 Alfredo Pimenta: o intelectual e sua pena "afiada"....................25
1.2 Gustavo Barroso: o intelectual soldado....................................32
1.3 Plínio Salgado: a criação do "novo homem"............................40
1.4 Rolão Preto: a inquietação de um jovem nacionalista................45
1.5 Intelectuais-heróis: uma noção transnacional..........................53

2. COMPORTAMENTOS POLÍTICOS SEMELHANTES
ENTRE OS INTELECTUAIS-HERÓIS..59
2.1 Alfredo Pimenta: a "coerência" e a "convicção" como
bandeiras políticas..59
2.2 Gustavo Barroso: ideais rígidos em defesa do integralismo.....67
2.3 Plínio Salgado, o advento do "escolhido" e a criação
do integralismo...75
2.4 Rolão Preto: o cientista social e a liderança mítica..................82

3. AS RELAÇÕES TRANSNACIONAIS EM FOCO.......................89
3.1 Balanço das relações intelectuais luso-brasileiras...................89
3.2 Alfredo Pimenta e Gustavo Barroso:
os companheiros acadêmicos...93
3.3 Plínio Salgado e Rolão Preto: proximidades
políticas e ideológicas..103
3.4 Assimetria de "sentimentos" e conexões mitológicas.............110

4. NARRATIVAS MITOLÓGICAS:
a conspiração e a salvação...119
4.1 Apropriações do mito do Caramuru por Alfredo Pimenta
e Gustavo Barroso..119
4.2 O mito da conspiração: versão íntima e transnacional............129
4.3 Apropriações do mito do sebastianismo por Plínio Salgado
e Rolão Preto..144
4.4 O mito da salvação: versão íntima e transnacional.................153

5. CONSIDERAÇÕES FINAIS..167

FONTES PRIMÁRIAS..171

REFERÊNCIAS..179

PREFÁCIO

Desde o renascimento da História Política, por volta da década de 1980 do século passado, que a temática dos intelectuais ganhou espaço crescente junto às pesquisas acadêmicas. Originário da França e das tentativas de compreensão da cultura política republicana do pós-1945, os primeiros estudos acerca dos intelectuais, tanto de indivíduos como de grupos organizados (partidos políticos, escolas acadêmicas etc.) foram dedicados aos intelectuais de esquerda. Aos poucos, entretanto, na medida em que a cultura política se forma a partir do embate entre republicanos e tradicionalistas, como disse Rioux,[1] seus estudos dedicaram-se também a este segundo campo, até então quase que esquecido.

É neste quadro de reflexões dos intelectuais de direita que se insere o presente texto de Luiz Mário Ferreira Costa. Trata-se de um excelente trabalho, ousado intelectualmente, sobretudo na abordagem da temática do "Intelectual-Herói", conceito que servirá, estou certo, de incentivo para outros estudos e publicações. Ao mesmo tempo, valendo-se da produção intelectual dos brasileiros Gustavo Barroso e Plínio Salgado e dos portugueses Alfredo Pimenta e Francisco Rolão Preto, o autor se dedica a uma interessante abordagem transnacional do pensamento conservador/reacionário[2] de Portugal e Brasil nas primeiras décadas do século XX.

Diversos são os méritos da pesquisa em si. Gostaria de ressaltar, a breve trecho, um, de natureza teórica, que me parece determinante: a utilização do conceito de *mito* apartando-o da ideia de falsidade. Como disse o Girardet, mitos são "complexos e duradouros sistemas de crença" e são entendidos como "um tipo de realidade que cumpre algumas funções sociais".[3] Neste sentido, o texto de Luiz Mário Ferreira Costa aqui apresentado ao leitor concorda com o paradigma de Mircea Eliade, para quem o mito é a "narrativa de um evento que realmente aconteceu".[4] Trata-se, pois, de um constructo histórico.

Mas uma pesquisa em história é feita não apenas da reflexão teórica, mas também do diálogo, do entrecruzamento, da literatura sobre o tema com a

---

1 RIOUX, Jean-Pierre. A cultura política. In: RIOUX, Jean-Pierre; SIRINELLI, Jean-François (Direcção). **Para uma História Cultural**. Lisboa: Estampa, 1998.
2 Sobre as proximidades e diferenças dos conceitos de Conservador e Reacionário, ver: TEIXEIRA DA SILVA, Francisco Carlos. Redefinindo a direita. In: TEIXEIRA DA SILVA, Francisco Carlos; MEDEIROS, Sabrina; VIANNA, Alexander Martins. **Dicionário crítico do pensamento da direita: ideias, instituições e personagens**. Rio de Janeiro: FAPERJ; Mauad, 2000, p. 11-21.
3 GIRARDET, Raoul. **Mitos e mitologias políticas**. São Paulo: Companhia das Letras, 1987.
4 ELIADE, Mircea. **Tratado de História das Religiões**. São Paulo: Martins Fontes, 1993.

pesquisa de fontes. Em uma redação de muito agradável leitura, Luiz Mário se utiliza de excelente bibliografia já produzida e com a qual dialoga ao lado de um volumoso escopo documental.

Por fim, estou certo que a abrangência da pesquisa aqui apresentada nos permite dialogar não apenas com o período em si abordado no livro, mas igualmente com o fenômeno histórico das direitas tanto do século XIX como do século XXI. Atualizado e ousado, servirá como ponto de partida para novos estudos em torno dos intelectuais e do pensamento contemporâneo.

Francisco Carlos Palomanes Martinho
Professor Livre-docente do Departamento de História da USP/
Pesquisador do CNPq.

INTRODUÇÃO

Este livro tem como coluna vertebral a tese *Os "intelectuais-heróis" e as mitologias políticas contemporâneas: a história transnacional da produção intelectual de Alfredo Pimenta, Gustavo Barroso, Plínio Salgado e Rolão Preto*, desde a divisão e organização dos capítulos até a sua escrita final. Entretanto, é de salutar importância destacar que algumas reflexões teóricas e o amadurecimento intelectual de determinadas análises só foram alcançados durante o processo de pós-doutoramento, ocorrido nos últimos anos. Logo, é uma obra que foi edificada com base na tese de doutorado e, ao mesmo tempo, "experimentada" pelo complexo de entendimentos de pesquisas mais recentes.

Seu enfoque dialoga com a chamada "História Transnacional" e, neste sentido, é preciso sintetizar rapidamente a "evolução" desta interpretação historiográfica. Segundo Sean Purdy (2011), a utilização do termo "transnacional" por historiadores tem raízes que remontam ao fim do século XIX e início do século XX. De acordo com seu ponto de vista, a tradição marxista sempre declarou seus interesses pelas "interconexões e conversações extranacionais na sociedade capitalista". Um bom exemplo seriam as experiências de vida de Marx, Engels, Luxemburgo, Lênin, Trotski, Gramsci e E. P. Thompson, todos eles verdadeiros "testemunhos à transnacionalidade" (PURDY, 2011, p. 68). Temas como a expansão do capital pelo mundo – tratado por Marx –, o desenvolvimento combinado e desigual elaborado por Trotski, e a formação da classe operária de autoria de Thompson, são alguns indícios dessa prática (PURDY, 2011, p. 69-70).

Outras correntes intelectuais no início do século XX também utilizavam alguns recursos metodológicos transnacionais, a exemplo da *Borderlands,* de Frederick Jackson Turner, a "História dos Impérios", de Walter Webb Prescott e a "História Atlântica", de Charles Maclean Andrew. De modo geral, essas análises foram continuadas nos estudos de historiadores como Philip Curtin, sobre escravidão e expansão europeia; Luis Felipe de Alencastro, sobre Brasil, Europa e África; Daniel T. Rodgers, sobre a construção de políticas sociais no Atlântico Norte (PURDY, 2011, p. 70). Entretanto, Purdy destacou que foram as novas "teorias pós-modernistas" e "pós-coloniais" que tiveram maior influência no amadurecimento da história transnacional. Todas elas foram gestadas após o fracasso dos movimentos socialistas no período pós-1968, e motivadas pela crença de que o mundo estaria cada vez mais globalizado. Com destaque para as obras de Michel Foucault, Jacques Derrida, Roland Barthes e Jacques Lacan, pois, de modo geral, os pensadores franceses compartilhavam da "tese" de que o poder deveria ser interpretado em sua "forma descentralizada e fragmentada" e, por isso, não estaria limitado ao capitalismo, à classe ou sequer ao Estado-Nação (PURDY, 2011, p. 71).

Assim, resumidamente, além da influência das correntes marxistas, dos trabalhos sobre as *Borderlands* e da globalização dos pós-modernistas e dos pós-colonialistas, junte-se os novos estudos acerca da diáspora negra e a *Historie Croisée* francesa, e teremos a ampla base sobre a qual a historiografia transnacional vem se desenvolvendo. Outro grande incentivo para este tipo de análise surgiu com os historiadores das relações entre Estados Unidos e América Latina. Na visão de Barbara Weinstein (2013), a "virada transnacional" proporcionou algo inédito entre os historiadores norte-americanos, que passaram a olhar com mais atenção a produção de conhecimento da América Latina. Diferentemente da "história internacional" que se praticava nas universidades dos EUA, cujo enfoque central foi a interação entre as nações, as pesquisas transnacionais têm enfatizado questões em que os países não são as principais arenas de interação ou conflito.

Esta situação foi problematizada por Janny Scott em um artigo do *New York Times,* em 6 setembro de 2006, no qual o autor descreveu que, a partir dos atentados terroristas contra os Estados Unidos, em 11 de setembro de 2001, muitos historiadores norte-americanos iniciaram um movimento de ampliação de suas análises históricas. Desde então, a história americana deixou de ser vista sob a ótica da história do estado-nacional, e passou a ser estudada num viés mais ampliado e num contexto global. Assim, novas atenções têm sido direcionadas a temas como a ideia dos Estados Unidos como um império, a turbulenta e problemática história das liberdades civis nos país e, principalmente, a proliferação de um grande interesse na história do terrorismo, dos muçulmanos nos Estados Unidos, de conflitos e de intercâmbios culturais internacionais. Com isso, Scott finalizava seu texto declarando que a história da política externa norte-americana estava sendo repensada e que a já antiga tese de excepcionalidade dos EUA não caberia mais no contexto político atual (SCOTT, 2006).

Atualmente, diante do crescimento do número de trabalhos orientados por uma lógica transnacional, muitos historiadores também passaram a criticar duramente o conceito de "história comparada". Um dos argumentos centrais da crítica é que o próprio método de comparar duas ou mais unidades, confinadas dentro das fronteiras nacionais, destacando semelhanças e diferenças, impossibilita perceber as interações entre os objetos. Neste sentido, a análise acaba por desconsiderar os processos históricos mais complexos e produtivos (PURDY, 2011, p. 65). Nomes como Micol Seigel, Michael Werner, Bénédicte Simmermann e Serge Gruzinski são ainda mais críticos e acabam rejeitando por completo o método comparativo. Seigel (2005), por exemplo, dimensionou o impacto causado na história comparada após a emergência daquilo que chamou de a "virada transacional", no artigo *Beyond Compare: Comparative Method after the Transnational Turn*, publicado em 2005. Um dos seus objetivos era desmoralizar a neutralidade do método comparativo, demonstrando suas incoerências e, muitas vezes, o caráter político escondido por trás destas obras.

Na perspectiva de Juan Pablo Bohórquez-Montoya, o "transnacionalismo" é uma forma de pensar que rompeu com o nacionalismo metodológico; por esta razão, seu potencial explicativo da dinâmica social tem possibilitado uma ampliação dos objetos analisados (BOHÓRQUEZ-MONTOYA, 2009). Sendo assim, a história transnacional tem abarcado campos de investigação bem diversos, como as relações sociais que ultrapassam as fronteiras, as redes e os fluxos de pessoas, as ideias, as informações, as diásporas, a reprodução de processos culturais em escala global, a reconfiguração e a expansão do capital em nível mundial, os movimentos sociais que se articulam em âmbito local e global, dentre outros (BOHÓRQUEZ-MONTOYA, 2009, p. 276). Apesar disso, o autor também ressaltou que uma das maiores deficiências do chamado método transnacional seria sua falta de historicidade. Por isso, a história transnacional, em nenhuma hipótese, seria uma corrente teórica incontestável; pelo contrário, por ela não possuir uma noção clara de "agenciamento", muitas vezes tem se mostrado incapaz de elucidar a relação entre sociedade e Estado (BOHÓRQUEZ-MONTOYA, 2009, p. 282).

Como podemos perceber, a história transnacional, além de ter se desenvolvido sobre uma base muito diversificada, o que por si só já representaria inúmeras dificuldades metodológicas, ainda se encontra em meio a um vigoroso debate com a história comparada. Contudo, sem aprofundar esta discussão e para contemplar os interesses específicos desta pesquisa, nos deteremos somente naquilo que Diego Galeano (2016) genericamente identificou como as "unidades", que são ao mesmo tempo "mais amplas e mais estreitas" do que aquelas propostas pela história comparada. Primeiro, porque estas "unidades" envolvem fenômenos mitológicos que transcenderam os limites físicos de Brasil e Portugal e, segundo, porque não abrangem em sua totalidade os territórios de ambos os países. Por isso, concentraremos nosso enfoque nas "zonas concretamente envolvidas", que surgem através de "intercâmbios, cruzamentos e conexões transnacionais" (GALEANO, 2016, p. 17). Galeano ainda destacou que, no campo da "história da ciência, dos intelectuais e das elites técnicas", a história transnacional tem demonstrado resultados bem positivos. Especialmente quando observamos que, ao contrário da simples noção de "influência", proposta pelo "modelo difusionista", as ideias nem sempre viajavam no mesmo sentido, ou seja, de um "centro produtor de conhecimentos até uma periferia receptora". O que revelava a circulação das ideias e dos intelectuais através de "redes transnacionais e tráficos de ideias", que prescreviam "múltiplos destinos e processos de hibridação dos conhecimentos" (GALEANO, 2016, p. 18).

Deste modo, nossa opção pelo método da transnacionalidade das ideias se deve ao fato de que consideramos indispensável a ampliação da leitura que se fazia daqueles textos autoritários e tradicionalistas, produzidos por um "tipo" de intelectual diferenciado, o "intelectual-herói". Por esta razão, o termo "intelectual-herói" será tratado como a ideia central no desenrolar desta tese, pois significava um padrão, um traço de temperamento que foi compartilhado pelos quatro intelectuais em questão, e que em momentos específicos se fazia presente, com maior ou menor intensidade. Assim, o "intelectual-herói" deve ser entendido pelo viés de sua "transnacionalidade", pois ultrapassou as fronteiras de Portugal e Brasil e nos permitiu visualizar, sob um mesmo prisma, histórias de vidas tão distintas e complexas.

Diante disso, nosso primeiro exercício foi demonstrar o porquê de considerarmos que Alfredo Pimenta, Gustavo Barroso, Plínio Salgado e Rolão Preto poderiam ser denominados "intelectuais-heróis", e não simplesmente "intelectuais". A resposta mais evidente estaria na própria maneira como estes homens viam a si mesmos, e, a partir desse "filtro", projetavam suas "melhores" autoimagens ao público. Os quatro compartilhavam de uma mesma visão de mundo que se contrapunha aos ideais da Revolução Francesa. Com a ordem liberal tendo se transformado no principal alvo, os intelectuais-heróis surgiram como denunciadores e/ou libertadores. Em última instância, eles defendiam a superação e destruição dos antigos mitos, ao mesmo tempo em que construíam novas mitologias, pois se enxergavam como "seres supraterrenos", aptos a realizar esta grandiosa missão.

Logicamente, para consolidar essa hipótese utilizamos alguns dos mais importantes escritos políticos e doutrinários destes autores, de onde sobressaíam as narrativas antimaterialistas e antiliberais. A partir da análise deste material, confirmamos que todos os quatro deixavam transparecer uma vaidade intelectual exagerada, se portavam como os guardiões da verdade e, por isso, não aceitavam as críticas. Eram especialistas em fazer crer, em ludibriar seus verdadeiros interesses com um discurso em nome do "bem-comum" da sociedade. Para isso, utilizavam uma fórmula narrativa baseada na premissa de que exerciam uma tarefa injusta e ingrata, e que a grande maioria das pessoas jamais reconheceria seus esforços. Especialmente porque ora lutavam contra forças poderosas – sejam elas ocultas ou reveladas (como foi o caso de Alfredo Pimenta e Gustavo Barroso) –, ora se apresentavam como os mártires, os messias, que, independentemente das desventuras, sempre cairiam de pé (como foi o caso de Plínio Salgado e Rolão Preto).

Feito isso, após justificarmos a opção pelo termo "intelectual-herói" – considerando as diferenças entre eles, mas propondo encontrar principalmente as semelhanças –, as pesquisas foram direcionadas para a verificação da complexidade da relação transnacional estabelecida. A partir daí, emergiu outra questão cara a este trabalho, que desafiava absolutamente nossa capacidade de "medir" a interação ocorrida entre os intelectuais luso-brasileiros. Logo de início, o que foi observado é que do ponto de vista intelectual e cultural – salve alguns momentos críticos –, ambos os países mantiveram importantes laços de fraternidade. Entretanto, quando aproximamos nossa lupa analítica, percebemos que esta relação ocorria quase sempre de forma desigual.

Por exemplo, no caso de Alfredo Pimenta e Gustavo Barroso esta relação aconteceu provavelmente dentro da Academia Portuguesa de História. Enquanto Gustavo Barroso enaltecia a possibilidade duma maior aproximação entre ambos os países, principalmente no campo da cultura, Alfredo Pimenta olhava com desdém e desconfiança tudo aquilo que remetia à intelectualidade brasileira. Assim, a interação estabelecida entre ambos pode ser resumida da seguinte forma: de um lado, temos Gustavo Barroso que acreditava que Portugal seria a porta de entrada para o mundo civilizado, uma herança cosmopolita que deveria ser incorporada; e, de outro, Alfredo Pimenta, um intelectual, até certa medida arrogante, que mal conseguia disfarçar um sentimento que misturava pesar e indignação com a perda da antiga colônia portuguesa. Este complexo sentimento de amor e ódio, nas falas do português, aparecia muitas vezes em forma de um espírito tutelar e patriarcal.

No caso de Plínio Salgado e Rolão Preto, ambos se referiam às doutrinas reacionárias do Integralismo Lusitano como bases sólidas para edificar seus respectivos discursos nacionalistas durante a década de 1930. Plínio Salgado pretendia despertar o "gigante adormecido" que se encontrava inerte frente à concepção materialista do mundo. Igualmente, Rolão Preto tentava recuperar as "glórias do passado" lusitano, e assim superar as barreiras impostas pela liberal-democracia. Além disso, ambos compartilhavam de um projeto de Estado pautado pela autonomia municipal, pelo corporativismo tradicional e pela doutrinação espiritualista. Contudo, mesmo diante de inúmeras semelhanças ideológicas, o que constatamos também foi uma relação assimétrica. Principalmente porque, novamente, tínhamos um intelectual brasileiro buscando em terras portuguesas maior legitimidade e valorização pessoal. Por outro lado, não podemos sequer confirmar se algum dia Rolão Preto pisou em solo brasileiro, embora o intelectual sempre fizesse questão de demonstrar simpatia pelo país, considerado por ele como nação irmã.

É importante enfatizar que neste momento atingimos um ponto crítico no desenvolvimento do livro, uma vez que os "desencontros" pessoais poderiam dar a impressão de que a transnacionalidade dos discursos político-ideológicos representasse uma grande falácia. Entretanto, à medida que a pesquisa avançava, ficava cada vez mais evidente que não era exatamente isso que ocorria. Aliás, esta aparente contradição reforçaria ainda mais nosso argumento de que para além dos homens existiram suas ideias, e, neste caso, suas ideias míticas. Estes mitos transcenderam os limites impostos pelas fronteiras nacionais e, de forma mais ou menos difusa, estabeleceram um intercâmbio durante a primeira metade do século XX. Em outras palavras, a assimetria de sentimentos e os restritos contatos olho no olho não significavam um desconhecimento mútuo naquele contexto, que, como já informamos, foi marcado pelo aprofundamento da crise do pensamento liberal em ambos os países. Destacamos que os quatro intelectuais-heróis compartilhavam de pelo menos dois princípios fundamentais na elaboração de seus discursos nacionalistas: o primeiro era a defesa da autoridade tradicional católica; o segundo era o forte sentimento de apego à terra natal. Erguiam um estandarte comum, fundamentado por um modelo político autoritário, adepto das práticas corporativas e legitimado fundamentalmente por duas narrativas mitológicas, o *Caramuru* e o *Sebastianismo*.

Nesta linha de raciocínio, os fatores evidenciavam a predominância de uma conexão transnacional existente aquém e além-mar. E ainda que essas relações às vezes se afrouxassem, elas nunca deixaram de existir. Por esta razão, podemos afirmar com segurança que imobilizar analiticamente esta interação significaria perder a profundidade dos laços sociais estabelecidos entre esses homens (Cf. GALEANO, 2016). Contudo, ficou evidente que deveríamos antes frisar que Portugal representava uma terra fértil de heróis e um fabuloso inventário de mitos. A elite intelectual lusitana sempre deu destaque para as mitologias em suas primeiras narrativas históricas. Assim, o mito pode ser considerado um dos traços culturais mais significativos de Portugal, que inevitavelmente acabou por se difundir também para as colônias, especialmente para o Brasil. A própria fundação de Portugal estaria intimamente ligada à memória de entidades mitológicas, uma vez que, naquela pequena porção de terra mais a oeste da Europa, Hercules teria realizado importantes obras. Segundo a tradição, o filho de Zeus fundou no "Grande Promontorio", que hoje é conhecido como Cabo de S. Vicente, um templo que, mesmo após muitos séculos, ainda guardaria alguns daqueles rituais pagãos.

Em *Monarquia Lusitana* (século XVII), do Frei Bernardo de Brito – considerado por muitos como um verdadeiro manual nacionalista –, se tem registrado pela primeira vez a suposta ligação existente entre Portugal e personagens bíblicos. Segundo o autor (BRITO, 1597, p 86), os portugueses, ao se espalharem pelo mundo a partir das grandes navegações, estariam traçando uma linha de continuidade iniciada por Tubal – neto de Noé –, que foi o povoador do reino da Lusitânia e fundador da cidade de Setúbal. Neste riquíssimo universo mitológico português, surgiu também a *História insulada das ilhas de Portugal sujeitas no oceano ocidental* (1717), de autoria do Padre António Cordeiro. O livro, basicamente, conta a história do 19° rei da Espanha, conhecido como Luso, que teria vivido no século XIV a.C. O monarca foi de grande importância para o desenvolvimento de Portugal, estimulando inúmeros povoamentos na região. Mediante as suas façanhas, os espanhóis passariam a chamar os portugueses de lusitanos, e as terras ocupadas por eles de Lusitânia (FERNANDES, 2012).

Como podemos perceber, sempre existiu uma "disponibilidade permanente" dos portugueses em desenvolver uma relação íntima com o sagrado, com o milagre, com o sobrenatural e com os sonhos, pois, para poetas e romancistas das características mais marcantes dos portugueses era o excesso de imaginação. Ou, conforme sugeriu Cunha Leão, "os portugueses padeciam de uma hipertrofia mítica e um complexo pensamento de inferioridade" (LEÃO apud FERNANDES, 2012, p. 9). De certa forma, tais características também poderiam ser encontradas diluídas no caráter do brasileiro, sobretudo em momentos de conturbada tensão social. Afinal, devido ao processo de colonização, em que ocorreu a adoção de uma mesma língua e, consequentemente, de uma mesma visão de mundo, Brasil e Portugal experimentaram um longo e intenso trânsito de pessoas, mercadorias e, sobretudo, de ideias.

Deste modo, quando analisamos a primeira metade do século XX, o que encontramos é uma grave crise política e econômica. Na visão mais abrangente de Ernest Cassirer, o mundo ocidental enfrentava uma mudança drástica nas formas de pensamento político, ao mesmo tempo em que eram apresentadas novas respostas para problemas sociais antigos. Diante disso, surgiria a mais importante e perigosa face do novo pensamento político moderno, que foi o surto do "poder mítico". Depois de uma breve luta, o fenômeno mítico acabou suprimindo o pensamento racional. A derrocada deste foi completa e irrevogável, e o homem, euforicamente declarado civilizado, parecia ter desaprendido todos os ensinamentos dos séculos passados (CASSIRER, 1946). Em Brasil e Portugal não foi diferente, pois ambos os países também se viram diante de graves problemas sociais; e um dos resultados diretos foi o aparecimento dos intelectuais-heróis, que tentavam a todo custo colocar ordem no caos instaurado. Como já sugerimos, o caminho escolhido por eles foi a releitura de antigas tradições mitológicas, como a lenda do *Caramuru* e a vinda de *D. Sebastião*.

No caso do *Caramuru,* como é sabido, tratava-se da lenda do náufrago minhoto Diego Alvares, que acabou aportando em terras brasileiras no início da colonização (supostamente entre 1500 a 1530). O nome *Caramuru,* que significava alguma coisa próxima de "filho do Trovão", foi um nome dado pelos indígenas no momento em que o português disparou sua arma de fogo. Ao longo dos tempos, tornou-se sinônimo de "autoridade moral" e o defensor da cultura luso-brasileira diante das investidas dos inimigos. Deste modo, em algumas gravuras históricas se observa a imagem de um homem, protegido por sua armadura e munido de lança, espada e mosquete, rodeado por índios ajoelhados e/ou completamente desorientados depois do disparo. Nas palavras de Silvio Romero, o valor do *Caramuru* está na sua capacidade de representar o produto nacional, uma espécie de resumo da vida histórica do Brasil (ROMERO apud BARROS, 1993). Junte-se a isso a natureza exuberante, a fusão das três raças – com destaque para o português como elemento civilizador – e teremos o surgimento de um espírito de valorização nacionalista, tanto para os portugueses quanto para os brasileiros.

É exatamente esta interpretação – esta leitura do mito – que fundia a civilização lusitana ao espírito guerreiro brasileiro, o que mais nos interessou, pois desde o século XVI o *Caramuru* constituiu-se como símbolo do poder civilizacional de Portugal, e no marco zero da criação do Brasil. Portanto, em essência, esse mito guarda a noção de que se deve exaltar a "autoridade cristã", pois esta sempre esteve atrelada às tradições luso-brasileiras. Foi esta percepção que nos permitiu sinalizar que, nas obras doutrinárias de Alfredo Pimenta e Gustavo Barroso, ao invés dos personagens Diogo Alvares e Paraguassu, os intelectuais-heróis estavam mais preocupados em utilizar a essência mítica dessa narrativa representada pela noção de autoridade tradicional – a base concreta com que idealizavam um novo projeto de Estado Nacional. Ainda que não fizessem qualquer tipo de referência direta à lenda, e independentemente de como a história e a ficção se entrelaçavam às suas obras, ambos os intelectuais-heróis sem dúvida beberam nessa fonte de inspiração.

No caso do mito do *Sebastianismo*, tratava-se de uma lenda que também foi amplamente difundida na cultura luso-brasileira. O mito começa com a derrota e o desaparecimento do rei D. Sebastião (em 1578) na guerra contra os otomanos no norte da África. Com o mistério envolvendo o sumiço do rei, que não havia deixado herdeiros diretos, tem-se a queda da monarquia portuguesa, pois a região acabou sendo anexada pela coroa castelhana (1580 – 1640), e o período ficou conhecido como União Ibérica. Desde então, o *Sebastianismo* emergiu como manifestação messiânica dentro de Portugal e acabou se expandindo por todas as partes do Império. No Brasil, por exemplo, o *Sebastianismo* encontrou infindáveis conotações e interpretações, influenciando alguns movimentos de contestação no início do século XX. É o caso do episódio de Canudos, onde Antônio Conselheiro, líder político e espiritual, difundia a lenda do retorno do rei que restauraria a monarquia no Brasil.

Desta maneira, emergiram por todos os cantos do Império "juízos astrológicos" e vaticínios fatalistas que, alimentados por presságios celestes e tragédias naturais, corroboravam a lógica da Salvação. Desde então, o *Sebastianismo* tornou-se uma maneira particular de oposição, produzindo um fenômeno de conciliação e mobilização em torno de personagens que, de tempos em tempos, pareciam corporificar esta esperança. Genericamente, este mito foi associado à imagem da chegada de um ser iluminado, de um salvador, que conduziria o destino de todos os luso-brasileiros – essa seria a sua essência. Essa percepção da essência do *Sebastianismo* nos propiciou identificar nas obras doutrinárias de Plínio Salgado e Rolão Preto um ponto de partida comum para seus discursos nacionalistas. Nesta lógica, o mito demonstrou sua grande força de atração, a ponto de se tornar o símbolo paradigmático do líder tipicamente luso-brasileiro. Sendo assim, ao evocar o retorno simbólico do rei, ambos os intelectuais-heróis pretendiam intervir no destino de suas respectivas nações.

Nesta perspectiva, a readaptação dessas tradições mitológicas só seria possível porque, conforme salientou Raoul Girardet (1999), os mitos se orientam numa complexa dinâmica de imagens e, assim como um sonho, não possuem uma organização racional. Por isso, os mitos são capazes de simbolizar vários eventos, acontecimentos e personagens com apenas algumas sucessões de imagens e narrativas, retornando sempre ao que eles têm de essencial (GIRARDET, 1999). Portanto, podemos confirmar que a essência do mito do *Caramuru* é a ideia de "autoridade católica" sempre "em guarda" contra todo tipo de Conspiração, do mesmo modo que identificamos a essência do mito do *Sebastianismo* na "ideia" como "força de mobilização" no interior do mito da Salvação.

No primeiro caso, temos a base estruturante de toda uma narrativa conspirativa, que foi empregada em muitos trabalhos de Alfredo Pimenta e Gustavo Barroso, tanto em sua versão íntima quanto em sua versão transnacional. Na versão íntima, esta lógica referia-se às intrigas e às disputas pessoais, enquanto que na versão transnacional vai se referir aos inimigos comuns, tanto para portugueses quanto para brasileiros. Este oponente era estranho à cultura e a sociedade luso-brasileira. Neste argumento, a força maléfica originou-se com os judeus, fortaleceu-se com os maçons e atacava violentamente através das ações dos comunistas.

No segundo caso, temos a base estruturante da mitologia da Salvação, que estava presente nas obras de Plínio Salgado e Rolão Preto, também na versão íntima e na versão transnacional. Na versão íntima, os líderes emergiram como vozes proféticas, assumindo como missão pessoal a redenção do povo. Acreditavam que seria necessário lutar não somente pela liberdade do homem, mas também desenvolver dentro de si o surgimento do novo homem. Na versão transnacional, o ponto culminante para seu entendimento foi observar que a imagem do salvador, do guia iluminado, se conectava intimamente aos princípios da ordem e da segurança emanados pela terra.

Diante de tudo que foi apresentado, resta-nos finalmente informar que este livro foi organizado em quatro capítulos. No primeiro, *Aspectos biográficos e "missões" Intelectuais*, abordamos alguns dos momentos que consideramos fundamentais na construção da personalidade de cada um dos autores e que nos permitiu defini-los como "intelectuais-heróis". No segundo, *Comportamentos políticos semelhantes entre os intelectuais-heróis*, decidimos separá-los em pares, seguindo o critério de maior proximidade ideológica e de personalidade. No terceiro, *As relações transnacionais em foco*, propomos um balanço realista dos contatos estabelecidos entre os companheiros acadêmicos Alfredo Pimenta e Gustavo Barroso, e os líderes políticos Plínio Salgado e Rolão Preto, demonstrando a assimetria de "sentimentos" presente numa relação transnacional. E no último capítulo, *Releitura das narrativas mitológicas: a conspiração e a salvação*, analisamos o processo de ressignificação de duas tradições mitológicas antiguíssimas, o *Caramuru* e o *Sebastianismo*, que serviram de base para fomentar, respectivamente, os mitos contemporâneos da Conspiração e da Salvação no imaginário social luso-brasileiro.

1. ASPECTOS BIOGRÁFICOS E "MISSÕES" INTELECTUAIS

A destinação do homem em geral é aperfeiçoar-se ao infinito. Para este fim último dirigem-se também todos os vínculos sociais entre os homens. A destinação do erudito é velar por este avanço da cultura na sociedade humana, promove-lo e dar-lhe sua direção. Para poder realizar isto ele tem de saber antes de mais nada em que consiste a perfeição do gênero humano: tem de conhecer todas as suas disposições e carecimentos; e para este propósito adquire conhecimentos filosóficos[...]
Além disso, o erudito tem de conhecer os meios pelos quais aquelas disposições são desenvolvidas e aqueles carecimentos satisfeitos, e para isto ele precisa de conhecimentos filosóficos-históricos. Por fim, ele tem de saber com exatidão em qual nível da cultura está justamente a sua época: e para isto ele precisa de um conhecimento meramente histórico (FICHTE, 2014, p. 68-69).

O intuito desse primeiro capítulo será apresentar alguns elementos que consideramos essenciais para determinar o perfil político e intelectual de cada um dos personagens analisados. Acreditamos que "reconstituir" alguns dos momentos na trajetória de vida dos quatro intelectuais será de fundamental importância para entendermos o comportamento social e político de cada um deles. Em todos os quatro intelectuais, associamos alguns dados biográficos com suas "aventuras" pessoais, sejam elas traumáticas ou de sucesso. Deste modo, traçamos uma espécie de "itinerário" ou de "trajetória" desse intelectual, mesmo diante das objeções feitas por Jean-François Sirinelli (1996) acerca da utilização dessa noção. Feito isso, sugerimos que todos os quatro personagens analisados poderiam ser incluídos dentro da mesma denominação de "intelectual-herói", sobretudo se partirmos do princípio que cada qual, à sua própria maneira, utilizou de todos os recursos que dispunha para eternizar os seus feitos, pois o que mais temia era cair no esquecimento das futuras gerações. Assim, a ânsia de fazerem parte da história nacional de seus respectivos países acabou por deflagrar o comportamento semelhante de se autorretratarem como verdadeiros heróis.

1.1 Alfredo Pimenta: o intelectual e sua pena "afiada"

Alfredo Augusto Lopes Pimenta nasceu na freguesia de São Mamede de Aldão, Concelho de Guimarães, no dia 3 de dezembro de 1882, no seio de uma família de poucas posses, filho do Sr. Manuel José Lopes Pimenta, um pequeno proprietário rural, e da Sra. Maria Rosa. Entre os anos de 1888 e 1889, o menino mudou-se para Braga com os seus pais, onde começou seus estudos de instrução primária no Colégio Espírito Santo (MOREIRA, 2013, p. 339). Em algumas ocasiões, relembrou deste período com certo ar de desilusão e infelicidade, como ficou registrado na conferência realizada no Ateneu Comercial de Braga, no dia 1 de março de 1941.

> Se o tufão revolucionário não queimou ou mutilou os livros de matricula do Colégio do Espirito Santo relativos a essa época, lá se encontrará o meu inútil nome, nome tão vazio, então, de significado, como hoje, despido de virtudes ou qualidades que o imponham.
> Sofri muito nesse colégio. Até uma crise moral, de que ficaram rugas profundas fundas na memoria. Deixemos isso...
> Eu fôra, no primeiro colégio, menino prodígio. E até fizera, pelo que reza a tradição, lindo exame de primeiro grau – onde só me atrapalhou, ao mandarem-me dizer a "Salve Rainha" (PIMENTA, 1941, p. 3).

O escritor descrevia o ambiente do colégio como "severo", pautado em disciplina de extrema rigidez, muito diferente daquilo que estava acostumado a viver na pequena localidade de São Mamede de Aldão. Orgulhava-se em dizer que era um menino "difícil de manejar" e que, pela força, ninguém era capaz de convencê-lo a fazer o que não gostava. Esse comportamento arredio rendeu-lhe os mais variados tipos de castigos morais e físicos, relembrados como "suplício infernal". Mas, apesar da "desventurada" passagem pelo Espírito Santo, guardou com "certa ternura" a experiência vivida na cidade de Braga. Pouco tempo depois, regressou a Guimarães para prosseguir seus estudos no Colégio de S. Nicolau, aos cuidados de Mestre Abílio, "um santo homem que tomava rapé e usava lenço tabaqueiro" (PIMENTA, 1941, p. 3).

Em seus relatos, Alfredo Pimenta reconhecia com louvor a instituição que mais marcou toda sua juventude em Guimarães: a Sociedade Martins Sarmento. O jovem ficava deslumbrado com a riqueza e a variedade de livros presentes no acervo da biblioteca. O ponto máximo dessa passagem foi quando recebeu o prêmio de 1892-1893, destinado aos melhores alunos do ensino primário. Provavelmente foi nesse local que aconteceram seus primeiros contatos com a poesia. Desde cedo, mostrou-se um jovem muito curioso e inteligente, e logo haveria de fazer algumas tentativas de produzir textos poéticos. Demonstrava grande admiração pelos românticos e os simbolistas, portugueses e estrangeiros, como Antero de Quental, João de Deus e Charles Baudelaire (MOREIRA, 2013, p. 340).

Contudo, as mortes de seu pai, no dia 18 de fevereiro de 1895, e de sua mãe, em 3 de março no mesmo ano, marcaram definitivamente a vida do jovem. O trauma repercutiria profundamente na sensibilidade e na formação de seu caráter, especialmente porque foi obrigado a morar com o seu tio, a quem descrevia como ríspido e indiferente (PIMENTA apud MOREIRA, 2013, p. 340). Neste cenário, parece ter buscado refúgio nos estudos, vindo a colecionar ótimos resultados enquanto aluno dos colégios vimaranenses. A força de superação da tragédia familiar, como ele próprio se referia, foi demonstrada quando ingressou no tradicional curso de Direito da Universidade de Coimbra, em 1899 (MOREIRA, 2013, p. 342), cidade onde ficou por nove anos.

Sua formação intelectual foi orientada para a filosofia, a teoria política e a sociologia, distanciando-se um pouco dos poetas românticos. Passou, então, à leitura de Nietzsche e de outros anarquistas, em traduções francesas. Entretanto, o positivismo de Auguste Comte foi a sua maior fonte de inspiração. Tanto que, ao longo de sua vida, insurgiu contra todos aqueles que criticavam o filósofo francês. Na maioria das vezes, considerava os ataques como leituras errôneas e superficiais. Em 1902, em parceria com um amigo, lançou *Burgo Podre*, uma folha satírica aos moldes do século XIX (MOREIRA, 2013, p. 343).

Em 1904, casou-se com Adozinda Julia Brito de Carvalho, na Sé Nova de Coimbra. Esta fase foi marcada por dificuldades financeiras que lhe obrigaram a mudar-se para Lisboa, na tentativa de conseguir melhores condições de vida. Na capital, conheceu o intelectual Teófilo Braga, o qual via como o maior e mais importante discípulo de Comte em Portugal. Sua primeira estadia em Lisboa não foi muito satisfatória, e nada demonstrava que o autor pudesse superar suas dificuldades financeiras, pois escrevia somente para o *Jornal da Noite*, um pequeno periódico sem grande destaque. Para agravar a situação, todas as tentativas de entrar para o funcionalismo público foram frustradas, e, sem ter a quem recorrer, fora obrigado a voltar para Coimbra e retomar seus estudos em Direito (MOREIRA, 2013, p. 344). Neste ponto, é crucial observar em seus registros autobiográficos que Alfredo Pimenta fazia questão de ressaltar que tudo isso não passou de mais uma provação divina, um desafio que conseguiu superar com dignidade e sem se corromper jamais.

O novo período em que Alfredo Pimenta viveu em Coimbra coincidiu também com início de sua carreira política. Sua primeira atividade oficial foi representar os correligionários republicanos vimaranenses no Congresso do Partido Republicano, realizado na cidade. Conforme demonstrou Manuel Braga da Cruz, em defesa do regime republicano, o autor publicou opúsculos em 1906, como *A Mentira Monárquica*, editada pelo Centro Republicano de Coimbra, e o *Fim da Monarquia*, ambos escritos enquanto o intelectual colaborava no semanário *Era Nova*, do núcleo anarquista de estudantes de Coimbra. Participou ativamente da greve acadêmica de 1907, como membro do grupo "Os intransigentes" e frequentou diversos comícios republicanos, enquanto se firmava no jornalismo (CRUZ, 2008).

Com a implantação da República, em 1910, e o acúmulo de mais um insucesso financeiro – desta vez à frente do escritório de advocacia que estabeleceu na cidade do Porto –, Alfredo Pimenta transferiu-se novamente para Lisboa. Mas, naquele momento, a situação era completamente diferente, pois atuaria como chefe de gabinete de Aurélio da Costa Ferreira, Ministro do Fomento no Governo Provisório. Neste mesmo ano, iniciou sua carreira literária e começou a lecionar no Liceu Passos Manuel. Dois anos depois, elaborou o manifesto do Partido Evolucionista, de António José de Almeida, e candidatou-se a deputado pelo círculo de Aldegalega nas eleições suplementares de 1913 (CRUZ, 2008, p. 6). Em 1915, após várias divergências com as lideranças republicanas, abandonou definitivamente o partido para se tornar um dos maiores e mais radicais defensores da monarquia. Esta data marcou a fusão definitiva entre as atividades de intelectual e político na trajetória de Alfredo Pimenta. Neste mesmo ano, publicou *A Questão Política, A Solução Monárquica* e *Carta a um Monárquico – Comentários*, e, em 1917, o livro *Política Monárquica*.

Foi também neste período que surgiram as primeiras controvérsias com os Integralistas Lusitanos, principalmente com António Sardinha e Alberto de Monsaraz. O principal ponto da discórdia se deu em relação a quem eles deveriam prestar obediência, pois não concordavam com o nome do rei que iria assumir o trono. Os integralistas defendiam a descendência de D. Miguel, neste caso, na figura de D. Duarte Nuno. Já Alfredo Pimenta exaltava a política de cunho legitimista e o direito ao trono de D. Manuel II, rei deposto em 5 de outubro de 1910 e exilado na Inglaterra (MOREIRA, 2013, p. 349). Diante do impasse, Alfredo Pimenta acusou a elite monárquica de ser demasiadamente fragmentada, e, por não possuir uma identidade comum, representava uma verdadeira confusão doutrinária. Sendo assim, o IL havia perdido suas virtudes quando renegou o rei legítimo e alimentou intrigas internas, o que deflagrou a incapacidade deste grupo de construir um projeto de Estado verdadeiramente monárquico para Portugal (MARCHI, 2009, p. 65).

No ano de 1921, mantendo-se fiel a D. Manuel II, fundou a "Acção Tradicionalista Portugueza", em parceria com Caetano Beirão. Elaboraram e assinaram o primeiro manifesto da nova organização, que foi publicado no dia 28 de julho de 1921, no jornal *Correio da Manhã*. O documento contou também com o apoio direto de Alberto Ramires dos Reis, Luís Rufino Chaves Lopes e Mateus de Oliveira Monteiro, formando o chamado "Grupo dos Cinco". Pouco tempo depois, juntaram-se outros seguidores como João Ameal, Fernando Campos, Ernesto Gonçalves, Santos Silva, António Cabral e Alfredo de Freitas Branco (CRUZ, 1982, p. 143). A partir do dia 10 de dezembro de

1921, iniciou-se a publicação da revista mensal *Acção Realista*. Lançaram também o semanário *A Voz Nacional*, e, alguns anos depois, o diário *Acção Realista*, dirigido por João Ameal. Desde então, este movimento monárquico passou a ser conhecido como "Acção Realista Portuguesa" (CRUZ, 1982, p. 143-144). A fidelidade de Alfredo Pimenta a D. Manuel II era tão grande que o polêmico intelectual acabou por aceitar as indicações do monarca para ceder o lugar de candidato por Guimarães ao jovem e ainda mal conhecido professor de Finanças da Faculdade de Direito de Coimbra e dirigente do Centro Católico, António de Oliveira Salazar (CRUZ, 2008, p. 6-7).

Um aspecto de extrema importância na personalidade de Alfredo Pimenta estava vinculado ao seu posicionamento germanófilo e, por isso, contrário a qualquer sinalização de amizade e aproximação de Portugal com as democracias liberais. Segundo Riccardo Marchi, a simpatia do intelectual pelo III Reich não fazia parte de um espírito momentâneo, mas, ao contrário, era fruto de uma posição "doutrinária meditada e maturada" (MARCHI, 2009, p. 32-33). Em meio à Primeira Guerra Mundial, por exemplo, o intelectual já demonstrava seu nacionalismo apoiando a causa do Kaiser na Alemanha contra o imperialismo britânico, contrariando a maioria das forças políticas portuguesas (CRUZ, 2008, p. 6).

O escritor considerava o conflito bélico como um embate de civilizações; de um lado estaria o liberalismo e os princípios universalistas de 1789, e, de outro, a monarquia tradicional, as chamadas forças da "contrarrevolução". Entretanto, com a participação portuguesa na Primeira Guerra ao lado dos ingleses, Alfredo Pimenta não manifestou abertamente seu desejo de ver a derrota dos Aliados, pois seu imperativo patriótico falava mais alto. Mesmo assim, julgava danosa a vitória das democracias e como contestável a amizade com a Inglaterra (MARCHI, 2009, p. 34). Na análise de Marchi (2009, p. 555), a importância doutrinária do intelectual vimaranense foi devido ao seu pioneirismo teórico, já que a tentativa de conciliar o projeto da monarquia autoritária, do fascismo e do nacional-sindicalismo se mostrou uma manobra político-ideológica bastante eficaz. O intelectual, de forma habilidosa, conseguiu cooptar em um mesmo "projeto" os ideais da contrarrevolução e os da ação política do Fascismo.

> Nunca fui feixista [fascista], no sentido próprio do termo. Mas encontrei-me com o Feixismo [Fascismo] em tantas e tantas coisas, positivas ou críticas, que repito, não sendo feixista, não sei bem que mais seria preciso para que o fosse.
> Mas o que não me oferece dúvidas é a admiração que sinto por Mussolini (PIMENTA, 1949, p. 7).

Ao longo das décadas de 1920 e de 1930 o autor repudiou os princípios republicanos e defendeu vigorosamente a monarquia. Sendo assim, sua performance crítica à frente do *Diário de Notícias* consolidou o seu lugar de destaque no centro de inúmeras polêmicas nacionais. Com o fim da 1ª República, em 28 de maio de 1926, Alfredo Pimenta, que sempre criticou a liberal-democracia, acolheu com certo otimismo a ditadura militar que se instalava no poder. O episódio, também conhecido como "Revolução Nacional", inaugurou um movimento de valorização das tradições nacionalistas e autoritárias portuguesas. Em 1933, com a promulgação da Constituição, a ditadura militar foi substituída pelo Estado Novo, e Salazar passou a exercer a função de grande líder nacional (MOREIRA, 2013, p. 351-352).

No ano de 1931, Alfredo Pimenta iniciou sua carreira na Torre do Tombo, na função de Segundo Conservador, e somente em 1949 foi nomeado diretor da instituição, pelo ministro da Educação Nacional, o Dr. Fernando Pires de Lima. Em seu discurso de posse, fez questão de separar o "homem" do "funcionário": o primeiro possuía fraquezas, pecados e insuficiências. O segundo, responsabilidades, direitos e deveres. E exigia de seus subordinados lealdade total, obediência sem reservas e boa vontade sem limites.

> Peço-as. E confio em Deus que ninguém me obrigue a exigi-las. Porque, se por desventura nossa, alguma delas me faltar, quando se trate de cumprir determinações que, como director desta Casa, eu formular, não haja dúvidas a esse respeito, e estejam todos certos de que ninguém dará pela distancia que vai do pedir ao exigir – porque as exigirei implacavelmente (PIMENTA, 1949, p. 16).

Alfredo Pimenta ainda desempenhou várias outras funções concomitantes à atividade de diretor, todas relacionadas à cultura e à educação em Portugal, além de ter produzido uma imensa obra literária. Como jornalista, atuou em diversos periódicos, como: *A ideia nova, A Nação, A Provincia de Angola* (Luanda), *A Voz, A Voz da India, A Voz Nacional, Acção Realista, Apostolado* (Luanda), *Bandarra, Beira-Mar,* (Ilhavo), *Clarin* (Macau), *Comercio de Guimaraes, Correio da Manhã, Correio do Minho, Correio do Sul, Diário Nacional, Distrito de Guarda, Época, Fradique, Guardian* (Lourenço Marques), *Ideia Nacional, Ilhavense, Jornal do Comércio, Jornal do Comercio e das Colónias, Mocidade* (Índia), *Noticias de Macau, O Dia, O Heraldo* (Índia), *O Intransigente* (Benguela), *O Marcoense, O Minhoto, O Norte, Republica, Restauração, Revolução, Tribuna Literária, Voz Publica.* E nas revistas: *A Galera, America Brazileira, A Provincia, Acção Realista, Acção Tradicionalista Portuguesa, Ala Moderna, Alma Nova, Arquivo Literário, Arte & Vida, Boletim de Trabalhos Históricos, Brasília,*

Brotéria, Burgo Podre, Esfera, Estudos Ethnos, Europäische Revue, Gil Vicente, Instituto de Coimbra, Luz & Vida, Mocidade, Nação Portuguesa, Portugal Restaurado, Seara Nova, Serviço d'El-Rey (EXPOSIÇÃO, 1959).

Foi também o primeiro diretor do Arquivo Municipal de Guimarães, criador do "Boletim de Trabalhos Históricos" da instituição e um dos sócios fundadores da Academia Portuguesa da História. Pertenceu à Associação dos Arqueólogos Portugueses, ao Instituto Português de Arqueologia, História e Etnografia e a outras instituições de Cultura, portuguesas e estrangeiras. Como escritor, utilizou-se dos pseudônimos Structor, Lord Henry e Humberto de Aguiar. Atuou no campo da filosofia, da crítica, literatura, política e, principalmente, no campo dos estudos históricos (EXPOSIÇÃO, 1959).

Na função de historiador, realizou trabalhos que abrangiam a história monárquica e imperial de Portugal, a história da Igreja e sua relação com o Estado português, além de pesquisas voltadas ao nacionalismo e à diplomacia lusitana. Alfredo Pimenta sempre buscava a objetividade aos moldes de Foustel de Coulanges, seja na maneira como lia a história nacional e a história da cultura, seja na forma como encarava a polêmica, o combate e o debate das ideias (CESAR, 1983). Tudo deveria ser provado e comprovado pelo testemunho fiel das fontes históricas, por acreditar que somente um passado documentado poderia ser um passado digno de história (CESAR, 1983, p. 5).

No dia 15 de outubro de 1950, Alfredo Pimenta faleceu na cidade de Lisboa, e foi sepultado na Capela da Madre de Deus, em Azurém, Guimarães. Apesar de não ter criado nenhum grande movimento político, ficou eternizado na história como um dos maiores teóricos da contrarrevolução em Portugal. Suas obras e suas polêmicas foram fundamentais para a formação política de todos aqueles que buscavam na direita radical a legitimação no poder. De fato, Alfredo Pimenta foi um defensor dos alicerces dos oito séculos da história portuguesa e um ferrenho opositor a qualquer tipo de alteração ou violação destas bases. Se, por um lado, defendeu a monarquia tradicional como o princípio fundador da nacionalidade lusitana, por outro, encontrou em Salazar o melhor instrumento político na ausência de um monarca (MARCHI, 2009, p. 227).

Em resumo, o intelectual vimaranense entendia que sua missão na Terra era diferenciada quando comparada à da maioria dos portugueses. Primeiro, porque somente um espírito de tamanha força e rigidez poderia suportar o trauma de perder seus pais de maneira tão abrupta e, mesmo assim, ter se tornado um homem moralmente íntegro. Segundo, porque entendia que todas as dificuldades que enfrentava na vida, principalmente as financeiras, eram eventos provocados por forças ocultas que se opunham a ele. Estas forças agiam contra seus posicionamentos político-ideológicos considerados polêmicos, como a defesa da Alemanha e da monarquia tradicional. E, em terceiro, se projetava como um intelectual que demonstrava coerência no modo de pensar e de agir em defesa da tradição lusitana, além de se autodeclarar o guardião oficial do saber histórico de seu país.

1.2 Gustavo Barroso: o intelectual soldado

Gustavo Adolfo Luiz Guilherme Dodt da Cunha Barroso nasceu no dia 29 de dezembro de 1888, em Fortaleza, Ceará, filho de Antônio Felinto Barroso e de Anna Dodt Barroso. Sua família provinha de um "tradicional clã rural em pleno declínio material", que sempre esteve engajado nos principais acontecimentos políticos do Ceará entre 1840 e 1880 (MARCHI, 2009, p. 165). Foi criado pelo pai e pelas tias paternas após a morte de sua mãe, quando tinha apenas sete dias. Seus irmãos mais velhos foram levados para a companhia de seus avós alemães, em São Luís, no Maranhão. Sua alfabetização aconteceu pelas mãos da sua tia Ana, a mais velha, e a quem todos conheciam como Iaiá. Ao ver o sobrinho crescer, tia Iaiá decidiu criar em sua própria casa uma "escolinha" chamada de "Colégio São José", onde começou a tarefa de alfabetizar um grupo com cerca de doze crianças (BEZERRA, 2009).

Quando completou 9 anos, o pai decidiu levá-lo para uma escola regular, o Colégio Parténon. Em 1899, o jovem Gustavo Barroso foi matriculado no Liceu do Ceará. Conforme registrou em suas próprias memórias, foi um menino de temperamento muito difícil, "rebelde e astuto". Seu gênio complicado e pouco interessado nos ensinamentos escolares lhe rendeu a fama de aluno problemático e uma coleção de péssimas notas. Por conta disso, escutava de seus professores que nunca seria alguém na vida (BEZERRA, 2009, p. 7).

Embora Gustavo Barroso tenha nascido no seio de uma família tradicionalista e conservadora, não teve uma formação verdadeiramente religiosa (Cf. FERNANDES, 2003, p. 183-184). Sua infância foi influenciada, inicialmente, pela irmã mais velha de seu pai, que tinha bastante leitura e o espírito romântico da cultura oitocentista. Falava muito em Lamartine, em Victor Hugo, na Revolução Francesa, em D. Pedro II, Joaquim Nabuco e Maciel Monteiro. Outra fonte de influência foi exercida por seu padrinho de batismo, um antigo voluntário da Pátria, ferido em Itororó, que frequentemente narrava ao menino suas memórias da Guerra do Paraguai. Por isso, podemos sugerir que sua formação familiar foi bastante contraditória. Oscilava entre a religião e o ateísmo; enquanto a avó e uma das tias eram católicas praticantes e o levavam à Igreja, o pai e a outra tia eram ateus. Foi batizado, mas só faria a primeira comunhão para se casar, tendo sido educado num colégio leigo, onde os alunos tinham rixa com um colégio religioso (FERNANDES, 2003, p. 184).

Quando criança, Gustavo Barroso desenvolveu o hábito de colecionar objetos variados. Sua primeira coleção foi de selos, depois que sua avó paterna lhe presenteou com os "Olhos de Boi" e os "Olhos de Cabra". Nesta época, "fundou" uma espécie de "sociedade secreta para crianças", imitando os rituais que costumava observar de cima do telhado de uma Loja Maçônica localizada em Fortaleza (FERNANDES, 2003, p. 186). Gustavo Barroso sempre sonhou em ser militar, mas devido às dificuldades financeiras foi obrigado a seguir pela tradicional carreira destinada às elites, o Direito. Relatou em vários momentos que esta paixão pelo exército e pela polícia vinha desde o tempo de criança, quando admirava a postura de seu pai ao montar um cavalo e sair às galopadas para exercer a função de comandante de polícia. Além disso, em determinadas ocasiões, as tias vestiam-no de soldadinho, e ele, todo orgulhoso, desfilava pelas ruas com uma espadinha de brinquedo na cintura.

O ambiente social e político vivenciado por Gustavo Barroso em sua infância e sua adolescência foi marcado por diversos conflitos armados envolvendo Exército, polícia e sociedade. Exemplo disso foram os combates que ocorreram em Canudos, no interior da Bahia (FERNANDES, 2003, p. 186-187). Do mesmo modo, Márcia Regina da Silva Ramos Carneiro sugeriu que aquela atmosfera, nacionalmente violenta, poderia explicar em certa medida o porquê de o jovem ter se tornado um verdadeiro delinquente. Atacava soldados, praticava atos contrários à ordem pública e quase sempre estava envolvido em brigas de rua e na formação de "gangues" (CARNEIRO, 2002).

O próprio Gustavo Barroso relatou que, quando criança, recebeu uma chicotada de um carroceiro português e em troca feriu o homem com um ancinho, deixando-o desacordado. Durante a adolescência, adotou a navalha como arma preferida e, quando atingiu a maioridade, chegou a trabalhar como cobrador de dívidas atrasadas. Em *O consulado da China*, o segundo volume da trilogia de suas memórias autobiográficas, Gustavo Barroso deixou transparecer que muito do que ele se tornou devia-se àquela inesquecível experiência que compartilhou com o seu padrinho, o capitão veterano da Guerra do Paraguai, Antônio Leal de Miranda (BARROSO, 1941). A convivência com ele intensificou-se devido às inúmeras vezes que saíram juntos em excursão a cavalo por todas as suas fazendas, com o intuito de fiscalizar os negócios da família (BARROSO, 1941, p. 9).

Em 1906, Gustavo Barroso fazia sua estreia como jornalista no *Republica* de Fortaleza. Um ano depois, passou a trabalhar no *Unitario*, jornal combativo de João Brigido (BARROSO, 1941, p. 217). Assinou o artigo com o pseudônimo de *Nautilus;* o texto inaugurador da consagrada carreira que estava por vir tratava exclusivamente do Descobrimento da América.

> Comecei minha carreira jornalística em 1906 com um artigo na "República" de Fortaleza. Em 1907, passei a fazer reportagens para o "Unitario", jornal combativo de João Brigido dos Santos, famoso no jornalismo, na advocacia e na política do Estado. Foi meu amigo até 1914, quando se tornou meu inimigo, atribuindo-me cousas feitas por outros. A política nos ajuntou e separou. Recebi admiráveis lições sobre as realidades do mundo na sua convivência (BARROSO, 1941, p. 217).

O jornalismo se tornou o refúgio da frustração daquele menino que foi proibido pelo pai de se tornar um soldado na Escola Naval. Durante essa fase, o perfil de mau aluno com baixo rendimento escolar havia ficado para trás, e Gustavo Barroso concluiria, em 1911, o Curso de Direito da tradicional Faculdade de Direito do Ceará, com muitos méritos. Passou a dedicar mais tempo ao jornalismo e começou a se aventurar com mais frequência nos assuntos da política. Sendo assim, após deixar o *Unitario,* colaborou com Joaquim Pimenta no órgão socialista, *O Demolidor* (BARROSO, 1941, p. 221).

> Deixei o "Unitario" para colaborar com Joaquim Pimenta no órgão socialista que êle fundou em fins de 1907 e durou até princípios de 1908, "O Demolidor". Morreu de inanição e, associado a José Gil Amora, lancei outro periódico socialista "O Regenerador", que viveu um pouco mais do que a rosa de Malherbe. José Gil Amora, sobrinho do farmaceutico Antonio Albano e filho do falecido Dr. Gil Amora, foi o maior talento da minha geração (BARROSO, 1941, p. 221).

Entretanto, foi à frente de *O Garoto* que Gustavo Barroso pôde desenvolver todo o seu humor sarcástico e sua crítica política corrosiva. Não perdoava ninguém, e, quando não atacava seus inimigos com palavras, o fazia em forma de charges provocadoras. Assim, confessou (BARROSO, 1941, p. 222) que de 1907 a 1908 não houve em Fortaleza quem escapasse aos ataques satíricos do polêmico jornalista.

> Dêsde novembro de 1907, eu e êle [José Gil Amora] lançáramos pequeno jornal semanal ou quinzenal, conforme os cobres de que dispúnhamos na ocasião, todo feito por nós – prosa, versos e caricaturas, gravadas em caraca de cajazeira, Chamava-se "O Garoto" e dizia-se – crítico, desopilante, molieresco e rabelaiseano. Mexia com Deus e todo mundo e era disputado ás esquinas da praça do Ferreira (BARROSO, 1941, p. 222).

O perfil controverso do intelectual também foi investigado pelo historiador Marco Chor Maio (1992). Segundo Maio (1992, p. 60), durante os três anos em que o jornalista cursou a Faculdade de Direito, participou ativamente da vida cultural de Fortaleza. Ajudou a fundar os jornais *O Garoto, O Equador, O Regenerador* e colaborou com outros como *O Unitário, O Colibri, O Figança* e *O Demolidor.* Além disso, contribuiu para a criação do *Grêmio Literário 25 de Março* e chegou a pertencer ao *Clube Literário Máximo Gorki*, de tendência socialista. Em 1910, mudou-se para o Distrito Federal em busca de melhores oportunidades profissionais e intelectuais, ao mesmo tempo em que fugia das perseguições políticas após desentendimentos com o redator-chefe do *Jornal do Ceará*.

A capital era identificada como o principal centro intelectual do país, já que na cidade morava a maior parte dos literatos consagrados. Lá, estava sediada a Academia Brasileira de Letras, as principais livrarias e, até a década de 1920, as principais editoras. Além disso, a presença do Estado e os cargos públicos daí decorrentes acabavam por se somar, explicando a força de atração que o Rio de Janeiro exercia sobre todos aqueles que sonhavam com a carreira das letras.

O reconhecimento profissional não demorou muito para acontecer, e, em pouco mais de uma década, Gustavo Barroso havia se tornado um dos intelectuais mais representativos da imprensa carioca, com a qual já vinha colaborando desde o Ceará. O escritor ficou conhecido no meio literário nacional com o pseudônimo de "João do Norte". Desta maneira, podemos confirmar que a transferência para o Rio de Janeiro representou a ampliação dos horizontes profissionais do autor, pois trazia na bagagem a herança dos "Barrosos", que ainda mantinham certo prestígio político. Talvez esta seja a razão que explique a rápida ascensão do jornalista, que conseguiu inserir-se no círculo intelectual do início do século e, com isso, desfrutar de vínculos pessoais com literatos como Coelho Neto, um famoso escritor da época e proeminente membro da Academia Brasileira de Letras (MAIO, 1992, p. 70-71).

Enquanto cursava a Faculdade Livre do Rio de Janeiro, Gustavo Barroso atuou como professor de geografia e desenho no Ginásio de Petrópolis e na Escola de Menores da Polícia do Distrito Federal. Foi secretário da Comissão de Estudos do Prolongamento da Estrada de Ferro Central do Brasil, de Congonhas à Belo Horizonte, e correspondente do *Correio Paulistano*. A estreia oficial no mundo das letras ocorreu ainda muito cedo, em 1912, quando publicou, com o pseudônimo de "João do Norte", o livro *Terra de sol,* um ensaio político sobre a natureza e os costumes do sertão cearense. Obra que foi dedicada a Coelho Neto, Felix Pacheco e Eurico Cruz. No mesmo ano, abandonou definitivamente qualquer tipo de tendência socialista que havia demonstrado anos antes e se filiou ao Partido Republicano Conservador (PRC) (MAIO, 1992, p. 71).

Em 1913, foi nomeado Secretário Geral da Superintendência da Borracha e acumulou o cargo de redator do *Jornal do Commércio*. Após as eleições de 1914, seu primo Benjamim Liberato Barroso foi eleito para a presidência do Ceará. Gustavo Barroso foi, então, convidado a assumir a redação do *Diário do Estado* e ocupar o cargo de Secretário do Interior e Justiça de seu estado natal. Em 1916, tornou-se diretor da revista *Fon-Fon,* o que representou um importante espaço de interlocução com outros intelectuais da época. Neste mesmo ano, foi eleito deputado federal pelo estado do Ceará. No cargo, obteve a aprovação de dois projetos. O primeiro pretendia restaurar o uniforme tradicional da Imperial Guarda de Honra para o 1º Regimento de Cavalaria do Exército, dando-lhe a designação de Dragões da Independência. O segundo, de 1917, foi a criação do Dia do Soldado (MAIO, 1992, p. 72).

Como podemos perceber, sempre que surgia uma oportunidade, Gustavo Barroso fazia questão de expressar todo o seu sentimento de orgulho e admiração pelas tradições militares. Este é um dos traços mais marcantes do intelectual. Seu intuito era dar aos seus leitores e ouvintes o perfeito conhecimento do valor e da importância do Exército na formação e sustentação da nacionalidade. Uma história de continuidade que teria seu início em 1808, com a vinda da família real portuguesa.

> Preencho, outrosim, sensível falha da nossa bibliografia. A única Historia Militar do Brasil existente foi escrita, em 1762, por José Mirales!
> Foi essa, sem modéstia, a pequena contribuição que pude prestar ao meu pais em pról da restauração do culto de seu glorioso passado. Se lhe falta ciência, não lhe falta, estou certo, consciência, que esta se mostra a cada passo na sinceridade dos propósitos e, sobretudo, no meu amor pelo Brasil (BARROSO, 1938c, p. 8).

Na opinião de Sérgio Miceli (1997), Gustavo Barroso foi capaz de conciliar diversas vidas em sua trajetória profissional, nem sempre coerentes e tão pouco lineares: ao mesmo tempo em que trabalhava como escritor e jornalista, aventurava-se na carreira política. Segundo Miceli (1997, p. 69), houve naquela época o desenvolvimento das "burocracias intelectuais", através da grande imprensa, dos aparelhos políticos (assembleias locais e nacionais) e dos aparelhos partidários (os partidos republicanos), e o intelectual aproveitou muito bem os novos espaços que surgiram. Deste modo, as crônicas, os contos, os desenhos e as caricaturas, àquela altura, tornaram-se a principal ocupação e fonte de renda de Gustavo Barroso.

Sua primeira de inúmeras visitas à Europa ocorreu em 1919. Sua função era representar o Brasil na Conferência de Versalhes, chefiada por Epitácio Pessoa. Para a antropóloga Regina Abreu, a amizade entre Epitácio Pessoa e

Gustavo Barroso – ambos egressos de tradicionais famílias do Norte – seria decisiva para a nomeação de Gustavo Barroso como fundador do Museu Histórico Nacional. Tanto que, no dia 11 de outubro de 1922, em duas salas no espaço físico formado pelo pavilhão das Grandes Indústrias do Rio de Janeiro, Epitácio Pessoa– agora Presidente da República– presidiu a exposição inaugural do Museu Histórico Nacional, formada por cerca de 1.500 objetos devidamente organizados por Gustavo Barroso (ABREU, 1996).

No ano de 1923, com muito mais visibilidade na sociedade carioca, Gustavo Barroso finalmente conseguiu ingressar na Academia Brasileira de Letras. Foi eleito para ocupar a cadeira 19, na sucessão de D. Silvério Gomes Pimenta, sendo recebido por Alberto Faria. Em seu discurso de posse, Barroso ressaltou a honra que experimentava ao sentar-se naquele lugar, ocupado antes por brilhantes personalidades, em especial D. Silvério (BARROSO, 2006, p. 180).

> Se me obriga o costume à modéstia, também me aconselha a gratidão. Esta, para convosco, é maior e mais sincera do que a outra. A fim de obter vossos sufrágios não me obrigastes a *morrer*, que já não é pouco. Se mais de uma vez bati em pura perda à vossa porta, resta-me o consolo de que nunca me inscrevi sozinho e sempre tive fortes adversários a combater. São infinitamente mais saborosas as vitórias difíceis. Meu único mérito talvez seja nunca ter seguido o exemplo de Montesquieu, que tantos de entre vós acompanhastes: zombar da Academia até o dia de entrar em seu seio. Este é mais acolhedor do que vulgarmente parece (BARROSO, 2006, p. 190).

Na função de tesoureiro da instituição, o imortal administrou naquele ano a transferência da sede da Academia do Silogeu Brasileiro para o prédio do Petit Trianon, que a França oferecera ao Governo brasileiro. Exerceu ainda os cargos de segundo e primeiro secretário e de secretário-geral, além de presidente da instituição nos anos 1932, 1933, 1949 e 1950.

Em 9 de janeiro de 1941, foi designado, juntamente com Afrânio Peixoto e Manuel Bandeira, para coordenar os estudos e pesquisas relativos ao folclore brasileiro. Também foi membro de diversas academias literárias no Brasil e na Europa, dentre elas a Academia Portuguesa da História, a Academia das Ciências de Lisboa, a *Royal Society of Literature* de Londres, a Academia de Belas Artes de Portugal, a Sociedade dos Arqueólogos de Lisboa, o Instituto de Coimbra, a Sociedade Numismática da Bélgica, o Instituto Histórico e Geográfico Brasileiro e as Sociedades de Geografia de Lisboa, do Rio de Janeiro e de Lima (ABREU, 1996, p. 168). Em Lisboa, por exemplo, recebeu várias homenagens quando compôs a comissão brasileira enviada para as "Comemorações dos Centenários" de Portugal.

> Voltou a falar o Senhor Presidente para agradecer aos oradores os cumprimentos que lhe dirigiram e deu a palavra ao académico Senhor Dr. Gustavo Barroso que, num elegante discurso, salientou a grande obra dos portugueses no Mundo e, especialmente, no Brasil cujos destinos, se Portugal se não tivesse (?), seriam, por certo, muito diversos [...] Agradecendo aos Senhores Drs. Gustavo Barroso e Edmundo da Luz Pinto as palavras de amizade que proferiram acerca de Portugal [...] (BOLETIM, 1938, p. 1).

Entretanto, o ponto a ser destacado na trajetória política-intelectual aconteceu após a filiação de Gustavo Barroso à Ação Integralista Brasileira. Sem dúvida este acontecimento determinou o ponto alto da transformação do intelectual em intelectual-herói. Sua entrada deu-se em 1933, após ouvir uma conferência de Plínio Salgado. E sua primeira frente de trabalho foi dedicada à implantação de uma "educação integral". Na perspectiva de Plínio Salgado, este ideal de educação integral tinha como fundamentos os três grandes pilares: Deus, Pátria e Família. Na tentativa de difundir e demonstrar como a educação integral e o conhecimento das ideias filosóficas eram importantes para a construção de um "novo" homem (BARROSO, 1934), Gustavo Barroso realizou diversas palestras e conferências em inúmeras cidades brasileiras.

> "Todo Estado – definiu Aristóteles – é uma sociedade de homens unidos". Para organizar, portanto um Estado, é necessário conhecer as unidades que o compõem e os problemas dessa sociedade, isto é, primeiro o conhecimento das partes e, depois, o conhecimento do todo. Demais, para que exista o verdadeiro Estado, é imprescindível que os homens estejam unidos e não divididos. É, como a filosofia, ciência das ciências, procura explicar as origens, a existência e a finalidade do homem, nela se tem de alicerçar toda e qualquer concepção social ou política (BARROSO, 1934, p. 9).

A principal estratégia utilizada pelo imortal foi demonstrar, através de seus textos, a existência de um inimigo "quase invisível", responsável pelas mazelas da economia e da sociedade brasileira. Escreveu nesta época a polêmica obra *História Secreta do Brasil*, na qual tentava comprovar a conspiração antissemita desde o início da colonização do país (Cf. BARROSO, 1937, 1938a, 1998).

> Todo êsse plano, em todas as nações, foi cuidadosamente elaborado e lentamente executado pelo judaísmo, raramente a descoberto e sempre embuçado nas sociedades secretas. Judaismo e maçonarias crearam um meio social propício á guerra do que está em baixo contra o que se acha em cima, desmoralizando e materializando a humanidade pelo capitalismo mamónico, dividindo-a e enfraquecendo intimamente pela democracia, separando-as e tornando-a agressiva pelo exagero dos nacionalismos,

dissolvendo-a pelas crises econômicas e enlouquecendo-a com o comunismo. Conhecendo isso, é que se póde dar seu verdadeiro caráter dos acontecimentos históricos e mostrar a verdadeira fisionomia das revoluções (BARROSO, 1937, p. 15).

O quadro de dependência política e econômica do país foi um dos principais artifícios explorados por Gustavo Barroso, principalmente em seu livro *Brasil – Colônia de Banqueiros* (1936). Afinal, a figura do inimigo estrangeiro nas manifestações nacionalistas servia para excitar a fé patriótica do povo e, ao mesmo tempo, fortalecia o movimento integralista, na medida em que este preconizava ser uma ideologia autóctone voltada para os interesses nacionais e avessa à influência de doutrinas forasteiras (BARROSO, 1936a, p. 194).

Foi durante a solenidade de comemoração ao aniversário de setenta anos de Gustavo Barroso que o orador da turma propôs que o atual Curso de Museus, de mandato universitário, em memória de seu criador e diretor, passasse a ser denominado "Curso Gustavo Barroso" (CARVALHO, 1949, p. 263- 331). Na mesma ocasião, foi realizada a leitura de um pedido assinado por centenas de ex-alunos, funcionários, deputados, ministros, intelectuais e amigos de Gustavo Barroso. Este documento seria encaminhado ao então Presidente da República, Juscelino Kubitschek, a quem solicitava que o intelectual fosse mantido no cargo de Diretor daquele instituto, por ele fundado e dirigido desde 1922 (CARVALHO, 1949, p. 271). Entretanto, o falecimento de Barroso, no dia 3 de dezembro de 1959, não permitiu o atendimento ao pedido.

Portanto, ainda que Gustavo Barroso tivesse enorme protagonismo intelectual nos meios acadêmicos e institucionais e fosse também uma importante referência doutrinária dentro da AIB, ele não conseguiu fundar nenhum tipo de movimento político. Talvez essa nunca tivesse sido sua intenção, mas, por outro lado, o intelectual ficou gravado na memória de inúmeros militantes integralistas como o defensor da história nacional e o vigilante sempre atento às investidas dos inimigos externos. Assim, o que emana das fontes é a imagem de um intelectual proativo, um soldado que lutaria sempre em defesa das tradições e dos heróis nacionais.

Ou seja, a trajetória intelectual de Gustavo Barroso foi, por ele mesmo, organizada sobre três pilares fundamentais. O primeiro diz respeito à herança nordestina que trazia para o Rio de Janeiro, época em que demonstrava com vitalidade todas as suas convicções e que, de alguma forma, foi adaptada e reinterpretada quando se tornou um intelectual de renome nacional. O segundo pilar se referia à defesa incondicional da história nacional; o autor se autoprojetava como o defensor perpétuo da história nacional e, por esta razão, o MHN se tornou o mecanismo fundamental para a concretização deste objetivo pessoal. E o terceiro, a acusação e a denúncia de que o Brasil vivia sufocado por forças ocultas dirigidas pelos judeus e maçons.

1.3 Plínio Salgado: a criação do "novo homem"[5]

Plínio Salgado nasceu em São Bento do Sapucaí, região do Vale do Paraíba (SP), no dia 22 de janeiro de 1895, no berço de uma família letrada e tradicionalista, filho do farmacêutico e coronel Francisco das Chagas Esteves Salgado e da professora Anna Francisca Rennó Cortez. A morte precoce de seu pai, quando tinha apenas 16 anos, impossibilitou os planos do jovem de ingressar na carreira acadêmica, pois o drama familiar o obrigou a abandonar os estudos no Ginásio Diocesano, em Pouso Alegre (MG). De volta à cidade natal, tornou-se o provedor da família e responsável por cuidar de sua mãe e dos seus quatro irmãos mais novos. Este retorno foi determinante para que Plínio Salgado se tornasse um intelectual autodidata (GONÇALVES, 2012, p. 61).

O autor rapidamente demonstrou seu interesse pela política. Assim que completou 18 anos, ajudou a fundar na cidade o Partido Municipalista (PM). Em 1918, casou-se com Maria Amélia Pereira, descendente de uma tradicional família sãobentista. Entretanto, sua esposa viria a falecer um ano depois, deixando uma filha também chamada Maria Amélia, com apenas 14 dias (ARAÚJO, 1998, p. 22). Em 1920, mudou-se para São Paulo e começou a trabalhar na imprensa como suplente de revisor no *Correio Paulistano*, e rapidamente ascendeu a redator. O jornal, oriundo dos tempos do império, tornou-se após a proclamação da República o órgão oficial do governo e, consequentemente, do Partido Republicano Paulista (PRP). Pode-se dizer que o jornal foi o canal de contato, do então aspirante a escritor, com inúmeros intelectuais e políticos da época. Dentre eles estavam Antônio de Godoi e Carlos de Campos (futuro presidente do Estado de São Paulo), Alcides Cunha, Alfredo Martins, Getúlio Paiva, Joaquim Ferreira, Agenor Barbosa, Nicolau Jazo, Boaventura Barreira, Lelis Vieira, Cassiano Ricardo e Menotti Del Picha. Na direção do jornal se encontrava Flamínio Ferreira; na secretaria de redação, Antônio Ferreira; na subsecretaria, João Silveira e na supervisão, Wolfran Nogueira (ARAÚJO, 1998, p. 24).

A vida na capital paulista coincidiu com um período de turbulências políticas, econômicas e culturais que vigorava desde fins do século XIX. Sendo assim, a importância para o jornalista neste momento era a rede de

---

[5] Texto adaptado de: COSTA, Luiz Mário Ferreira; TANAGINO, Pedro Ivo. A construção do "mito do Salvador" no livro "A Quarta Humanidade" de Plínio Salgado. In: **XXVIII Semana de História**: Genocídios, Massacres e Nacionalismos, 2011, Juiz de Fora. Anais da XXVIII Semana de História da Universidade Federal de Juiz de Fora, 2011.

sociabilidade que poderia estabelecer naquele contexto social específico. Na opinião de Gonçalves, através dessas relações, Plínio Salgado, aos poucos, agregou-se aos mais importantes ambientes intelectuais da época. Ao mesmo tempo, a partir do *Correio Paulistano,* desenvolvia e expandia suas ideologias, uma vez que o jornal funcionava na condição de laboratório de suas ideias (GONÇALVES, 2012, p. 91).

Plínio Salgado passou a se dedicar a quase todos os gêneros jornalísticos, entre os anos de 1920 e 1921. O intelectual publicou artigos na respeitada *Revista do Brasil*, um periódico fundado em 1916 e que possuía um forte apelo nacionalista, coordenada por Monteiro Lobato (GONÇALVES, 1992, p. 95). Mas tudo indica que, após ter contraído uma forte gripe espanhola, suas perspectivas filosóficas se alteraram e seguiram por um viés bem mais "espiritualista", inspiradas, especialmente, pelas obras de Farias Brito e Jackson de Figueiredo. Numa época em que o clima nacionalista era evidente, desde a febre ufanista do período da I Guerra Mundial, insuflada por escritores como o conde de Afonso Celso, Olavo Bilac, Alberto Torres e Monteiro Lobato.

Apesar da vastíssima produção literária, Plínio Salgado nunca escreveu um livro específico de memórias, talvez porque desejasse que outros o fizessem. Existe uma "obra" – parte datilografada e parte manuscrita – intitulada *História da minha vida* (1938), na qual o escritor relata alguns dos momentos mais íntimos de sua trajetória pessoal. Mas, a pedido do próprio autor, nunca deveria ser publicada. Neste material intimista podemos encontrar uma variedade de aspectos detalhados de sua vivência familiar, além de um tom de admiração por seus antepassados, que preenchia quase a totalidade do texto. A narrativa era marcada por inúmeras histórias que "ouvia dizer" em sua infância, episódios de generosidades cristãs e de espírito nacionalista que, segundo seus testemunhos, ajudaram a moldar seu caráter (GONÇALVES, 2012, p. 53).

O intelectual informava que suas convicções políticas e morais advinham, em grande parte, do lar em que crescera. Dentre os homenageados estavam o seu bisavô materno, o médico alemão Dr. João Rennó de França, que era relembrado sempre com enorme admiração. O Dr. Rennó era visto como um homem singular e que não "admitia a imoralidade e a mentira". Não teria vindo ao Brasil para "fazer América" pois, segundo consta, já era um homem muito rico. Por esta razão, o seu antepassado teria se dedicado basicamente a duas atividades principais: primeiro, à agricultura; segundo, ao socorro dos mais pobres com suas consultas gratuitas (SALGADO, 1938, p. 18-19).

Neste ponto é importante perceber que Plínio Salgado fundia à imagem de seus entes queridos uma forte tradição de caridade religiosa, e, com o passar do tempo, esta característica familiar seria incorporada em seus próprios discursos. Demonstrou em várias ocasiões que boa parte das suas reflexões advinha desta base espiritual hereditária, aliada a um extensivo estudo acerca das filosofias materialistas, em especial Marx e Spencer, de onde extraiu sua leitura do "materialismo histórico". Contudo, como sugeriu Gonçalves, foi após ter contraído uma forte gripe espanhola, e quase ter morrido, que suas perspectivas filosóficas se alteraram profundamente. O autor realizou uma guinada ainda maior em direção aos ensinamentos "espiritualistas", e autores como Farias Brito e Jackson de Figueiredo passaram a ocupar um lugar de maior destaque em suas produções (GONÇALVES, 2012, p. 74).

Em 1922, durante a Semana da Arte Moderna, evento promovido por intelectuais de São Paulo, paralelo às comemorações do "1º Centenário da Independência do Brasil", Plínio Salgado ainda não era um escritor de grande destaque nacional e teve apenas uma participação secundária. O intelectual (SALGADO, 1938) gostaria de ser visto como um homem de grande sensibilidade e que estava sempre disposto a tentar resolver os problemas sociais em benefício da população mais humilde. Nesta época, produziu para o jornal *O Estado de São Paulo* e colaborou na revista *Novíssima* com críticas literárias, onde desenvolveu uma série de reflexões de conteúdo estético e ideológico. Porém, a situação de personagem coadjuvante na política e nos meios intelectuais estava chegando ao fim, e o acontecimento fundamental que marcou o *upgrade* na vida de Plínio Salgado foi sua primeira viagem à Europa e ao Oriente, em 26 de abril de 1930, paga pelo amigo Alfredo Egídio de Souza Aranha. Salgado seria o preceptor de Joaquim Carlos Egídio de Souza Aranha, cunhado de Alfredo Egídio (GONÇALVES, 2012, p. 157). Nesta ocasião, o intelectual chegou a conhecer Benito Mussolini, na Itália, além de ter visitado Egito, Palestina, Turquia, Grécia, Bélgica, Holanda, Suíça, Dinamarca, Inglaterra, Espanha e Portugal (GONÇALVES, 2012, p. 193). Assim, a primeira viagem à Europa pode ser entendida como um momento decisivo no seu percurso político e intelectual, pois a experiência acabou por expandir seus horizontes ideológicos, ao ver de perto a aplicação de novos modelos de Estados autoritários na Itália, na Espanha e, principalmente, em Portugal.

De volta ao Brasil, depois de deflagrada a Revolução de 30, Plínio Salgado fundou o jornal *A Razão,* em 1931. Daí em diante, lançaria diariamente artigos de doutrinação política e de análises da situação brasileira e internacional. No ano seguinte, fundou a Sociedade de Estudos Políticos (SEP) e lançou o *Manifesto de Outubro,* o ponto de partida para a criação, no dia 7 de outubro de 1932, da Ação Integralista Brasileira, na cidade de São Paulo (GONÇALVES, 2012, p. 213). O movimento, definido por seu líder como sendo de caráter autoritário, conservador e católico, pretendia ser a resposta que muitos esperavam diante da crise do modelo da Liberal Democracia e do avanço do Comunismo.

> Pretendemos realizar o Estado Integralista, livre de todo e qualquer princípio de divisão: partidos políticos; estadualismos em luta pela hegemonia; lutas de classes; facções locais; caudilhismos; economia desorganizada; antagonismos de militares e civis, antagonismos entre milícias estaduais e o Exercto; entre o govêrno e o povo, entre o govêrno e os intelectuais; entre estes e a massa popular (SALGADO, 1946c, p. 24).

O livro *A Quarta Humanidade,* de Plínio Salgado, cuja primeira edição data de 1934, composto por uma coletânea de artigos e palestras proferidos entre os anos de 1926 e 1934, pode ser considerado uma espécie de obra fundamental, que melhor sintetizou o pensamento do intelectual. Por exemplo, no prefácio à segunda edição o autor expressou suas expectativas com relação ao efeito que deseja produzir com o lançamento da obra:

> Possam um dia as gerações sul-americanas, construindo a Civilização do Espírito, ver neste livro uma humilde centelha na treva da Civilização Materialista, anunciando os tempos felizes. Possam elas compreender nossos sofrimentos neste período cruel de transição, em que assistimos ao Crepúsculo da Cidade dos Homens Brutais, antevendo a aurora dos Homens espirituais. E possa a América Latina ser a Nova Atlântida onde terá início a Quarta Humanidade! (SALGADO, 1955, p. 11-12).

De modo geral, a linguagem erudita utilizada no texto indica-nos que ele poderia ser destinado à formação da elite dirigente integralista, em relação ao simplismo pedagógico que orientava as obras direcionadas à doutrinação ideológica das bases do movimento. Nesse sentido, percebemos a magnitude da "mudança social" almejada por Plínio Salgado. Seu modelo de harmonia social é derivado de sua Filosofia da História, acreditando ser a civilização monoteísta criada pelos hebreus uma das principais realizações da humanidade, por preconizar um Universo Total, integral entre o Deus criador em comunhão com suas criaturas (ARAÚJO, 1988, p. 34).

Não foi por acaso que uma das principais ideias contidas em *A Quarta Humanidade* era a de se "fundar" uma nova sociedade, elaborada a partir de uma cultura política espiritualista e orgânica, respaldada por um Estado forte e cristão. Propunha que as concepções do Estado e da sociedade estariam ligadas à concepção do próprio universo. Assim, a ideia de uma "Ordem suprema" deveria suprimir todas as vontades individuais em prol de um "bem" maior, a unidade do Brasil. Para tanto, seria necessária a criação de uma "sociedade integral" homogeneizada e, consequentemente, a supressão de todas as diferenças de classe, raça ou cor. Ainda segundo Salgado, aquele período era o começo de uma "Grande Era Humana", que, de alguma forma, ligava-se a um período "crepuscular de formação dos primeiros núcleos sociais antecipadores das primeiras nacionalidades" (SALGADO, 1955, p. 17-18).

Deste modo, a proposta do autor era despertar em seus leitores a vontade de interferir, através da ação política, na organização de um Estado brasileiro, cuja tônica era a centralização do poder e o controle do setor produtivo por meio do sistema corporativo. Isso a partir de uma doutrina com forte inspiração tanto na Encíclica de Leão XIII, a Rerum Novarum (1891), quanto nas manifestações intelectuais, organizativas e ritualísticas do fascismo italiano. Entretanto, para o líder da AIB, essa identificação com a espiritualidade católica marcava a diferença em relação a quaisquer modelos racionalistas de construção do Estado, pois se distinguia do integralismo francês de Charles Maurras, do integralismo lusitano, do racismo alemão e, ainda, do fascismo italiano, ao qual somente se assemelhava concernente à nova atitude do Estado, em face da luta social. Na ótica de Plínio Salgado, o integralismo se tratava de um movimento original, genuinamente brasileiro, com uma filosofia própria e "um nítido pensamento destacado na confusão do mundo contemporâneo" (CARNEIRO, 2003, p. 83).

Em 1936, apresentava-se como uma das maiores lideranças políticas do Brasil e se autoprojetava como chefe carismático e portador de grande iluminação divina. Neste ano, casou-se com a Sra. Carmela Patti, herdeira de uma conceituada família radicada em Taquaritinga, estado de São Paulo. No ano seguinte, após conseguir uma ampla vantagem sobre Gustavo Barroso na prévia da AIB, lançou-se candidato à Presidência da República. Entretanto, com a implantação do Estado Novo de Getúlio Vargas, o movimento integralista acabou sendo desarticulado, e, em 2 de janeiro de 1939, Plínio Salgado foi preso na Fortaleza de Santa Cruz e logo depois exilado em Portugal. Entre 1939 e 1945, período em que esteve no exílio, o intelectual dedicou-se intensamente aos textos de caráter moralizante e religiosos, lançando, em 1942, o livro *Vida de Jesus* (GONÇALVES, 2012, p. 293).

Com o fim do Estado Novo, Plínio Salgado retornou ao Brasil e ressurgiu na cena política com a criação do Partido de Representação Popular (PRP). Contudo, o ímpeto de líder autoritário e revolucionário da década anterior havia desbotado, e o autor preferia se autoprojetar como um político religioso e a favor da democracia católica, inspirado mais uma vez pela obra de Salazar. Na década de 1950, continuou sendo uma figura destacada. Em 1952, por exemplo, fundou a Confederação de Centros Culturais da Juventude e foi eleito presidente de honra da mesma. A instituição, que reunia inicialmente dezenove entidades de jovens, oriundas de todo o Brasil, chegou a atingir mais de quinhentas em todo o território nacional (GONÇALVES, 2012, p. 536).

Em 1953, criou o semanário *A Marcha*, do qual foi colaborador, e se candidatou novamente às eleições presidenciais, desta vez em 1955, vindo a disputar com Juscelino Kubitschek de Oliveira, Juarez Távora e Ademar de Barros. Após a derrota para a presidência, retomou sua carreira no Legislativo, acumulando uma sucessão de mandatos. De 1956 a 1960, atuou como deputado federal pelo estado do Paraná, e de 1960 a 1974, como deputado federal de São Paulo. Durante o período, integrou diversas comissões, dentre elas a de Educação e Cultura, onde produziu inúmeros pareceres. Instalou-se definitivamente em Brasília, de 1960 até 1975, ano em que veio a falecer, no dia 7 de dezembro, em São Paulo (GONÇALVES, 2012, p. 371).

Como ficou demonstrado, ainda que Plínio Salgado não tivesse uma formação escolar regular, o autor desfrutou em casa de certo ambiente de cultura variada. Antes de se tornar uma celebridade intelectual, o jovem foi estimulado principalmente por sua mãe, professora primária responsável por seu desenvolvimento educacional (GONÇALVES, 2012, p. 49). Assim, é importante salientar que, mesmo não tendo formação acadêmica, ele não foi impedido de ascender, no dia 31 de julho de 1929, à cadeira nº 6 da Academia Paulista de Letras, o que era relembrado com muito orgulho por seus admiradores. Tornou-se mesmo um dos escritores mais influentes nos meios católicos brasileiros e portugueses na década de 1940.

Em suma, Plínio Salgado parecia definir sua trajetória de vida seguindo uma linha de raciocínio linear, em que o primeiro evento determinante foi a morte de seu pai, e, consequentemente, as grandes responsabilidades que caíram sobre seus ombros. A seguir, veio a morte de sua mulher e a gripe espanhola, acontecimentos decisivos para a definição de seus fundamentos teóricos e políticos, voltados para uma concepção espiritualista do mundo. Além disso, experimentou na Europa uma nova visão de mundo, onde, sem dúvida, foi influenciado pelas novas lideranças políticas de cunho autoritário e nacionalista da época, criando dentro si mesmo o ideal do "novo homem".

1.4 Rolão Preto: a inquietação de um jovem nacionalista

Francisco de Barcelos Rolão Preto nasceu na província da Beira Baixa, vila de Gavião, Portugal, no dia 12 de fevereiro de 1896, filho de António Adolfo Sanches Rolão Preto e de Maria Rita Gaspar de Barcelos. Seu nome ficou registrado na história como o mais jovem dentre os membros fundadores do movimento monarquista, conhecido como Integralismo Lusitano, e o Chefe supremo do principal movimento de caráter fascinante de Portugal, o Nacional-Sindicalismo. Rolão Preto iniciou sua carreira política aos 15 anos, quando ainda era aluno do "Colégio Figueirense". Por conta disso, abandonou os estudos para se juntar como voluntário às forças da resistência monárquica, comandadas por Henrique de Paiva Couceiro, entre 1911-1912, que se organizavam na Galícia (QUINTAS, 2004). O jovem monarquista, ao lado de Paiva Couceiro, foi um dos poucos realistas que pegou em armas para lutar contra a República, com o intuito de organizar um movimento político-militar capaz de derrubar todas as instituições recém-criadas (COIMBRA, 2000).

Entretanto, após a derrota e a perseguição aos revoltosos monarquistas, o jovem Rolão Preto foi obrigado a se refugiar na Bélgica. Em terras belgas, tornou-se o secretário da *Alma Portuguesa*, revista publicada no país e conhecida como o primeiro órgão do integralismo. Mesmo longe de Portugal, retomou seus estudos e logo ingressou na Universidade de Lovaina, sendo aluno do Cardeal Mercier, arcebispo de Malines, onde se formou em Ciências Sociais (QUINTAS, 2002). Pouco tempo depois, ainda no exílio, licenciou-se bacharel em Direito na Universidade de Toulouse, França. Por esta razão, não regressou a Portugal em 1914, quando foi concedida anistia a todos os integrantes das revoltas monárquicas.

Rolão Preto não chegou a participar da primeira Junta Central do Integralismo Lusitano em 1916, apesar de ser um dos fundadores do movimento. Só viria a se reintegrar oficialmente ao grupo monárquico três anos depois (PINTO, 1994). Conforme destacou António Costa Pinto (1994), quando residia na França, eram regulares as visitas de Rolão Preto, à sede parisiense da *Action Française*, o principal movimento da direita radical francesa, onde conheceu Charles Maurras (1868 – 1952). O líder francês – um poeta monarquista e dirigente do principal jornal nacionalista, antissemita e germanófobo, a *Action Française* – representou a primeira grande influência política e intelectual na vida de Rolão Preto. Porém, uma década depois, sua admiração por Maurras parecia ter sido ultrapassada por nomes como Georges Eugène Sorel, teórico francês do sindicalismo revolucionário. Sorel, apesar de ter sido um político alinhado à extrema esquerda, não deixou de flertar durante algum tempo com a extrema direita monarquista de Maurras. Sua principal contribuição ao pensamento de Rolão Preto foi a utilização do mito político como força motriz dentro da sociedade; sua função seria mobilizar e empurrar a massa para a ação direta (PINTO, 1994, p. 38-39).

De volta a Portugal em 1917, Rolão Preto assumiu imediatamente funções estratégicas no jornal integralista *A Monarquia*. Já nesta época, é possível constatar um dos traços mais marcantes de sua personalidade política, que se referia ao seu envolvimento cada vez maior com as questões sociais, a chamada "área social" do Integralismo Lusitano (IL). E, diferentemente de António Sardinha, mostrava-se muito mais "dedicado" à ação política do que à simples intervenção ideológica e cultural. No ano de 1920, com a prisão de Hipólito Raposo, Rolão Preto tornou-se o diretor de *A Monarquia*, em que tentou imprimir seu próprio estilo (PINTO, 1994, p. 40).

Foi exatamente nesta época que o intelectual incorporou aquilo que ele mesmo chamava de "mística" dos grandes líderes, um tipo de inteligência superior, poderosa energia que somente alguns poucos homens poderiam compreender e fazer uso.

> A guerra econômica, que se segue natural e incessantemente á luta das armas, necessita uma atenta direção dos valores positivos da economia nacional, mais cuidada e profunda que a própria condução dos elementos de defesa nacional. A missão de um governo, consciente e proficiente, seria necessariamente a complexa orientação da produção nacional, de maneira não só a estabelecer o equilíbrio econômico interno, como de manter em lugar de evidencia os interesses do paiz no mercado da concorrência externa. Isto releva do senso mais elementar e no entanto que faz a Democracia no poder? (PRETO, 1920b, p. 92-93).

Deste modo, enquanto os outros fundadores do movimento reinventavam uma "monarquia corporativa medieval", com o princípio da aristocracia de sangue sobre o da burguesia, Rolão Preto, que se projetava como a maior das personalidades políticas e intelectuais da época, tentava fundir a obra de Sorel e de Valois, a fim de responder às crescentes demandas das classes trabalhadoras e à ameaça revolucionária. Sua estratégia de ação pode ser dividida em dois momentos. Primeiro, através da contrarrevolução monárquica, representada pelo Integralismo, e, um pouco mais tarde, através da intervenção de tipo fascista, conduzida pelo Nacional-Sindicalismo (PINTO, 1994, p. 41).

> Contra êsse clima reagiu, naturalmente, o sentimento da dignidade humana, humilhada, das gerações novas, procurando a posição que garanta os direitos de homens livres.
> Em Portugal, a reação contra os êrros liberais-democratas no seu aspecto político, chama-se Integralismo-Lusitano, e a reação contra êsses mesmos êrros no seu aspecto econômico-social deu origem ao Movimento Nacional-Sindicalista (BARBOSA, 1940, p. 20).

Na análise de Pinto, esta viragem sindicalista não faria do intelectual um adepto do progresso tecnológico e da modernização como outros fascistas. Pelo contrário, ao longo de toda a sua vida, Rolão Preto sempre se manteve no campo de uma estratégia preventiva tradicionalista. A marca tradicionalista nunca desapareceu da sua propaganda e de sua ação política, ainda que sob uma nova roupagem revolucionária, assumida na década de 1930 (PINTO, 1994, p. 41). Por outro lado, à medida que a participação dos militares se ampliava na vida pública portuguesa, Rolão Preto mostrava-se cada vez mais disposto a fundar núcleos integralistas dentro das Forças Armadas.

Igualmente, outros setores da direita radical também eram atraídos para o IL, uma vez que as bandeiras monárquicas começavam a perder espaço. Esse processo tem início com a assinatura do "Pacto de Paris", entre os representantes do Rei D. Manuel II e dos herdeiros do candidato legitimista, em maio de 1922. Neste acordo, ficou definido que a Casa de Bragança reconhecia que, na falta de um herdeiro direto, seria aceitável a indicação de um nome pelas Cortes Gerais para ocupar o trono. Entretanto, a Junta integralista não concordou com o "Pacto" e, como retaliação, interrompeu todas as suas atividades. Este vácuo do integralismo na cena política permitiu que alguns membros formassem grupos tipicamente fascistas, cuja base de inspiração era a "Nova República", implantada pelo major e professor Sidónio Pais, em 1917, após ter liderado uma revolta em Lisboa contra a participação de Portugal na Guerra e contra a chamada ala democrática (PINTO, 1994, p. 52-53).

Ainda que Rolão Preto concentrasse seus esforços na criação de um setor sindical, ele se mantivera firme ao integralismo, seja por razões ideológicas ou por duvidar da força destes novos movimentos. Em 1923, por exemplo, o intelectual não aceitou o convite de João de Castro Osório para dirigir o recém fundado "Nacionalismo Lusitano", considerado a primeira tentativa de se criar um movimento fascista fora da órbita do IL. Porém, a falta de uma ação mais enfática por parte dos integralistas após o "Movimento de 28 de maio de 1926", que determinou a queda da I República Portuguesa e a instauração da Ditadura Militar (em 1933 transformada pela Constituição em Estado Novo), acabou por distanciar Rolão Preto do núcleo integralista (PINTO, 1994, p. 57).

Com a implantação da Ditadura Militar, abriu-se espaço e função para o movimento fascista em Portugal. Os militares contavam com o apoio de três importantes grupos: os pequenos partidos republicanos conservadores, os católicos e uma aglomeração da direita radical, composta principalmente por sidonistas e integralistas. Deste modo, podemos indicar que o "Nacional--Sindicalismo" não foi o começo, mas o fim dos movimentos de cunho fascista em Portugal (PINTO, 1994, p. 92). O primeiro passo na criação do Nacional Sindicalismo (NS) foi dado por um grupo de estudantes universitários que faziam parte da Junta Escolar de Lisboa, órgão estudantil ligado ao IL, desde fins da década de 1920 (PINTO, 1992, p. 576). O seu principal veículo de propaganda foi a revista *Política*, e seus primeiros líderes foram António do Amaral Pyrrait, Dutra Faria e Franz D'Almeida Langhans. Logo depois, vieram se juntar António Pedro, Barradas de Oliveira, Pereira de Matos, António Tinoco dentre outros integralistas, legitimistas e seguidores da *Action Française* (PINTO, 1994, p. 93).

Apesar de certo desconforto por parte dos antigos integralistas em relação aos jovens integrantes do movimento, Rolão Preto acabou por aceitar o convite para dirigir o jornal *Revolução*, em meados de 1932. Era unânime entre os dirigentes do jornal a ideia de que seria impossível criar um movimento fascista a partir do IL sem contar com a liderança carismática de Rolão Preto, visto como o Chefe natural do fascismo em Portugal. Sendo assim, depois de assumir o *Revolução*, o escritor lançou as bases do Movimento Nacional--Sindicalismo, e, com a decisiva ajuda de Alberto de Monsaraz, conseguiu agregar núcleos integralistas e membros da "Liga de 28 de Maio de 1926" (PINTO, 1994, p. 94).

> Camarada,
> O folheto que vais ler não tem nenhuma intenção política. Fartos de política estamos nós todos os que trabalhamos com a pena, com a enxada, com a lima e com qualquer ferramenta com que se ganha a vida
> A solução, amigo, não é só pôr no Poder um partido seja de quem fôr, mas organisar a Produção de forma a que o Poder seja necessariamente o seu órgão.
> Para isso apela-se para ti para que leias serenamente este folheto de forma a concluíres como nós que, dentro da Nação Portuguesa, e fazendo a aliança de todos que trabalham, ricos e pobres, está a salvação do País.
> Le e dá-nos a tua resposta. Vamos organizarmo-nos para impor deveres e reclamar os direitos de todos os trabalhadores dentro do Estado.
> Para isso nós preconizamos o sindicalismo orgânico que o mesmo é dizer a organisação dum Estado em que os operarios dentro dos seus sindicatos e os outros elementos da Produção, sejam quem na verdade – e de comum acordo – resolvam todos os problemas que diretamente lhes interessam.
> Livres de políticos e de política (PRETO, 1920a, p. 1).

O NS era definido por Rolão Preto como um "movimento nacional dos trabalhadores portugueses", com o intuito de conquistar e organizar o Estado em moldes fascizantes. No que tange ao "novo projeto" de Estado, podemos destacar que não havia nenhuma diferença substancial em relação ao modelo do Estado proposto pelo IL, pois ambos estariam fundamentados num modelo comum de organização estatal aos moldes corporativistas (PRETO, 1925, p. 3). No aniversário de um ano do jornal *Revolução,* em 1933, o NS preparou um grande evento em Lisboa para marcar a apresentação do líder. Ao que tudo indica, o nome do intelectual teve uma ótima aceitação. Desde então a sua imagem vestindo a camisa azul, com a "Cruz da Ordem de Cristo" ou "Cruz de Portugal" no braço direito, conclamando com fervor aos ouvintes, tornou-se algo recorrente através da propaganda do NS. Segundo Pinto, ocorreu uma progressiva reverência pelo nome de Rolão Preto, e, rapidamente, a designação de "Chefe" banalizou-se nos impressos e discursos da época. Seus discursos utilizavam fórmulas simples e eram sempre inflamados, convocando todos a se unirem à revolução nacionalista que acreditava representar (PINTO, 1994, p. 114).

Entretanto, por causa dos frequentes confrontos entre os "camisas-azuis" e a polícia nas comemorações de 1933 do "Movimento de 28 de maio", em Braga, o jornal *Revolução* foi fechado pelo Estado Novo, no dia 24 de julho daquele mesmo ano. Além disso, como resultante deste problema, o NS acabou se rachando em duas frentes. A primeira e mais numerosa decidiu apoiar António Salazar e se integrar na "União Nacional", e a segunda, encabeçada por Rolão Preto e Alberto Monsaraz, defendia uma independência ideológica e política perante o salazarismo. No ano seguinte, Preto tentou apelar pela última vez ao Presidente da República, o general Carmona, acerca de uma maior participação de todas as tendências nacionalistas no regime. A reivindicação não foi aceita e o líder fascista foi detido, em 14 de julho de 1934, e mais uma vez foi mandado para o exílio. Na Espanha, foi informado que o NS havia sido colocado na ilegalidade, e todas as suas atividades foram proibidas pelo próprio Salazar. Acabava ali o sonho de Rolão Preto de introduzir em Portugal as estruturas sindicalistas na forma de gerir o Estado (PINTO, 1994, p. 97).

Rolão Preto, mesmo exilado não ficaria totalmente inerte. Sendo assim, em Madri, tratou logo de fazer os primeiros contatos pessoais com José António Primo de Rivera, filho do ditador Primo de Rivera. Descreveu que as impressões iniciais foram muito positivas; o líder espanhol seria uma figura emblemática e revolucionária, "rara e estranha", que fundia num mesmo ser elegância, audácia e gentileza. Um homem que estava sempre disposto a ouvir com atenção e curiosidade ideias capazes de despertar-lhe "sentimentos inéditos".[6]

> Conversámos muito. Trabalhámos bastante, em poucas horas. Talvez que tantos amigos que lhe recolheram, dia a dia, o pensamento generoso, poucos tenham, como eu, bem sentido a verdadeira projecção dessa bela alma. Tôda a sua batalha politica leváva-a de vencida como um apostolado. Amava as Ideias, no verdadeiro sentido desta palavra amar, isto é, devotava-se-lhes totalmente.[7]

---

6   PRETO, Rolão. **Revolução Espanhola:** Aspectos, Homens, Ideias. Lisboa: Imprensa Portugal-Brasil. s.d. p. 181.
7   Ibid., p. 182.

A simpatia por Primo de Rivera foi tanta que, pouco tempo depois daquele primeiro encontro, Rolão Preto passaria a colaborar na redação do programa da "Falange Espanhola", tornando-se um propagandista das bandeiras falangistas. Em 1935, retornou a Portugal, mas, pouco tempo depois de seu retorno e graças ao seu temperamento polêmico, já se envolveu em problemas com Salazar. O acontecimento em questão foi o episódio que ficou conhecido na imprensa portuguesa como "Golpe Nacional-Sindicalista de 10 de setembro de 1935". Rolão Preto e outros integrantes do NS foram acusados de conspiração contra o governo e de colaboração com os comunistas.

> Em primeiro lugar, a Revolta de 10 de Setembro de 1935 não foi uma revolta especificamente Nacional-Sindicalista. Foi um movimento em que colaboraram alguns elementos nacionais-sindicalistas, quanto a conluios com os comunistas, isto, é fantasia dos jornais. Era moda então, falar em conluios comunistas tôdas as vezes, que se queria comprometer, perante a opinião nacionalista, algum homem público ou algum agrupamento político: pura tática [...] (BARBOSA, 1940, p. 33-34).

O acontecimento que levou o Capitão de Mar e Guerra, Mendes Norton, para o presídio de Cabo Verde, segundo o intelectual, teve o apoio de alguns nacionais-sindicalistas, mas não pode ser considerado um movimento exclusivamente do N/S. Como resultado dessa crise, foi novamente obrigado a regressar para o exílio em terras espanholas, de onde acompanhou o desenrolar da Guerra Civil ao lado dos falangistas.

Às vésperas da II Guerra Mundial, Rolão Preto regressava a Portugal, onde retomou suas atividades políticas, reeditando uma série de artigos polêmicos em defesa do fascismo italiano. Todavia, o intelectual foi derrotado pelo regime salazarista no plano da política interna, e seus adeptos camisas--azuis estavam completamente aniquilados. Por isso, passou a depositar suas esperanças na guerra e no eixo Berlim-Roma. Até a viragem da guerra, Rolão Preto estava em completa sintonia com o fascismo anti-salazarista. Em 1945, afastou-se do fascismo, mas continuou a sua oposição ao salazarismo até 1974 (PINTO, 1994, p. 38).

Rolão Preto participou ativamente na intervenção política do "Movimento de Unidade Democrática" (MUD), criado em outubro de 1945, para participar das eleições de novembro próximo. Publicou nesse ano uma de suas mais importantes obras, *A Traição Burguesa*, na qual pretendia criar as condições para destruir o "mal burguês", responsável, segundo ele, por corromper as ideias, os sistemas e os espíritos verdadeiramente nacionais. O livro pretendia ser um retrato fiel da realidade portuguesa, diante das ações deletérias empregadas pelas grandes potências mundiais, além de representar um ataque direto contra o Estado Novo, por acreditar que Salazar era incapaz de resgatar o orgulho e a autoestima de Portugal (PRETO, 1945, p. 13).

> Nesta hora sombria que soou para o mundo mêrce de tantos erros e loucas intenções dos seres humanos, a traição burguesa não pode esconder-se aos olhos de quantos serenamente perscrutam as responsabilidades que conduziram à catástrofe. Democratas, nacionalistas, comunistas todos foram tocados do espírito deletério e todos, pela mão dos responsáveis, atraiçoaram... Atraiçoaram uns a liberdade, outros o interêsse nacional, outros ainda o verdadeiro sentido de comunidade – todos atraiçoaram o Homem, o homem na sua inquietação de justiça e no seu anseio de perfeição ideal, o homem que eternamente sofre e eternamente espera (PRETO, 1945, p. 14-15).

Em 1951, apoiou a candidatura de Quintão Meireles nas eleições presidenciais contra o candidato oficial de Salazar. Em 1953, realizou uma famosa palestra, que se transformaria no livro *Tudo pelo Homem Nada Contra o Homem*, na Rádio Clube Português, onde instigava republicanos e monárquicos a lutarem pela liberdade em face da ditadura imposta pelo Estado Novo. Dizia ele: "todos têm responsabilidades no resgate da Nação". Em 1958, decidiu participar ativamente da propaganda política de Humberto Delgado, candidato a presidente (PRETO, 1953, p. 7).

Na década de 1960, Rolão Preto autorizou a publicação do livro *Inquietação*, uma compilação de seus artigos que foram escritos, especialmente, para o *Jornal do Fundão*. Dividido em temas que iam do jornalismo, passando pela política, economia e a inquietação dos mais jovens, o livro pretendia sintetizar e registrar a atuação do escritor até aquele momento. Em 1970, acompanhado de outros intelectuais, vai retomar as atividades monarquistas lançando a coleção "Biblioteca do Pensamento Político", que integraria também a "Convergência Monárquica", organização monarquista que reunia diversos movimentos congêneres. Em 1974, assumiu a Presidência do Directorio e do Congresso do Partido Popular Monárquico (PPM), vindo a falecer no dia 18 de Dezembro de 1977 (Cf. MEDINA, 1979).

Em suma, o primeiro ponto a ser destacado na trajetória deste intelectual foi, sem dúvida, a sua precoce participação na política. Rolão Preto lutou ao lado da contrarrevolução monarquista, liderada por Paiva Couceiro, por não aceitar a implantação do regime republicano em seu país. A derrota no campo de batalha resultou no seu primeiro exílio, onde conseguiu estabelecer contato com lideranças do pensamento latino conservador, como Charles Maurras. O segundo ponto diz respeito à sua tentativa de desenvolver um modelo de Estado que seria a chave mestra, uma espécie de pedra filosofal para resolver todos os problemas sociais e econômicos de Portugal, projeto que ficou conhecido como "Sindicalismo Orgânico". E, por último, temos a noção da "mística", que vai conduzir e fundamentar todas as construções doutrinárias do autor; aqui, mais uma vez, o exemplo a ser seguido e adaptado à realidade portuguesa vinha de fora, mais precisamente da Espanha, na atuação do líder José António Primo de Rivera. Portanto, a experiência adquirida fora de Portugal, principalmente com armas em mãos, fazia com que o intelectual projetasse sua autoimagem de combatente e libertador de Portugal, o único com a capacidade e a inteligência para encarnar a força mística de um povo de tantas glórias (PRETO, 1920b).

1.5 Intelectuais-heróis: uma noção transnacional

> O herói moderno, o indivíduo moderno que tem a coragem de atender ao chamado e empreender a busca da morada dessa presença, com a qual todo o nosso destino deve ser sintonizado, não pode – e, na verdade, não deve – esperar que sua comunidade rejeite a degradação gerada pelo orgulho, pelo medo, pela avareza racionalizada e pela incompreensão santificada. "vive", diz Nietzsche, "como se o dia tivesse chegado". Não é a sociedade que deve orientar e salvar o herói criativo; deve ocorrer precisamente o contrário. Dessa maneira, todos compartilhamos da suprema provação – todos carregamos a cruz do redentor – não nos momentos brilhantes das grandes vitorias da tribo, mas nos silêncios do nosso próprio desespero [...] (CAMPBEL, 2007, p. 376).

No inverno parisiense de 1898, o jornal *L'Aurore* publicou um polêmico artigo, em forma de manifesto, intitulado *J'accuse,* assinado pelo escritor Émile Zola. O texto denunciava abertamente uma grande conspiração, de cunho nacionalista e antissemita, tramada por setores da direita e do Exército, ligados ao governo, para condenar por alta traição o oficial de artilharia do Exército francês, Alfred Dreyfus, de origem judaica. Após estas "revelações", Émile Zola foi perseguido, processado e obrigado a sair do país, mas a chama do debate iniciado pelo escritor só cresceu, e se espalhou por toda a França.

Inúmeros escritores, artistas, advogados, professores e políticos aderiram à defesa do oficial. Os defensores de Dreyfus foram chamados pejorativamente por seus inimigos de *intellectuel* (intelectual) e taxados como ociosos e irresponsáveis. Entretanto, os *intelectuais* saíram vitoriosos do confronto com os setores conservadores e conseguiram a absolvição do capitão Dreyfus. Desde então, o termo intelectual, inventado por seus opositores, tornou-se o símbolo de uma luta e motivo de orgulho para todos aqueles que se dedicavam às artes do pensamento (Cf. REIS FILHO, 2000).

Para muitos historiadores, embora se reconheça a luta de homens de pensamento muito antes do *caso Dreyfus*, o episódio ocorrido em fins do século XIX deu início a uma tradição, a tradição dos intelectuais. Genericamente, os intelectuais são descritos como homens de ideias, que, independentemente de suas origens sociais, suas ocupações profissionais e de suas perspectivas de estudo, fazem do seu talento com a palavra escrita uma poderosa arma, e abandonam suas trajetórias individuais para assumirem-se como guias da organização política e cultural da sociedade. Desde então, nas palavras de Michel Winock, os intelectuais adquiriram uma grande autoridade moral, que, por sua vez, favorecia também as liberdades republicanas, o ensino público e o desenvolvimento da imprensa (WINOCK, 2000).

Winock (2000, p. 791), recorrendo à definição de Jean-Paul Sartre, afirmava que, a princípio, os intelectuais surgiram como uma diversidade de homens que conquistaram reconhecimento por seus trabalhos de "inteligência", mas abusaram dessa notoriedade e iniciaram seus ataques à sociedade e à politica. Neste embate, as bandeiras erguidas pelos intelectuais – ainda que vagas ou precisas, moralistas ou marxistas, globais ou dogmáticas – representavam a nova energia com que se erguiam os homens de letras. Essa renovação na forma de perceber o poder intelectual na França refletiu-se por todo o Ocidente.

A aceitação dessa nova instância do poder exercida pelos intelectuais não faz, necessariamente, desses homens, um ser diferenciado dos demais, capazes de cumprir um destino excepcional. Era preciso que este homem, o intelectual, possuísse aquilo que Thomas Carlyle, parafraseando J. G. Fichte (1762 – 1814), chamou de "ideia divina", que somente poderia ser descoberta através de um grande esforço espiritual. Assim, tanto os heróis clássicos como os modernos eram inspirados por uma suposta ideia divina. A enorme admiração de Carlyle por esses personagens históricos o levava a afirmar que o próprio conhecimento da história do mundo poderia ser alcançado a partir do estudo da vida dos heróis. Essa exagerada escolha idealista, pela história dos grandes homens, faz de Carlyle (1963, p. 8) um historiador bastante contestado pela historiografia.

Contudo, suas famosas conferências, proferidas na década de 1840, nos propõem uma perspectiva muito ousada, ainda hoje, na interpretação do papel desempenhado por determinados intelectuais ao longo da história. Homens "bons" que acreditavam e se autoprojetavam como seres de inteligência superior à dos outros homens, e se viram predestinados a se tornarem heróis. Neste sentido, o herói como homem de letras foi um produto da modernidade. Empunhando a arte de escrever, dinamizada pela imprensa, se transformou numa das principais formas de heroísmo de todas as épocas subsequentes.

"Esforçando-se por exprimir a inspiração existente dentro de si em livros impressos, e encontrar posição e subsistência com aquilo que o mundo lhe dar por fazer isso" (CARLYLE, 1963, p. 150).

Ao tomarmos de empréstimo as lições de Carlyle sobre a manifestação do comportamento heroico na história, expandimos nosso entendimento das especificidades e do "tipo" de intelectual que analisamos. Ou melhor, as interpretações do autor inglês, embora fortemente marcadas pelo idealismo, permitiu-nos destacar os aspectos mais significativos que justificam a utilização da ideia de intelectual-herói, ao invés de simplesmente utilizarmos o conceito de intelectual, amplamente debatido pela historiografia contemporânea. Para isso, levaremos também em consideração o fator transnacional presente nesta noção, que proporcionou uma análise mais íntima dos pensamentos registrados nos textos desses autores, portugueses e brasileiros, e que tornou possível sublinhar dois traços marcantes na personalidade de todos eles.

O primeiro traço e, ao mesmo tempo, o mais perceptível, é o narcisismo ou o chamado "Complexo de Dora", que se trata da vaidade exacerbada que estes escritores luso-brasileiros possuíam, especialmente quando se veem diante do tribunal da história e na difícil tarefa de remontarem suas próprias trajetórias a partir da memória. Neste caso, o amor próprio, esta paixão desmedida, aflorava sem a mínima modéstia, e os autores não se incomodavam em escrever textos autobiográficos com este fim. Outros também trabalharam neste intuito, só que de forma menos direta, evitando assumir abertamente seus sentimentos. Porém, seja como for, o importante aqui é perceber que a mensagem imperativa que se camuflava nestas atitudes diferenciadas seguia a mesma lógica das narrativas mitológicas. Uma vez que acreditavam que, ao "aprender" a linguagem simbólica da vida, estes homens se tornariam pontífices entre Deus e os homens, por outro lado, os quatro temiam cair no esquecimento das futuras gerações, e, por isso, foram pragmáticos e fizeram de tudo para salvaguardar a boa memória de seus feitos heroicos.

O segundo traço que identificamos seria a fórmula comum utilizada para orientar seus discursos. Os quatro autores analisados se apresentam ao público como a resistência hercúlea diante de forças malignas e poderosas, sejam elas conhecidas ou ocultas. Ao mesmo tempo, e diante da atuação de tais ações manipuladoras da sociedade, eles não poderiam ser verdadeiramente compreendidos, restando-lhes somente a ideia de uma morte honrosa, o sacrifício pela nação. A mensagem produzida por eles resgatava um passado de glórias, do qual descendem os verdadeiros heróis, e igualmente se lançam no futuro como as poucas vozes da resistência. Nesta lógica, o presente é apenas um curto intervalo de tempo em que precisam aceitar as injúrias dos inimigos.

Visto sob o prisma da política, podemos dizer que os quatro intelectuais compartilhavam uma mesma visão de mundo, cujo ponto principal seria a exaltação das tradições fundadoras da nacionalidade e a permanência de valores que se contrapunham aos princípios da Revolução Francesa. Comportavam-se como os heróis da resistência, os heróis da contrarrevolução luso-brasileira, pois era consensual entre eles que o ideal de Estado em Portugal, e também no Brasil, só foi possível graças à força aglutinadora do catolicismo e do amor incondicional à terra. Ao contrário, a ordem liberal se transformou no álibi preferido, destaque para as similitudes das narrativas antimaterialistas e antiliberais presentes em seus respectivos trabalhos doutrinários.

Constatamos ainda nas fontes analisadas que os quatro intelectuais-heróis eram demasiadamente presunçosos e se portavam como os detentores absolutos da verdade e do conhecimento objetivo, se viam como historiadores, sociólogos, políticos e, às vezes, como missionários e enviados por Deus. Eram homens eruditos, no sentido exato da palavra, estudiosos e escritores compulsivos, que se aventuravam por uma vasta rede temática. Jamais se limitavam a trabalhar com um tema que não tivesse uma correlação direta com a realidade em que viviam. Os textos, produzidos numa espécie de escala industrial, abrangiam todos os meios de comunicação da época e, uns mais do que outros, encontravam uma grande receptividade do público. Deste modo, não foi difícil identificarmos a presença do comportamento heroico, por exemplo, em aulas, palestras e, principalmente, em textos autobiográficos, mas também em produções, cujo assunto abordado, supostamente, não possuía nenhuma intenção de fazê-lo. Eram *experts* em ludibriar seus interesses e objetivos em nome do bem comum social, por isso acreditavam sintetizar todas as angústias do mundo em suas obras.

Todas essas características transnacionais, que aparecem dispersas na vastidão de seus inúmeros textos, como veremos adiante, são encontradas sintetizadas nos dois principais arquétipos mitológicos produzidos pelos intelectuais-heróis, o mito da Conspiração e o mito da Salvação. No primeiro mito, mais uma vez, a extraordinária sensibilidade e a inteligência aguçada desses intelectuais-heróis fariam a diferença: enquanto a maioria da sociedade, sem perceber, era manipulada e conduzida pelo caminho da destruição, eles, os intelectuais-heróis, denunciavam e combatiam os inimigos. Deste modo, compartilhavam com os mestres da teoria da conspiração a ideia de que a verdadeira história acontece nos bastidores da sociedade, muito longe dos olhos das pessoas comuns. No segundo mito, operava-se uma reinterpretação da antiga tradição messiânica, uma tradição secular que tem suas origens nas histórias do povo hebreu. Nele, os intelectuais-heróis entendiam que a maior de todas as glórias só poderia ser alcançada perante o sofrimento e o sacrifício. Assim, a luta contra o inimigo se transformava na última cruzada.

Em resumo, as características transnacionais presentes nos quatro intelectuais-heróis pesquisados são, em primeiro lugar, uma tentativa de construir um sentimento genuinamente nacional em um contexto português e brasileiro, muito semelhante ao enfoque das novas visões políticas e teóricas, que surgiram como alternativa à crise da Liberal-Democracia. Em segundo, os autores analisados eram extremamente vaidosos; ora tentavam disfarçar, ora se revelavam abertamente. Além disso, eram irrevogáveis com suas doutrinas, por mais contraditórias que se tornassem com o passar do tempo. E, em terceiro, em momentos específicos de suas trajetórias de vida, operavam com uma lógica de entendimento do mundo que se valia de recursos narrativos de tipo mitológico. Alfredo Pimenta e Gustavo Barroso eram mais afeitos com os recursos da narrativa da Conspiração, enquanto Plínio Salgado e Rolão Preto estavam mais próximos do ideal do messias e do salvador, por isso recorriam aos modelos teóricos do mito da Salvação.

Diante disso, no capítulo seguinte, será necessário analisarmos algumas evidências que reforçam a ideia de que os quatro intelectuais-heróis possuíam um comportamento político bastante semelhante. Esta conexão luso-brasileira pode ser isolada e identificada tanto no discurso radical e intolerante de Alfredo Pimenta e Gustavo Barroso quanto na autoimagem messiânica e salvadora de Plínio Salgado e Rolão Preto.

2. COMPORTAMENTOS POLÍTICOS SEMELHANTES ENTRE OS INTELECTUAIS-HERÓIS

Neste segundo capítulo, reforçaremos as características políticas comuns entre os intelectuais-heróis, com o intuito de indicar a formação dos pares transnacionais, Alfredo Pimenta/Gustavo Barroso e Plínio Salgado/Rolão Preto. Apesar de reconhecermos, como disse Marc Bloch (1998), que comparar também signifique elaborar um grande "inventário das diferenças", nosso esforço comparativo será no sentido de enaltecer principalmente as semelhanças. Como veremos, tanto Alfredo Pimenta quanto Gustavo Barroso "agiam" de forma extrema para defender as suas bandeiras políticas, o que lhes rendeu o envolvimento em diversas polêmicas. Autoprojetavam-se como homens eruditos e coerentes, que conquistaram autoridade moral suficiente para se tornarem "vigilantes" e defensores da tradição nacional, contra as investidas dos inimigos externos. Do mesmo modo, Plínio Salgado e Rolão Preto também possuíam comportamentos políticos correspondentes, a começar pelas duras provações que ambos consideravam ter superado com enorme dignidade. A partir daí, sustentavam a autoimagem de os "escolhidos" por Deus, pois seriam os herdeiros de uma inteligência superior e encarnavam uma liderança "mística". Por isso, foram os fundadores de grandes movimentos, ditos político-espirituais.

2.1 Alfredo Pimenta: a "coerência" e a "convicção" como bandeiras políticas

> E com a regência de D. Izabel-Maria entra-se no período constitucional. É este o que mais nos interessa. Porisso, tão largamente, tracejámos a historia da monarchia anterior. Apezar de d'essa maneira o fazermos, ela é eloquente. Idiotas, doidos, devassos, beatos, ambiciosos, perjuros, traidores, interesseiros, eis o que são no geral os reis portugueses. Passemos-lhes por cima uma esponja e sublimado (PIMENTA, 1906, p. 46).

Como vimos no capítulo anterior, desde 1915 Alfredo Pimenta defendeu com afinco os preceitos da monarquia tradicional e o fim da democracia liberal. Seus discursos se pautavam num senso elevado de autoridade e legitimidade moral que ele próprio havia desenvolvido ao longo dos anos. Contudo, esta imagem projetada de intelectual coerente, dotado de um conhecimento histórico extraordinário e com convicções políticas firmes, já havia sido utilizada pelo intelectual durante os tempos de "caloiro" do curso de Direito na Universidade de Coimbra. Neste período, era relativamente comum que os jovens acadêmicos fossem seduzidos pelas novas ideias advindas do socialismo. Na opinião de Manuel Braga da Cruz, as ideias socialistas que chegavam a Portugal possuíam uma feição messiânica e redentora, o que despertava enorme interesse da mocidade acadêmica. Mas existia uma distinção entre o "socialismo estadualista, centralista e autoritário", que primava pela igualdade, e o "socialismo anarquista, societário e descentralizado", que defendia a liberdade acima de tudo. Alfredo Pimenta, que se orgulhava em dizer que era um homem livre, se alinhou com a segunda versão do socialismo. Além disso, devido à tensão que marcou a Europa nas primeiras décadas do século XX, entre as visões nacionalistas e internacionalistas do socialismo, o intelectual acabou optando pelo discurso nacionalista (CRUZ, 2008, p. 6).

Ainda em Coimbra, tomou conhecimento da obra de Augusto Comte e começou a estudá-la profundamente. Com isso, abandonou definitivamente os ideais socialistas e defendeu o positivismo como modelo teórico perfeito de organização do Estado. O autor declarava que o filosofo francês foi a sua salvação diante das incertezas que outras teorias lhe trouxeram na juventude.

> Dobrado o cabo dos 21 anos, intoxicado de filosofices – de quantas filosofices encontrava no caminho, desde as germânicas às orientais, esbarrei na filosofia positiva de Conte – uma filosofia em que todos falam mas que só meio cento de pessoas leu e conhece diretamente. Na filosofia positiva há além dos milhares de páginas que o filosofo escreveu, o espírito, o resíduo filosófico que informa essas páginas (PIMENTA apud CRUZ, 2008, p. 194).

Ao mesmo tempo em que exaltava o ideal positivista, Alfredo Pimenta também afinava seus discursos em defesa dos republicanos. Assim, em 1904, participou do Congresso do Partido Republicano em Coimbra, como representante de seus correligionários vimaranenses. Dois anos depois, publicou o livro *O fim da Monarquia* (1906), dedicado ao republicano e positivista Teófilo Braga. Na obra, o autor já se projetava como um historiador respeitado, que conhecia a fundo os detalhes mais sórdidos da monarquia lusitana. Por esse motivo, via-se no direito de acusar todos aqueles que, segundo ele, foram os maiores causadores de problemas dentro da monarquia, responsáveis pela falta de autoridade e pelo grau de degradação moral a que atualmente havia chegado o regime em Portugal.

> Porque o momento actual é um oportuno momento para que se aponte a falsa base scientifica do sistema monarchico; porque chegámos a um estado

de dissolução de caracteres, como a historia raras vezes aponta; porque o caminho a seguir nos é indicado, normalmente e implicitamente, pelas circunstancias políticas, econômicas e morais da sociedade portuguesa [...] (PIMENTA, 1906, p. 7).

Já nas primeiras páginas, Alfredo Pimenta disparou fortes ataques contra o princípio da hereditariedade e a duração vitalícia do poder, dois elementos intrínsecos ao sistema monárquico. Como era de práxis do autor sempre demonstrar toda a sua erudição, foi buscar na "casuística medieval" as origens mais remotas deste modelo político-cultural, uma vez que, por trás do princípio meramente político da monarquia, emergia toda uma série arregimentada de superstições misteriosas e de teorias religiosas seculares. "Não pode a monarchia viver sem deos..." (PIMENTA, 1906, p. 17). Por isso mesmo, a hereditariedade era vista como a "lei cruel e fatal", que colocava o povo à mercê do acaso e da sorte. Não existiria escolha do melhor e mais preparado rei, tudo dependeria da ordem de saída de um ventre.

Acreditava também que muitas das limitações dos monarcas possuíam explicações psicossociais. Alfredo Pimenta se apoiava nos estudos de Haeckel para informar aos seus leitores que a ocorrência de perturbações psicológicas e doenças mentais eram muito mais frequentes em famílias reais do que no restante da população. Em sua opinião, para interromper esta engrenagem era preciso que se estimulasse a heterogeneidade, medida eficaz que apagaria determinadas tendências maléficas e desmoralizantes dos herdeiros. Como forma de corroborar suas críticas ao modelo monárquico, o intelectual satirizava o rei espanhol Afonso XIII.

> Temos o exemplo mais flagrante d'isto no actual rei de Hespanha. Anatomicamente e patologicamente, Afonso XIII é um caso digno de estudo. O seo rosto, o seo olhar amortecido e triste, a posição das orelhas, a forma – aproximada da macrocefalia – do seo crânio, tudo isso está revelando o grau adiantado de degenerescencia de que ele é possuidor. Ha ali uma tara poderosa; ha ali séculos esmagando-o imbecilisando-o (PIMENTA, 1906, p. 18).

Os argumentos do jovem Alfredo Pimenta eram muito bem fundamentados e possuíam um tom sarcástico, sobreposto numa base filosófica de inspiração positivista, traços característicos que marcariam para sempre o estilo daquele intelectual-herói. Parafraseando Comte, destacava que a abolição da realeza era algo politicamente inevitável, somente uma questão de tempo, pois o regime representava o retrógrado e o ultrapassado, numa época em que as mentes mais avançadas vislumbravam novos horizontes culturais. Da mesma maneira, Alfredo Pimenta também recorria às teorias evolucionistas de Darwin em suas análises sociológicas. Seu desejo era demonstrar que a competição entre os indivíduos egoístas era o resultado direto da seleção natural. Essa conformação intrínseca da sociedade indicava que o melhor seria deixar que a luta se desenrolasse em sua totalidade para que, desta forma, ocorresse naturalmente o aperfeiçoamento da espécie e o progresso do indivíduo (PIMENTA, 1906, p. 23).

> D'esta lucta de egoísmos e do reconhecimento da impotência própria, sai o auxilio mutuo que, parecendo á primeira vista uma forma de altruísmo, não é mais que o egoísmo purificado e quintessenciado. E é necessaria esta lucta: d'ela, que Darwin tão scientificamente expôz e tão verdadeiramente apresentou como lei induzida da observação dos fenômenos respectivos, tendo como resultado a seleção natural, se destacou o homem primitivo da família simiana, e o civilisado d'hoje do homem primitivo. E não se tema o resultado d'essa lucta quando amplamente e naturalmente ela se dê (PIMENTA, 1906, p. 22).

Sendo assim, Alfredo Pimenta (1906, p. 20) declarava que, para suprimir os princípios abomináveis criados pela hereditariedade, era necessário admitir urgentemente um "sangue novo" dentro da máquina estatal. Feito isso, consequentemente, novas aptidões e novas tendências emergiriam num horizonte próximo. Além disso, por ser um regime de privilégios, em tese, o sistema monárquico não deveria se submeter ao princípio da igualdade perante a lei, pois a única lei a ser respeitada era o "arbítrio", a vontade tirânica e absoluta do rei. Nascida do poder divino, a monarquia jamais deveria se sujeitar e se diminuir diante de um poder mundano (PIMENTA, 1906, p. 37-38).

Esta posição privilegiada, na opinião de Alfredo Pimenta, era uma anomalia em pleno século XX, numa época em que o positivismo utilizava-se do método experimental e sistematizava os conhecimentos num sentido progressivo. Neste tempo de grande progresso mental, os regimes políticos deveriam seguir pelo mesmo caminho e, com base em conhecimentos empíricos, procurar um maior aperfeiçoamento moral. Por esta razão, os povos modernos não deveriam tolerar a permanência e/ou o surgimento de novas formas de monarquias (PIMENTA, 1906, p. 38).

Ainda que as críticas atingissem a monarquia em sua forma universal e abrangente, o seu principal alvo era a coroa portuguesa. Por isso, Alfredo Pimenta (1906, p. 41) informava que, desde o reinado de Afonso Henriques até D. Carlos de Bragança, Portugal teve em seu trono as figuras mais contraditórias e banais de toda a Europa. Começou por descrever D.

Fernando, o moço namorado, um monarca "formoso" e bom homem, mas que não possuía energia e inteligência. Passou por D. Duarte, o doente, infeliz e fraco; por Afonso V, um esbanjador e gastador; por D. Manuel, o maior de todos os ambiciosos; por D. João III, católico fanático e inquisidor, até chegar em D. Sebastião, visto como uma espécie de D. Quixote, instrumento passivo nas mãos dos jesuítas (PIMENTA, 1906, p. 42).

A acidez das críticas continuava, e D. Henrique, D. João IV, Afonso VI, D. Pedro II, D. João V e D. José também entrariam na lista de monarcas ineficientes e imorais na opinião do autor. Mas foi em relação à Dinastia dos Braganças que o intelectual mais prolongou sua análise pessimista, se referindo a toda família real com descrença e censura. D. Maria I encabeçava a sua lista ultrajante. A rainha era vista como uma católica fanática e emocionalmente desequilibrada. Uma "beata e histérica", que vivia agarrada "à anã D. Rosa", e que, ainda assim, conseguiu ser rainha de Portugal. Para Alfredo Pimenta, definitivamente, D. Maria I não possuía condições morais e psicológicas necessárias para representar a nação portuguesa. Outro duramente criticado foi D. João VI, que, para o intelectual, seria a "sombra espessa de uma série de reis doidos". "O bojudo, de beiço cahido, chamando-se a si próprio Sua Majestade, hidrófobo, misturando nos bolsos o rapé e o frango assado..." (PIMENTA, 1906, p. 43-44). O abandono do país diante das invasões napoleônicas e a crença no imperialismo brasileiro, além de sua oscilação e inconstância na hora de tomar decisões a favor da metrópole, foram interpretados por Alfredo Pimenta como a comprovação da loucura do rei.

> A nação vai pela agoa abaixo. Deixal-a ir. Dá-se a invasão franceza; o sonho do imperialismo brazileiro, que Antonio Vieira tinha prégado e tentado estabelecer, desvaira o rei. Este foje para a America. Deixa o paiz entregue à sorte.
> O paiz, com ajuda do inglez, derrota as tropas napoleônicas. O inglez governa de facto; oprime mais a nação que os próprios invasores. Welington o reconhece. No Brazil, o rei abre os portos á Inglaterra; esta, não contente ainda, exige o tratado de 1810, que é obtido, pelo qual ela se creava um monopolio comercial (PIMENTA, 1906, p. 44).

Alfredo Pimenta (1906, p. 52) acusou D. Pedro, imperador do Brasil, de sempre ter visto em Portugal "uma fonte de socorros" infinita. Por esta razão, foi eleito pelo autor como o principal inimigo de Portugal no século XIX. Sendo assim, o seu gesto em "dar" ao povo português a Carta Constitucional não passaria de uma ação sorrateira, pois entendia que o monarca havia agido com tirania, e sua atitude somente refletia as ideias da Santa Aliança.

O intelectual-herói ressaltou que a Constituição foi elaborada em apenas cinco dias por um rei que havia deixado sua terra natal há muito tempo. O resultado foi o surgimento de um documento vazio, que não expressava verdadeiramente a alma de Portugal, prova cabal do desconhecimento das qualidades e dos seus desejos mais íntimos do seu povo. No fundo, em tom de muito desagrado, Alfredo Pimenta (1906, p. 54) declarava que o monarca somente desejava demonstrar aos brasileiros e à coroa inglesa que era o legítimo rei libertador, pouco se importando com a crise que se instalava em Portugal.

> D. Pedro, rude, orgulhosos, despótico, egoísta, tendo sempre em mira o engrandecimento próprio e a própria gloria – querendo opôr-se, e opondo-se realmente, a que se convocasse a reunião das côrtes constituintes para a elaboração d'um código, porque não admitia que o povo lhe impozesse uma constituição, como fizera ao pai – mostra-se-nos um rei fundamentalmente absoluto (PIMENTA, 1906, p. 53).

Como fica evidente, Alfredo Pimenta demonstrou que somente um homem com a sua capacidade intelectual e profundo conhecimento da história poderia realizar uma análise tão profunda da realidade portuguesa. Por esse motivo, inseria-se num longo e controverso debate teórico acerca do verdadeiro "lugar" do intelectual na política, que remontava aos tempos de Platão (MACDONALD, 1969). Em *A República,* Platão idealizava uma cidade, na qual dirigentes e guardiões representavam a encarnação da pura racionalidade e onde o egoísmo seria superado e as paixões controladas. Os interesses pessoais e coletivos convergiam numa totalidade social, e o "príncipe filósofo" seria a tipificação perfeita do deus criador na Terra. Segundo H. Malcolm Macdonald (1969, p. 10), este homem de Platão – que modernamente conhecemos como intelectual – equivaleria ao filósofo, um indivíduo atormentado por "demônios interiores" e impelido à busca eterna pela "verdade".

Conforme demonstrou Aristóteles, o intelectual de Platão, para cumprir sua missão, teria que ser um autêntico "filósofo-rei", isto é, alguém que realmente conhecesse a verdade e que aplicasse seus conhecimentos com objetividade. Deveria ter uma postura isenta de egoísmo, orgulho ou interesse pessoal, pois, caso contrário, se tornaria um fanático ou maníaco, sucumbindo ao pecado de *hybris* e deixando de ser um filósofo. Diante deste paradoxo, Aristóteles mostrou que o intelectual, assim como qualquer outro indivíduo, não poderia conhecer a verdade em toda sua plenitude, e, por isso mesmo, o êxito de seus esforços será apenas parcial (MACDONALD, 1969, p. 11-12). Entretanto, Alfredo Pimenta parecia ignorar as advertências de Aristóteles e, sem qualquer tipo de constrangimento, se autodeclarava o detentor absoluto da razão, condenando, com veemência, o regime monárquico em Portugal.

Dizia que não se tratava de ódio sistemático, muito menos estudo superficial da política portuguesa; mas uma constatação realista da atual conjuntura política do país. Assim, a salvação se daria pela substituição imediata da monarquia pela república. Por isso, defendia que a proclamação do novo regime era, ao mesmo tempo, um ato de alta política e uma atitude de plena moralidade (MACDONALD, 1969, p. 87-88).

Anos mais tarde, de volta à Universidade de Coimbra, numa aula--palestra, proferida no dia 6 de maio de 1935, Alfredo Pimenta (1935a, p. 2) tentava sintetizar aos ouvintes a "evolução" filosófica de seu pensamento. Iniciou sua explanação relembrando os "tempos de caloiro", as primeiras lições de Direito Romano, as dificuldades do segundo ano e a saudade das amizades que fizera ao longo do período acadêmico, especialmente de seu amigo Francisco de Lucena. O intelectual teceu elogiosos comentários a Lucena, tanto na forma de lidar com os problemas das ciências, quanto por seu espírito altruísta (PIMENTA, 1935a, p. 5-6). À medida que ia descrevendo de forma generosa e poética o perfil do amigo, Alfredo Pimenta (1935a) também nos fornecia importantes aspectos de sua própria personalidade. Um deles diz respeito à sua admiração por aquelas pessoas que agiam coerentemente, ou melhor, que projetavam suas ideias e seus pensamentos na própria vida: "viver-se como se pensa; subordinarem os actos ás doutrinas; revelar pela vida as ideias..." (PIMENTA, 1935a, p. 17). Para ele, a coerência das ideias era uma característica muito valiosa presente no amigo e nele próprio, por isso uma das maiores virtudes das almas "servas do Pensamento". Neste sentido, não mediu esforços para reafirmar sua autoimagem de homem de ideias firmes, coerentes e superiores, sobretudo quando se manifestava em defesa da história nacional. Por este motivo, o fato de ter sido um socialista, um republicano – antes de se tornar monarquista – não parecia incomodá-lo.

Outro aspecto estimado em Lucena, mas que podemos também entender como um autorretrato de Alfredo Pimenta, diz respeito à lição proferida em defesa da fé católica. O intelectual aludia que todo o poder e toda a autoridade dos regimes políticos legitimamente constituídos advinham de Deus. Diante desta afirmativa, o autor entendia que o choque das ideias significava apenas uma "luta de Fantasmas", o embate de "quimeras", algo muito corriqueiro na vida de qualquer intelectual. Todavia, a única verdade, na qual todos deveriam acreditar, era o poder de Deus (PIMENTA, 1935a, p. 26-27). O intelectual-herói, com o intuito de transmitir uma autoimagem imaculada, depositava enorme responsabilidade de seus atos na experiência e na inteligência que acumulara ao longo dos anos. Uma vida marcada por êxitos e derrotas, mas, que em sua opinião, fora essencialmente humilde. Deste modo, sugeriu aos alunos que estudassem e trabalhassem arduamente, seguindo os ensinamentos do *De Imitatione Christi*. Só assim é que eles poderiam conquistar suas próprias verdades. Nestas páginas da obra de Tomás de Kempis, afirmava Pimenta continham lições de humildade e serenidade, uma tarefa hercúlea para todos aqueles que pretendiam ser verdadeiros intelectuais.

A noção defendida por Alfredo Pimenta de que era detentor de uma elevada inteligência é fundamental para entendermos também a sua postura autodeclarada de historiador oficial da nação. O intelectual-herói se comportava como o doutrinador do espírito português no mundo, além de realizar uma defesa inflamada da historiografia lusitana, pois pretendia não somente lutar pela memória e pelo valor da erudição de seu país, como também demarcar uma relação de poder com o elemento estrangeiro. Na sua visão de, o primeiro passo para recuperar a grandiosidade de Portugal deveria ser o de recuperar a autoestima da história das grandes navegações portuguesas.

Logo, quando o intelectual se deparava com a antiga questão primária "Quem descobriu o Brasil?", fazia questão de entrar no debate. Acreditava com vigor que determinados episódios da história universal estavam completamente resolvidos, especialmente quando estes fatos mencionavam a história da Colonização Portuguesa na América. Segundo ele, não haveria nenhuma justificativa acadêmica plausível que legitimasse a reviravolta daqueles acontecimentos, uma vez que a narrativa histórica havia sido comprovada cientificamente. O "Descobrimento do Brasil" era um problema superado há muito tempo, graças aos esforços dos eruditos portugueses, assim como o problema do Descobrimento da América (PIMENTA, 1937).

Em 1935, por exemplo, o autor italiano Aldo Mieli, questionava o pioneirismo português na América. Mieli defendia a hipótese de que Pedro Alvares Cabral não teria sido o primeiro descobridor a chegar à costa brasileira (PIMENTA, 1937, p. 135). A resposta de Alfredo Pimenta em defesa do herói português foi publicada no capítulo VIII, da obra *Subsídios para a História de Portugal – Textos & Juízos Críticos* (1937). Seguindo uma lógica relativamente simples, o historiador descreveu na íntegra a parte em que Mieli referiu-se ao episódio e, a seguir, iniciou sua argumentação de forma contundente e ríspida. Com isso, reconhecia que este era um problema que incidia sobre os "sábios estrangeiros", que, ao invés de encarar diretamente os fatos históricos, aventuravam-se muitas vezes por caminhos inúteis.

Alfredo Pimenta (1937, p. 139) finalizava a polêmica corroborando a tese de que o Brasil não havia sido tocado por ninguém antes de Pedro

Álvares Cabral, em 1500, seguindo as ordens de D. Manuel I. Com esta atitude, assumia mais uma vez a função de historiador-oficial, defensor da pátria portuguesa, e não se mostrava nem um pouco amigável às opiniões que contestassem a mítica e heroica história dos lusíadas. Considerava que a tradição secular dos eruditos portugueses não poderia ser menosprezada, ou sequer diminuída por "estrangeiros", uma vez que o restante da Europa vulgarmente acreditava que em Portugal tudo era "fantasia e novela".

Em suma, diante do que foi discutido até aqui, podemos sugerir que existem pelo menos dois aspectos marcantes no perfil de intelectual-herói de Alfredo Pimenta. O primeiro é o caráter polemista do autor, que se acentuou com o passar dos anos. Não se mostrava nem um pouco acanhado em fazer duras críticas às tradições seculares dos monarcas, pelo contrário, atacava--os como se fizesse contra qualquer um dos seus inimigos pessoais, que, segundo nos consta, nunca foram poucos. O segundo aspecto é a maneira como se projetava para além dos regimes políticos, emergindo como uma espécie de pedra filosofal dos saberes humanos. Mais uma vez, a modéstia ficaria de lado, e Alfredo Pimenta incorporava o papel do sábio, do mestre da contrarrevolução. Sendo assim, encarava como sua missão dotar o povo português de consciência plena. Portanto, foi naqueles tempos de republicanismo que nasceu um Alfredo Pimenta muito mais confiante, um homem que, apesar da pouca idade, já havia passado pelas mais variadas e duras provações da vida e que se orgulhava em dizer que jamais havia esmorecido, agindo sempre com inteligência superior.

2.2 Gustavo Barroso: ideais rígidos em defesa do integralismo

Na década de 1930, como antes mencionado, Gustavo Barroso já estava plenamente estabelecido no seio da intelectualidade nacional como diretor do Museu Histórico Nacional e membro da Academia Brasileira de Letras. Por conta disso, frequentava os mais sofisticados salões de festas, e seu nome era quase sempre lembrado em solenidades promovidas pelos membros da elite carioca. Era um escritor respeitado e com convicções nacionalistas firmes, reproduzia a autoimagem de um profundo conhecedor da história e da realidade social. Suas obras abrangiam temas ligados à sociologia sertaneja, contos, romances, ensaios, folclore, traduções e história, sobretudo a militar. Contudo, não possuía um trabalho significativo no campo da política nacional, ainda que manifestasse suas preferências por um governo autoritário de cunho tradicionalista. O próprio Gustavo Barroso informava que, antes de se tornar um integralista, jamais havia publicado uma só palavra contra os judeus.

> Quando entrei para o Integralismo, era já um escritor mais ou menos conhecido, com algumas dezenas de obras publicadas. O meu público poderia estar que eu nunca escrevera uma palavra contra os judeus. Sabia alguma coisa a respeito da questão, mas não o bastante para me imprimir uma atitude espiritual. Foi o Integralismo que me tornou anti-judaico. A primeira pessoa que comigo conversou profundamente sob o judaísmo foi o chefe nacional Plínio Salgado. A segunda, o companheiro Madeira de Freitas, que me emprestou para ler a edição francesa dos Protocolos dos Sábios de Siao, obra que eu não conhecia. Os estudos para a feitura do livro Brasil: Colônia de banqueiros desvendaram-se os últimos mistérios da organização secreta do judaísmo. Passei então, a dar-lhe combate, baseado na doutrina e palavra de Plínio (BARROSO, 1937d, p. 161-162).

Esta situação se modificou drasticamente quando conheceu a propaganda da Ação Integralista Brasileira, movimento político de inspiração autoritária e católica, fundado pelo jornalista Plínio Salgado. Assim, desde 1933, ano de sua filiação, a trajetória intelectual e a inspiração teórica de Gustavo Barroso sofreram uma profunda reviravolta. Em pouco tempo, o intelectual-herói ficou encarregado de viajar e "lecionar", de norte a sul do país, a fim de difundir o ideal de uma "educação integralista". Estas conferências faziam parte da "Bandeira ou Caravana Integralista", movimento que tinha como objetivo a doutrinação, a divulgação e a propagação da ideologia integralista pelo Brasil (GONÇALVES, 2007, p. 81-95).

Em fevereiro de 1934, Gustavo Barroso participou do 1° Congresso Integralista, realizado em Vitória, no qual foram aprovados os estatutos do movimento e a estrutura interna. Nesse evento, entre outras decisões, foi definida a criação de uma direção única e centralizada nas mãos de Plínio Salgado. No mais, foram nomeados os chefes provinciais, cabendo a Gustavo Barroso o cargo de comandante das milícias, o que significava participar do Conselho Superior da AIB. A milícia integralista se organizava basicamente em quatro seções: a primeira seção ocupa-se da correspondência, controle da organização (estatística, efetivo, disciplina) e justiça (inquéritos e promoções); a segunda seção, do serviço de informações; a terceira seção, da instrução militar e elaboração dos planos de operações militares; a quarta seção, do setor de material e serviços (MAIO, 1992, p. 80).

A função de Gustavo Barroso era de grande importância para o desdobramento do movimento, principalmente em seus anos iniciais, quando a AIB possuía um caráter mais revolucionário. O intelectual deveria, ao mesmo tempo, organizar os integralistas para os desfiles públicos e desenvolver um verdadeiro treinamento militar, desde a instrução de técnica, tática e moral até a elaboração de planos de combate corpo a corpo. Esta informação torna-se relevante se pensarmos que Gustavo Barroso possuía mais de 40 anos naquela época, o que demonstrava o vigor físico e o dinamismo que o intelectual sempre fez questão de ostentar ao longo de sua vida.

Gustavo Barroso também publicou um importante trabalho de divulgação do movimento, intitulado *O Integralismo de Norte a Sul* (1934). A obra era uma coletânea de seus discursos e suas conferências, realizados em diversas cidades do Brasil, e marcou, definitivamente, o nome do intelectual entre as mentes mais destacadas do integralismo. Neste livro, um dos temas abordados, e que mais evidenciam o comportamento do intelectual-herói, foi aquele em que tratou da íntima ligação entre a política e a filosofia, pois afirmava frequentemente que "não há política que não seja filha dum sistema filosófico" (BARROSO, 1934, p. 70). De modo geral, Gustavo Barroso indicava que a compreensão do agitado contexto social brasileiro não poderia ser realizada por qualquer um, uma vez que somente algumas inteligências superiores estavam realmente preparadas para mergulhar a fundo no campo das ideias filosóficas. Neste sentido, propôs-se a debater acerca dos três mais importantes modelos político-ideológicos que moldavam a vida contemporânea. Eram eles: o liberalismo, o comunismo e, por fim, o integralismo (BARROSO, 1934, p. 9-10).

O primeiro, o chamado liberalismo-democrático, foi criado com base na filosofia racionalista do século XVIII e cristalizado pelos "enciclopedistas". O seu maior crime, segundo Barroso, foi destruir a civilização cristã, fundada na escolástica medieval e, em seu lugar, implantar os Estados Modernos. Para o autor, este atentado contra a humanidade ocorreu graças à união entre o espírito judaico e o espírito filosófico, em nome do "direito natural racionalista", o que determinou o fim do princípio sagrado da autoridade. Ressaltou, por exemplo, que o liberalismo foi aplicado pela primeira vez nos Estados Unidos e, ao contrário do que muitos acreditavam, quase levou o país à destruição. O modelo, segundo ele (BARROSO, 1934, p. 11), conduziu a América a um pragmatismo imoral, corrupção administrativa, especulação sorrateira e domínio dos *gangsters*, assim como ocorreu em todos os outros países que abraçaram o modelo liberal-democrata.

Inspirado em Mussolini, dizia que o liberalismo forjou uma estrutura anárquica e uma economia completamente desorientada. "Em todos os países, creou, na expressão de Mussolini, *il laicismo scientista e la sua logica degenerazione, rappresentata dal liberalismo ciarlatano*" (BARROSO, 1934, p. 20).

> O século XIX, que herdou do século XVIII a liberal-democracia, fracassou na biologia animal, exagerando o atomismo. Correlatamente fracassou na biologia social, exagerando o individualismo, e na biologia política, extremando o processo da divisão de poderes. Século da análise e da se-

paração, preparou a reação do nosso, que vai ser o da síntese, da união no individuo, na política e na sociedade (BARROSO, 1934, p. 23).

O segundo modelo era o comunismo, que, de acordo com o intelectual, havia prometido a justiça social, com base nos mesmos princípios materialistas utilizados pelo liberalismo. Era, por esta razão, nada mais do que uma imagem invertida da liberal-democracia. Além disso, o intelectual criticava o fato de que os comunistas pareciam entender a história de maneira muito simplista. Para o intelectual-herói (BARROSO, 1934, p. 28), na profecia de Marx todas as instâncias da sociedade seriam o resultado do movimento automático dos agentes econômicos e das suas variadas reações. Deste modo, o comunismo, com sua crença excessiva voltada para a economia, não era capaz de compreender toda a complexidade da vida social.

> Karl Marx escreve o seguinte: "Na vida social, os homens se enlaçam em relações determinadas, independentes de sua vontade, em relações de produção que correspondem a determinado gráu de evolução de suas forças produtivas materiais. O conjunto dessas relações de produção constitúe a estrutura econômica da sociedade, base real sobre que se eleva a superestrutura jurídica e politica, é á qual correspondem fórmas determinadas da consciência-social... É a maneira de ser dos homens que determina sua consciência" (BARROSO, 1934, p. 29).

À medida que Gustavo Barroso intensificava suas análises históricas e críticas contra os comunistas, novos elementos antissemitas apareciam em seu discurso político. Segundo o autor, o "verdadeiro comunismo marxista" era o "velho materialismo judaico", que, há muito tempo, maquinava para a degradação da civilização cristã. "Êle [o judeu] influenciou o advento do liberalismo que abriu as portas ao comunismo" (BARROSO, 1934, p. 39). O intelectual-herói incorporava o papel de mestre do antissemitismo no Brasil, sintetizava toda a corrente filosófica do século XVIII em algumas linhas e demonstrava que todos os movimentos políticos ideológicos mais importantes da modernidade eram manipulados pelos judeus.

> Karl Marx era judeu, duma família rabínica-talmudista de Tréves, Engels era judeu, duma família rabínica de Barmen. Lenine casou com uma judia. Os comissários do povo na Russia, na maioria, judeus. Bela Kun, judeu. Trotski, judeu. As suas doutrinas são na verdade, de traição nacional e de decomposição social, destinando-se a destruir a religião, o princípio de autoridade e a idéa de pátria, transformando-a em espírito odioso de classe (BARROSO, 1934, p. 40-41).

Por outro lado, enquanto os dois primeiros modelos foram duramente criticados, o terceiro modelo, o integralismo, foi exaltado e colocado num patamar politicamente superior. É importante perceber que, mesmo diante das duras críticas à teoria marxista, Gustavo Barroso também se valia da dialética de Marx para legitimar o surgimento do integralismo. Nesta perspectiva, o liberalismo teria isolado o homem no individualismo. O comunismo surgiu como reação a esta opressão, mas acabou sufocando este homem no peso da massa. Por sua vez, o integralismo emergiria deste processo como a síntese necessária para combater estas análises unilaterais.

Desta maneira, o integralismo seria uma concepção totalitária do universo e do homem, cuja força transformadora se aplicaria primeiro nas elites e, em seguida, nas massas. Daí, surgiriam uma nova consciência e uma nova vontade coletiva, consolidadas por uma energia dinâmica, propagada pelo ideal de homem integral. Na sua visão, a simbologia da AIB possuía um papel fundamental na elaboração dessa nova visão de mundo, assim como aconteceu com os movimentos fascistas e nazistas.

> Sua simbólica traduz essa integralização. Mussolini, dominando as discórdias da Italia, adota como sinal o feixe dos litores romanos, o fascio, a reunião das varas sob proteção do machado. Hitler, salvando a Alemanha do descalabro, ostenta a cruz esvática, expressão do movimento universal, para indicar que os elementos reunidos já se movem devidamente sintonizados. E o Integralismo vai buscar na matemática o sigma do calculo integral, afim de mostrar que a soma da união e do movimento se faz com as quantidades finitas e não infinitas, porque a dessas e segredo de Deus! (BARROSO, 1934, p. 60).

Embora Gustavo Barroso tratasse com a mesma profundidade teórica os temas discutidos anteriormente, acrescentou tons mais lúdicos para explicar a superioridade do modelo integralista. Além disso, a forma empolgada com que direcionou sua explanação demonstrava a nova postura adotada pelo imortal no cenário político. O movimento de Plínio Salgado não apenas contagiava e libertava de vez seus ideais autoritários e nacionalistas como também se transformava, naquele momento, na principal fonte de inspiração de um escritor compulsivo e inquieto, como era o caso de Gustavo Barroso.

Diante do duelo travado entre burgueses e operários, entendia que os verdadeiros intelectuais deveriam emergir enquanto força de justiça social. Esta constatação nos remete às afirmações que Norberto Bobbio produziu acerca da verdadeira função social do intelectual. A intenção de Bobbio (1997) era demonstrar que sua própria atuação pública sempre foi condizente com as ideias que defendia, mesmo no tempo em que esteve alinhado com os fascistas.

O autor foi capaz de operar uma profunda transformação na sensibilidade política coletiva e introduzir uma maior reflexão ideológica à esfera pública italiana. Em algumas ocasiões, ressaltou que, enxergar os intelectuais como se eles fossem pertencentes a uma categoria homogênea, seria uma grande insensatez, uma vez que o universo vivido e criado por eles era imensamente variado (BOBBIO apud BOTELHO, 2004, p. 93).

Deste modo, na análise de Bobbio, os intelectuais sempre existiram na história humana, embora com nomes de sábios, doutos, filósofos, literatos, escritores, e, nas sociedades fortemente controladas pela Igreja, eram conhecidos por sacerdotes e clérigos. Ao lado do poder econômico e do poder político, coexistia também o poder ideológico, que se manifestava sobre as mentes através da produção e transmissão de ideias, de símbolos, de visões de mundo e de ensinamentos práticos, mediante ao uso da palavra. A característica do homem enquanto ser pensante e falante era a razão de ser do intelectual, e isso explicava a existência dessa terceira esfera de poder, a ideológica (BOBBIO apud BOTELHO, 2004, p. 10-11).

Neste sentido, como fica evidente na fala de Gustavo Barroso, a verdadeira função dos homens de letras era revelar e guiar o restante dos homens por um caminho de virtudes morais e sociais. O intelectual-herói se propunha a coordenar todos os valores dispersos, no sentido de construir um destino moralmente superior para toda a sociedade. Lembrava que a primeira tentativa neste sentido ocorreu na Itália, com o fascismo, e na Alemanha, com o nacional-socialismo, mas sua expressão mais evoluída em todos os sentidos se daria no Brasil, com a AIB.

> Ao século XX caberia a gloria das doutrinas e concepções integrais, de maneira que a luta do Integralismo contra o liberalismo do XVIII e o Comunismo do século XIX é simplesmente a da mocidade contra a velhice, do presente que visiona o futuro contra o passado, da vida contra a morte (BOBBIO apud BOTELHO, 2004, p. 45).

Os comportamentos de Gustavo Barroso e Alfredo Pimenta, enquanto intelectuais-heróis, são semelhantes e se complementam, principalmente quando os autores se autodeclaravam homens de ideias firmes e coerentes, além de guardiões oficiais da história nacionalista. Nesta direção, Gustavo Barroso fazia questão de afirmar que sua empreitada em defesa dos ideais nacionais não era nenhum modismo recente, pelo contrário, teve início em 1911, quando lançou, pelo *Jornal do Commercio*, um artigo que defendia a necessidade de fundação de um Museu Histórico (DUMANS, 1940, p. 384). Sob o pseudônimo de João do Norte, o autor lamentava e denunciava o descaso com a memória nacional, disparando um ataque direto contra a falta de interesse das autoridades políticas, principalmente se comparada com a realidade dos países europeus (BARROSO, 1997, p. 32-34). Com esta mesma intenção, em 1912, publicou um artigo bastante sugestivo, intitulado *O Culto da Saudade*.

Gustavo Barroso pretendia ser visto como aquele homem que sempre agiu, em todos os momentos de sua vida pública, de forma justa e coerente. As lições do catecismo cívico, aprendidas na época em que lutava praticamente sozinho em defesa da memória nacional, seriam facilmente encontradas anos depois, quando esteve à frente do Museu Histórico Nacional, entre 1922 e 1959 (BARROSO, 1937, p. 49). Além disso, fazia questão de ser lembrado como um fiel representante de uma matriz romântica de pensamento e parecia não se importar em ser classificado de "tradicionalista" ou de "conservador" por seus opositores modernistas. Defendia a emoção sobre a razão e a imaginação em detrimento de um espírito crítico, privilegiando sempre a emotividade e a subjetividade como princípios norteadores de sua vida (BARROSO, 1937, p. 256).

Dentro do MHN, Gustavo Barroso idealizava uma "história monumental", apresentando-a sem rupturas ou conflitos, uma sucessão de fatos linearmente organizados. Com isso, em sua "síntese histórica", valorizou o aspecto político da história como se a trajetória nacional fosse uma sucessão de governos centralizadores, desde a época colonial (BARROSO, 1937, p. 42). Isto nos sugere que o intelectual pretendia construir um marco nacionalista, fundamentado no culto das tradições estabelecidas pelo modelo centralizado e hierárquico do Estado Imperial. Valorizava uma etnia peculiar, autóctone, que incorporava negros, índios e mestiços, ao mesmo tempo que as exposições do museu eram organizadas com base nos "grandes heróis" nacionais, figuras eternizadas pela história e que, nas mãos de Gustavo Barroso, entravam também na galeria mitológica da Pátria que se queria forjar.

Em posse de tamanha autoridade moral acumulada, o intelectual-herói parecia não aceitar qualquer tipo de contestação à sua erudição. Deste modo, num episódio corriqueiro, respondeu às provocações de Tomaz Oscar Marcondes de Sousa de forma direta e absolutamente imperativa. Esta reação aconteceu depois que o acadêmico paulista endereçou uma carta, acusando Gustavo Barroso de não ter cumprido a obrigação de citar as fontes que lhe serviram de base para um artigo publicado na revista *O Cruzeiro*. Como era de se esperar do temperamento polêmico de Barroso, a resposta foi imediata:

> Rio, 11 de julho de 1950.
> Prezado Sr. T. O. Marcondes de Sousa:
> Cheguei anteontem, domingo, 10 de julho, às 2 horas da tarde, de Roma, finalizando longa viagem em que, durante meses percorri, Portugal, Espanha, Itália, Suiça, Turquia, Libano e Egito, conforme comprova meu passaporte expedido pelo Itamarati [...]
> [...] Assim, a reportagem sôbre Vespúcio saída naquela revista estava feita e entregue à redação desde janeiro. Nela não há novidade nenhuma, pois tudo é tirado de documentação mais do que conhecida. Não havia, portanto, razoes para citá-lo, de vez que, segundo penso, não é o Sr. proprietário do assunto, nem o descobridor de Vespúcio ou das velhíssimas Probanzas del Fiscal, creio que minhas conclusões nada têm de comum com as suas. Desta maneira, só posso considerar sua carta de 7 de julho, hoje recebida, como explosão inconsiderada de miúda vaidade, é o meu conselho cordial. Sem mais, as suas ordens.
> Gustavo Barroso (BARROSO apud SOUSA, 1950, p. 6).

O Sr. Marcondes de Sousa retrucou a resposta com outra carta, datada de 16 de julho, desta vez num tom muito mais agressivo, acusando o intelectual de ser "presunçoso à procura de celebridade". Foi então que recebeu novamente a réplica de Barroso, postada no dia 21 de julho, na qual o intelectual, em estilo sarcástico, se defendia:

> [...] A fim de não alongar mais esta resposta, digo-lhe que de ora em diante o deixarei falando sozinho, em paz e ás môscas, não respondendo absolutamente a cartas ou publicações suas. Não lhe darei o gôsto de ter provocado uma polêmica para fazer nome á custa do meu. *Sine ac. studi.*
> (assinado) Gustavo Barroso
> P.S. Espero que depois, duma pausa para meditação, caindo na verdade em si, ainda venha o Sr. a me pedir desculpas, para que eu não continue, embora a contragosto, a diveri-me à sua custa. G.B. (BARROSO apud SOUSA, 1950, p. 9).

Muito incomodado com as palavras com o autor, o acusador decidiu publicar na íntegra as várias passagens nas quais, segundo ele, aconteceram os plágios. E continuou alimentando a polêmica. Porém, de forma solitária, conforme declarou Barroso, pois, ao que tudo indica, foi simplesmente ignorado pelo acadêmico.

Por fim, resta dizer que Gustavo Barroso foi um intelectual que, ao longo de sua trajetória, sempre esteve envolvido simultaneamente com questões teóricas e literárias e esteve no centro dos debates políticos da época. Declarava que havia assumido o compromisso com a verdade e entendia que esta era a sua principal missão, pois os intelectuais eram os únicos que poderiam desenvolver uma visão universalista da situação e, por isso, jamais poderiam trair a realidade dos fatos. Por trás desta afirmativa, encontramos a noção de que os intelectuais representavam uma categoria excepcional dentro da sociedade (Cf. ZINN, 2005).

Em interação com as ideias de Alfredo Pimenta, Gustavo Barroso se enxergava como um intelectual-herói, que nunca esmorecia e sempre estava disposto a fazer valer sua autoridade moral. Ambos acreditavam que conseguiram resistir com bravura às mais duras provações e aos mais diversos infortúnios provocados pelo espírito judaico. Indicavam, ainda, que a conspiração por trás dessas campanhas negativas poderia vir de qualquer lugar, uma vez que seus egocentrismos os faziam pensar que sempre estavam no centro dos acontecimentos mais importantes de seus países. Agindo desta maneira, produziram uma história contemporânea que se ligava às mais antigas tradições luso-brasileiras, nas quais o que estaria em jogo era a luta paranoica contra os inimigos ocultos que povoavam as teorias conspiratórias.

2.3 Plínio Salgado, o advento do "escolhido" e a criação do integralismo

> Meus paes, estimavam-se mutuamente, eram pois, na existência modesta de uma cidadezinha do interior brasileiro, plenamente felizes. Que sonhos minha mãe devem ter sonhado para seu desejado e querido filho! Que projectos, ella e o marido não teriam architetado! Preparava-se o enxoval. Havia chegado janeiro. É a época pluvial em que nos dias de sol, as matas verdes e as montanhas azues resplandecem como um cântico de alegria naquellas faldas da Mantiqueira. E minha mãe me esperava (SALGADO, 1938, p. 39).

Plínio Salgado, como mencionado anteriormente, foi obrigado a largar os estudos aos 16 anos e retornar a São Bento do Sapucaí para garantir o sustento de sua família, devido à morte prematura de seu pai. Tal fato fez com que ele se tornasse um autodidata. Esta característica inúmeras vezes foi interpretada pelo próprio líder como prova da sua inteligência extraordinária. Para Gonçalves, uma parte considerável da militância integralista tratava o autodidatismo de Plínio Salgado como algo excepcional. Nessa formação, estaria uma das particularidades geniais do intelectual. O Chefe – como era conhecido pelos integralistas – era visto por seus seguidores como um homem de ação; sua pena estaria sempre a serviço da causa nacional. Do mesmo modo, os seus livros eram interpretados como inspirações divinas, o resultado de uma profunda experiência interior e de um estreito contato com os problemas nacionais (GONÇALVES, 2012, p. 48).

Ao que tudo indica, Plínio Salgado parecia seguir os "ensinamentos" de Jean-Paul Sartre, que, a partir da Segunda Guerra Mundial, se tornou "um modelo". Sartre indicava que o intelectual deveria trabalhar sempre no sentido de orientar a sua época. Nesta lógica, toda a produção de um intelectual deveria ter uma função utilitária à sociedade (NUNES, 2005, p. 24). Na interpretação de Catarina Silva Nunes (2005), Sartre via a sociedade fundamentada a partir de uma organização especial, onde os burgueses (classe dominante) estabeleciam os fins da ação e os trabalhadores (classe dominada) realizavam as ações sem ao menos apreender os objetivos finais. Caberia aos "técnicos do saber prático" uma posição intermediária nesta hierarquia social, em que teriam duas opções: de um lado aceitar a ideologia dominante, de outro, tornar-se um verdadeiro intelectual (NUNES, 2005, p. 25).

Soma-se a essa lógica "sartreana" a interpretação de Plínio Salgado, que descrevia a sua própria trajetória como uma espécie de missão especial na Terra, sustentada pelo nobre objetivo de reconstruir o homem à imagem de Jesus Cristo. Reconhecia que a tarefa era grandiosa, mas acreditava contar com uma enorme vantagem pessoal, o lar em que nasceu. Sendo assim, em busca de organizar a sua memória para posteridade e de construir uma imagem coerente de liderança política e intelectual, fazia questão de relembrar que a base de sua iluminação espiritual tinha origem nos ensinamentos de seus antepassados, a começar pelo seu bisavô materno, o médico alemão Dr. João Rennó de França, uma figura por quem nutria enorme admiração. O Dr. Rennó foi descrito como um homem singular e que não "admitia a imoralidade e a mentira". Não teria vindo ao Brasil para "fazer América", pois já era rico e, por isso, se dedicou à agricultura e a ajudar os pobres com suas consultas gratuitas (SALGADO, 1938, p. 18-19).

> O Dr. Rennó transmitiu alguma instrucção ás filhas e apenas rudimentos aos filhos, aos quaes elle pretendia se encaminhassem na lavoura e no commercio, entendendo que o Brasil durante largo tempo precisaria mais de agricultores e negociantes do que doutores. Quando vieram os netos, principalmente os filhos de sua filha, a estes já incutiam o gosto pelas sciencias e letras (SALGADO, 1938, p. 19).

Para o intelectual-herói, a honra e o sentimento de caridade seriam as características mais marcantes do Dr. Rennó. Mesmo após ter ficado cego, "de tanto chorar a morte da esposa", seu bisavô, no leito de morte, mandou chamar alguns cidadãos e pediu perdão se acaso lhes tivesse feito algum mal. Este gesto de humildade teria sido incorporado à personalidade de Plínio Salgado e se tornou numa das mais repetidas autoimagens do líder, demonstrando que, mesmo diante de incessantes ataques, sempre foi capaz de perdoar os seus inimigos (SALGADO, 1938, p. 21).

> Quando isso foi feito em plena rua, o pranto foi geral, affirmando todos que, pelo contrario, cada qual dos presentes tinha motivos de gratidão para com esse homem que era um justo e um santo. Antes de cerrar para sempre os olhos, o Dr. Rennó chamou todos os filhos e netos, recommendando-lhes, especialmente a caridade. Com o crucifixo nas mãos, exclamou, olhando para a imagem de Jesus: Como está me valendo o Deus-lhe-pague dos pobres (SALGADO, 1938, p. 22).

Seu pai, o Sr. Francisco das Chagas Salgado, foi descrito como um homem de muita virtude e respeito na cidade, um personagem com grande prestígio político e moral na região, razão pela qual todos o chamavam de "coronel". Para Plínio Salgado, seu pai era mais do que um simples delegado, pois desempenhava o papel de um "verdadeiro patriarca", o único capaz de solucionar as pendências e disputas entre os cidadãos. Era também um "exímio farmacêutico" do lugar, chefe político, presidente da Câmara, intelectual e possuidor de uma biblioteca, além de ser "compadre de meio mundo". Dele, o intelectual-herói (SALGADO, 1938, p. 12) informava ter incorporado o espírito de liderança e o carisma político, além de um grande senso de autoridade e respeito à hierarquia.

> O prestígio político de meu pae, no norte do Estado, foi muito grande. Decidia da sorte de deputados e senadores e jamais pretendeu ser coisa alguma. Contentava-se em bem servir ao povinho de São Bento, cuja estima por elle chegava às raias da adoração essa fascinação exercida pelo chefe situacionista chegou a tal ponto que o partido contrario, a oposição municipal a um homem que os próprios adversários estimam tanto? (SALGADO, 1938, p. 34).

De sua mãe, a professora Anna Francisca Rennó Cortez, Plínio Salgado (1938, p. 32-33) dizia dever sua formação moral, religiosa, o "amor às letras" e a perseverança em suas obras. A destacada senhora também é lembrada com orgulho, principalmente porque possuía um coração de caridade e uma enorme capacidade de "encarar os fatos com superioridade".

> Aquelle gesto de minha mãe tomando os filhos naturaes de meu pae revelava o duplo aspecto de sua personalidade: o amor profundo pelo marido e o senso caritativo, pratico, realista, de uma moça capaz de compreender os dramas da existência. Outro aspecto do temperamento e da capacidade de longa previsão de minha mãe é o facto de haver conseguido depois de instancias e de argumentações intelligentes, que meu pae consentisse em que Ella continuasse a lecionar, como professora publica (SALGADO, 1938, p. 33).

Plínio Salgado (1938, p. 37) também demonstrou o valor do caráter político de sua mãe que, desde nova, pertencia ao partido conservador do Império. Quando solteira, foi secretária do deputado provincial, o Cônego Bento de Almeida, e escreveu inúmeros artigos jornalísticos. De modo geral, descrevia seu pai como sendo tímido e "amigo da solidão", ao passo que sua mãe era muito mais "despachada" e comunicativa, mas ambos possuíam pontos em comum, como a religiosidade, o espírito de caridade, o senso democrático, o patriotismo, o gosto pelos estudos e a implacável exigência pela moral.

Como podemos perceber, para ele, os maiores aprendizados vieram de sua própria casa, um lar onde "cresceu ouvindo histórias de santos e heróis". Por um lado, estava sua mãe que sempre lhe contava as histórias bíblicas, o nascimento de Jesus, sua peregrinação, a perseguição sofrida e a morte na cruz; por outro, o seu pai, que lhe contava histórias da Guerra do Paraguai e exaltava a valentia de Osório e Duque de Caxias. Mas havia ainda uma pessoa muito especial, que, apesar de não fazer parte diretamente da família, foi descrita como outra grande fonte de inspiração, a sua pajem, a Sra. Felicidade.

A lembrança que Plínio Salgado (1938, p. 46) fazia da Sra. Felicidade, num momento em que se via como uma "crcança um tanto quanto solitária", seria reveladora do destino tomado pelo intelectual. Tratava-se de uma senhora de cerca de 40 anos que, segundo o intelectual-herói, teria incutido, desde os seus primeiros anos de vida, as maiores virtudes de sua personalidade, que seriam: a "capacidade de sonhar", o sentimento de justiça, a defesa dos mais fracos e a repulsa aos hipócritas. Além disso, foi a sua pajem quem lhe despertou também o entusiasmo pelo hino nacional, mostrando-lhe que a música representava os triunfos e as cenas grandiosas na luta entre bons e maus.

> Felicidade! Felicidade! Ao escrever hoje este nome, penso na mysteriosa influencia que minha pagem exerceu sobre mim, ensinando-me a sonhar! Como isso deve ter sido decisivo no meu destino! Crear mundos imaginários e correr atraz deles! Transformar todas as cousas que nos cercam e imprimir a tudo que medíocre, prosaico, trivial, uma tonalidade magica e um sôpro glorioso de poesia! (SALGADO, 1938, p. 47).

Diante disso, fica evidente que o intelectual pretendia se autoprojetar como um ser de grande iluminação e vigor para a vida, um homem aparentemente frágil, mas que havia resistido às mais dolorosas provações. Tudo o que aconteceu, e que porventura ainda viesse a acontecer, era interpretado como um presságio, uma evidência de que fora o escolhido. Na infância, considerava-se um menino prodigioso, capaz de surpreender a todos. O intelectual-herói (SALGADO, 1938, p. 77-78) afirmava que foram nesses anos que afloraram a sua vocação jornalística, sua veia poética e seu desejo por justiça social. O fato de ser um menino de sonhos e de imaginação fértil fez com que precocemente tivesse conhecimento de princípios fundamentais da nação e da religião, as bases da Ação Integralista Brasileira. Assim, todos os acontecimentos e todas as experiências acumuladas foram coerentemente organizados pelo próprio Plínio Salgado, como o prenúncio deste que foi um dos maiores e mais importantes movimentos político-ideológicos da primeira metade do século XX.

Entretanto, existe praticamente um consenso entre os estudiosos do seu pensamento que a sua participação na Semana de Arte Moderna de 1922 e o contato com as mais diversas matrizes do modernismo foi o acontecimento fundamental para a maturação da sua doutrina integralista. Conforme o trabalho pioneiro de Hélgio Trindade, para se compreender a evolução ideológica do Chefe é necessário inseri-lo num contexto social mais amplo, marcado por um ambiente político radicalizado, característico do entreguerras. Sendo assim, a revolução literária e artística criada pelos modernistas teria um peso importante sobre Plínio Salgado, muito maior do que as insurreições tenentistas, que terminaram com a Revolução de 1930 (TRINDADE, 1974).

O Estrangeiro (1926) – obra de sua autoria, cuja temática central é uma crítica à sociedade brasileira nos anos iniciais do século XX – possui um lugar de destaque no seu desenvolvimento político e intelectual. Seu intuito era demonstrar que as raízes do ser nacional estariam localizadas no estilo de vida sertanejo do caboclo. Este era apresentado como o "brasileiro autêntico", com traços característicos como força, valentia e virilidade. A obra também problematizava questões atuais presentes no Brasil, como a imigração, a urbanização acelerada e o crescimento de um sentimento cosmopolita. A saída proposta por Plínio Salgado se tratava de um desenvolvimento rural, no qual o caboclo seria o elemento central dessa transformação nacionalista (VICTOR, 2013, p, 41).

Neste ambiente, o intelectual-herói se autoprojetava como o modelo ideal do caboclo, com a sensibilidade necessária para unir o pensador, o político e o homem do povo em um único ser. Pretendia ser visto como um líder diferenciado, que possuía ideais sólidos e coerentes com a realidade nacional. Acrescentava, ainda, que no fundo sua obra possuía uma unidade de origem e de direção que jamais foi interrompida. Todas as suas teorias foram o resultado de longos anos de experiências, de contato com os homens, de sofrimentos, de estudos e de meditações (SALGADO, 1946c, p. 84-85).

Deste modo, enquanto os anos de 1920 podem ser considerados fundadores do comportamento político e intelectual de Plínio Salgado, foi a década de 1930, depois de ter feito sua primeira viagem à Europa, o momento crucial de emergência do líder. Como vimos, em terras europeias o intelectual pôde acompanhar de perto as profundas transformações políticas e sociais, principalmente nos países de origem latina. A visualização de novos modelos de Estado acabou por ampliar os seus horizontes políticos e propiciou uma nova leitura da realidade nacional. O intelectual-herói retornou mais seguro para transformar antigos preconceitos, como o apego às tradições católicas, a colonização portuguesa e o predomínio do homem no campo – que supostamente impediam o desenvolvimento do Brasil – em vantagens para se operar a verdadeira revolução nacionalista. O seu intuito era elaborar um conjunto de ideias capazes de incorporar um discurso positivo e de valorização da autoestima do povo brasileiro sem que, com isso, precisasse abandonar suas principais heranças.

Neste sentido, a maior de todas as obras de Plínio Salgado foi sem dúvida a fundação da AIB, que começou a ser construída a partir do jornal *A Razão*, em 1931, através da publicação diária de artigos de doutrinação política e de análises da situação brasileira e internacional. No ano seguinte, criou a Sociedade de Estudos Políticos (SEP) e lançou o "Manifesto de Outubro", o ponto de partida, no dia 7 de outubro de 1932, da AIB (SALGADO, 1946c, p. 9-10). Na opinião de Trindade, a gênese da ideologia do integralismo localiza-se no período dos chamados "pré-integralismos", entre os anos de 1930 e 1932; e a natureza do movimento, levando em consideração aspectos como a militância, a organização e a ideologia integralistas, pode ser classificada por seu conteúdo marcadamente fascista (SALGADO, 1946c, p. 10-11).

Por outro lado, José Chasin (1978) criticou a explicação mimética do fenômeno integralista proposto por Trindade e procurou demonstrar que as semelhanças aparentes do integralismo com as correntes fascistas, emergentes na Europa, não constituem uma transposição mecânica. Chasin (1978, p. 38) demonstrou que, após a vitória de Getúlio Vargas à frente do movimento de 1930, Plínio Salgado, em seu primeiro artigo publicado no jornal *A Razão*, reconhecia de forma positiva a utilidade e a complexidade daquele episódio na história nacional. Embora não enxergasse com bons olhos o movimento de tendências liberais, o intelectual percebia que foi muito importante a derrubada da fachada que ocultava a realidade da desordem social, pois acreditava que este disfarce iludia o povo brasileiro e o impedia de enxergar profundamente o momento histórico (CHASIN, 1978, p. 406). Plínio Salgado não mediu esforços e elogios ao novo presidente, a fim de conquistar maior espaço de articulação dentro do governo, mas que nunca chegaria a se materializar (CHASIN, 1978, p. 408).

Para além do debate travado entre os pesquisadores do integralismo, que pretendiam afirmar ou negar a natureza fascista do movimento, o mais importante aqui é perceber que a base dos argumentos de Salgado sempre esteve assentada sobre a noção de intuição, que era vista como a mais importante fonte do conhecimento. O intelectual-herói acreditava que a verdade poderia ser atingida por meio do exercício da meditação racional, na qual o homem seria o principal foco. Segundo ele, todos os homens possuíam uma missão a realizar na Terra. Por isso, seria necessário o advento de um guia para conduzi-los à consciência de suas finalidades na vida da sociedade. Assim, podemos perceber que as expressões como revolução espiritual, revolução interior, revolução das ideias e o nascimento do novo homem sempre ocuparam um papel de destaque nos seus escritos doutrinários (CHASIN, 1978, p. 494).

> Afirmei que o Homem pode interferir no curso da História: eu próprio fui realizar êsse pensamento e operei a transformação da "idéia" em "fato". Suscitei novas circunstancias na vida brasileira. Contrariei as leis do chamado materialismo histórico e do determinismo cientifico.
> Contra a opinião de todos os "entendidos" em "realidades brasileiras", contra os maus augúrios de todos os indivíduos chamados "práticos", contra a literatura de todos os teorizadores indígenas e o bom-senso experimentalista dos nossos homens públicos, efetivei a minha intervenção no meio social dêste país e demonstrei, não com palavras, mas com "ação", o acêrto do pensamento central dêste livro: – a "idéia-fôrça" pode interferir no fato histórico (SALGADO, 1956b, p. 13-14).

Portanto, como vemos, Plínio Salgado reabilitou ideias mitológicas seculares para realizar a defesa da civilização católica e da cultura brasileira. Estes preceitos basicamente poderiam ser explicados através da intervenção do espírito na realidade com o propósito de restabelecer o equilíbrio social. O intelectual-herói acreditava numa concepção dual do mundo; de um lado, o espiritualismo e, de outro, o materialismo. Declarava que todas as revoluções que aconteceram antes do nascimento da AIB não passariam de capítulos de uma grande revolução que ainda estava por vir. Esta grande revolução sempre esteve presente em todas as épocas da história. Ela correspondia a um fenômeno espiritual, que possuía interferência direta na marcha material da civilização.

Em outras palavras, com um discurso que empregava elementos da narrativa salvacionista e messiânica, o intelectual-herói se transformou num dos mais importantes líderes políticos da primeira metade do século XX. A doutrina de Plínio Salgado estava fundamentada na moral cristã e num alto senso nacionalista, sentimentos experimentados pela primeira vez em casa (GONÇALVES, 2012, p. 12). Em vários momentos, reforçava este aspecto em relatos que fazia de si mesmo. Além disso, descrevia sua família como um bom lar para se viver, com bases morais e cívicas superiores. Assim, declarava que as concepções parciais do homem feriam a sua verdadeira dignidade enquanto pessoa. Diante disso, o intelectual-herói encarnava o espírito do novo homem, do homem integral, o único capaz de realizar a construção de uma grande nação cristã.

2.4 Rolão Preto: o cientista social e a liderança mítica

> O liberalismo e a democracia são porém passado morto, e, o comunismo que lhes sucedeu e que é a total condenação de ambos, chega afinal à conclusão da sua própria impotência fora dos métodos e sentido histórico do tradicionalismo económico. Encerra-se assim sobre as ruínas do marxismo o ciclo amargo em que o mundo andou perdido das suas directrizes. De novo o sentido social sobreleva e se impõem como condição orgânica do trabalho. De novo o grupo económico surge, como única formação capaz de assegurar os interesses dos trabalhadores: confrarias, grémios, corporações, tudo ressurge nesta nova idade social na palavra que os tempos consagram – o sindicato (PRETO, 1932, p. 84).

No início da década de 1920, Rolão Preto insurgia em Portugal como um dos grandes pensadores e críticos de seu tempo, um homem de ideais plenamente consolidados e orgulhoso por ter sido voluntário nas tropas de Paiva Couceiro, em defesa da monarquia, entre 1911 e 1912. Como vimos, formou-se em Ciências Sociais pela Universidade de Lovaina, Bélgica e, pouco tempo depois, licenciou-se bacharel em Direito pela Universidade de Toulouse, França. Ao retornar do exílio, e seguindo de perto as propostas dos mestres da contrarrevolução, em especial do líder francês Charles Maurras, produziu uma série de textos dentro da imprensa do IL, nos quais declarava, por um lado, a falência da liberal-democracia e do socialismo e, por outro, o triunfo do nacionalismo e do regime monárquico. O intelectual-herói, apesar da pouca idade, se autoprojetava como um homem de experiências marcantes e com o conhecimento científico necessário para não só denunciar os erros desses modelos políticos como também para elaborar uma nova teoria de Estado (Cf. QUINTAS, 2002).

Rolão Preto também parecia incorporar a lógica de Sartre, que procurava demonstrar que o intelectual no fundo refletia a sociedade da maneira como ela poderia ser para si mesma. Sendo assim, o intelectual definido por Sartre não possuía mandado de ninguém, e isso o impelia em "desvelar a verdade para si e para os outros", pois, acima de tudo, ele possuía como objetivo a universalização do saber prático (JACOBELIS, 2012). Embora reconhecesse as diferenças entre o intelectual e o simples escritor, Sartre traçava um paralelo entre as duas categorias e demonstrava que ambos trabalhavam no "desvelamento" da verdade. Assim, mesmo que nem todos os escritores fossem intelectuais – conforme o sentido próprio que o termo carregava –, ele teria a mesma função social que, como já foi dito, era o cuidado e o zelo pela verdade (JACOBELIS, 2012, p. 95).

Ao contrário do que muitos pensavam, os intelectuais estavam longe de desaparecer. Sendo assim, Rolão Preto acreditava que, após fechado um canal por onde passava um fluxo do poder ideológico, abria-se outro imediatamente. O poder político era, em síntese, a posse das armas e o poder econômico era nada mais do que a acumulação material; o principal meio do poder ideológico deveria ser a palavra, ou melhor, a expressão de ideias por meio da palavra e, com a palavra, agora e sempre mais, a imagem. Com isso afirmou que o desenvolvimento das novas mídias propiciaria um novo e importante canal de comunicação pelo qual o poder ideológico poderia se expandir cada vez mais.

Além disso, Rolão Preto entendia que a experiência adquirida nos campos de batalha e nas salas de aula durante os anos de exílio o credenciava à elaboração de uma narrativa política bastante crítica, a começar pelos liberais-democratas que, supostamente, haviam criado a possibilidade de "políticos amadores" ascenderem ao poder, o que teria resultado na enorme instabilidade ministerial da Primeira República (1910 – 1926). Demonstrou haver uma irresponsabilidade generalizada devido, principalmente, à falta de ligação orgânica destes políticos com o povo. Por isso, era enfático ao afirmar que fora da monarquia não haveria solução para os portugueses (PRETO, 1920b, p. 77). Do mesmo modo, também fez duras críticas ao "sufrágio universal", denunciando a inércia do sistema e a falta de correspondência com a vontade popular.

O tom das suas críticas aumentava, sobretudo, quando se referia aos graves problemas sociais e à falta de um direcionamento positivo da economia. Aqui, o intelectual-herói fazia emergir a autoimagem do homem das ciências, que interpretava a sociedade, levando em consideração as leis gerais da teoria sociológica organicista. Seu intuito era construir uma legitimação científica para o projeto integralista de Estado e, ao mesmo tempo, fazer frente ao modelo marxista.

> A guerra econômica, que se segue natural e incessantemente á luta das armas, necessita uma atenta direção dos valores positivos da economia nacional, mais cuidada e profunda que a própria condução dos elementos de defesa nacional.
> A missão de um governo, consciente e proficiente, seria necessariamente a complexa orientação da produção nacional, de maneira não só a estabelecer o equilíbrio econômico interno, como de manter em lugar de evidencia os interesses do paiz no mercado da concorrência externa (PRETO, 1920b, p. 92-93).

O socialismo, na lógica de Rolão Preto, nada mais era do que o filho pródigo da liberal democracia. O modelo que trazia em seu cerne a concepção duma sociedade em que a igualdade poderia substituir a concorrência representava, segundo o intelectual, uma grave incoerência com a própria essência competitiva do homem. Afirmou que a luta de classe, tão proclamada como motor da história, conduziria ao próprio fim deste modelo, uma vez que se apoiava na ilusória concepção marxista de "Solidariedade Universal" (PRETO, 1920b, p. 99). A luta de classe seria, portanto, uma mera ficção e não passava de um mito político criado por Marx para manipular o operariado (PRETO, 1920b, p. 144).

Nas palavras de Rolão Preto, tanto em política, como em economia, os elementos sociais dependiam organicamente uns dos outros. Sendo assim, justificava que a monarquia, sindical e orgânica, seria a forma mais evoluída de organização social. Além disso, no caso específico da sociedade portuguesa, declarava que a luta de classe jamais poderia ser admitida, pois aquele era um povo que nutria enorme apego às tradições de sua terra natal e jamais lutaria contra seus próprios irmãos. Para o intelectual-herói, os ideais de Marx significavam a morte do espírito nacional português e, consequentemente, a ruína de todas as condições essenciais da produção (PRETO, 1920b, p. 147).

Diante da "comprovada" insuficiência do liberalismo em lidar com a crise causada pelas novas demandas da relação capital/trabalho da incompatibilidade histórica do socialismo em relação às tradições lusitanas, Rolão Preto propunha restaurar aquilo que chamava de "Inteligência", um termo mítico e aglutinador que foi elaborado para coordenar e despertar uma nova consciência nacionalista. Com a utilização deste conceito, o autor incorporava o irracionalismo filosófico a seus discursos políticos e deflagrava a grande importância dos mitos na condução da política moderna. Sabia que as manifestações mitológicas possuíam grande poder de atração e uma eficiência comprovada ao traduzir, a partir de poucas imagens, toda a complexidade das teorias de Estado que se queria implantar.

Deste modo, a proposta de realizar um projeto de Estado integralista nascia de um conjunto teórico "criado" pelo intelectual-herói e definido por ele como as "bases orgânicas da produção em monarquia". Pretendia fortalecer sua autoimagem de teórico do Estado e, por isso, declarava que em suas mãos o corporativismo tradicional passou por uma grande evolução, assumindo em Portugal a forma do "sindicalismo orgânico". Este modelo, cujas raízes remontam ao medievo, representava os interesses solidários de todos os ramos da produção, organizados a partir dos sindicatos e das corporações. A função política e econômica do sindicalismo orgânico era garantir um movimento conjunto entre os limites jurídicos da ação corporativa e os interesses da economia nacional.

> A verdadeira eternidade das fórmulas de pura essência social, está exactamente na possibilidade que têm em si, de se adaptarem a todos os tempos, dando sempre o melhor e o maior rendimento. O sindicato, por

exemplo, não corresponde de-certo com exactidão às formulas medievais, mas, continua-as, dentro da essência económica-social que as criou e de harmonia com as condições da produção moderna. De igual forma, o Estado Corporativo, interpretando o verdadeiro sentido do tradicionalismo económico, encontra nêle uma grande parte da sua essência construtiva, estabelecendo através do seu empirismo as leis de renovação e de equilíbrio de que andavam afastados os homens (PRETO, 1932, p. 85).

Entretanto, a utilização de um vocabulário muito sofisticado e o emprego de conceitos complexos não teria nenhum efeito sobre uma população cuja grande maioria ainda era analfabeta. Por esta razão, Rolão Preto decidiu escrever de modo mais simples e objetivo, separando didaticamente sua proposta de monarquia orgânica em dois métodos complementares e interdependentes, denominados, respectivamente, de "Empirismo construtor" e "Empirismo organisador" (PRETO, 1920b, p. 130).

O primeiro, o "Empirismo construtor", significava, ao mesmo tempo, um "método" de ciência econômica e um "processo" de construção social. Uma espécie de roteiro da administração pública, cuja parte fundamental seria o "sindicalismo orgânico", modelo de organização socioeconômico que sempre atendeu "sem preconceitos" aos diversos tipos de "estatismo", uma fórmula equilibrada e inteligente de impedir a catástrofe social que se anunciava (PRETO, 1920b, 136).

Assim, de modo genérico, Rolão Preto (PRETO, 1920a, p. 29) definia o "sindicalismo orgânico" como um modelo de reorganização da relação capital/trabalho na sociedade. Significava um retorno aos "velhos e eternos" caminhos por onde a produção deveria passar, e poderia ser resumido em quatro ideias centrais (PRETO, 1920a, p. 30-32):

1º) A Negação do indivíduo como base social; da existência isolada da classe social; da solidariedade universal dos proletários;
2º) A Condenação da liberdade do trabalho; da livre concorrência; da centralização democrata; do monopólio parlamentar; da organização não profissional dos produtores;
3º) A Afirmação da família como base da sociedade; da Produção como conjunto dinâmico do capital, agentes e operários; do "grupo econômico", sindicato e ou corporação;
4º) A Proclamação do rei como chefe da produção nacional; da propriedade como direito sagrado; da "Nação eterna" como razão primeira da sociedade.

O segundo método, definido por Rolão Preto como "Empirismo organisador", foi descrito como "ação segura", na qual a "Inteligência" sinalizaria o papel desempenhado pelas partes envolvidas na produção. Enquanto que o primeiro método era o plano e pretendia educar a população, o segundo era a execução, e objetivava colocar em prática todos os postulados estabelecidos anteriormente. Por esta razão, o intelectual-herói afirmou que a aplicabilidade do "Empirismo organisador" dependeria fundamentalmente de algumas virtudes que poucos líderes políticos possuíam, como a sensibilidade espiritual e a inteligência superior. Somente este seleto grupo de grandes chefes, no qual Rolão Preto se incluía sem nenhuma modéstia, seria capaz de operar a verdadeira transformação na sociedade, pois seus membros conheciam os dramas e os anseios mais íntimos do povo.

> O empirismo organisador, é o nosso método seguro pelo qual a inteligência nos ajuda a melhor discernir e marcar o papel próprio de cada um desses elementos escolhidos: a divisão de trabalhos, a função natural de cada uma das partes do organismo nacional, como os aspectos particulares do problema e a sua solução de detalhe (PRETO, 1920a, p. 143).

Na sua elaboração simplificada (PRETO, 1925, p. 12), o sindicalismo orgânico era visto como um tipo ideal de organização socioeconômica, que funcionaria basicamente da seguinte forma: o país seria dividido em "regiões econômicas", agrícolas e industriais. Em cada região, existiriam os sindicatos patronais e os sindicatos operários, sendo que os delegados de ambos formariam as Corporações. Rolão Preto também propunha criar novas modalidades de assistência financeira, baseadas na propriedade, no salário e no apoio corporativo. Depois de implantado este modelo, a questão social seria resolvida, pois os métodos corporativos e sindicais garantiriam aos trabalhadores inúmeros direitos, como a estabilidade no trabalho, o salário, o regime de horas, a assistência médica, o descanso, dentre outros. Estes direitos, garantidos pela força do Estado monárquico, desestimulariam qualquer tipo de conflito social entre as classes e, além disso, criariam um ambiente favorável para que os operários pudessem desenvolver em plenitude suas capacidades materiais e intelectuais (PRETO, 1925, p. 19).

Contudo, o retorno do regime monárquico se mostrou uma alternativa absolutamente impraticável no Portugal de Salazar, principalmente porque o IL foi incapaz de forjar um consenso político entre todos os monarquistas. Por esta razão, Rolão Preto acabou por abandonar os integralistas em nome da "Revolução" fascista. Na verdade, o intelectual sempre demonstrou enorme afeição pelo movimento de Mussolini. Não foi por acaso que, em 1922, acolheu com grande entusiasmo a marcha dos camisas negras sobre Roma. Entendia que aquela manifestação era a síntese perfeita das campanhas nacionalistas iniciadas por seus "companheiros" jornalistas Enrico Corradini (1865 – 1931) e Gabriele D'Annuzio (1863 – 1938) (PINTO, 1994, p. 48-49).

Ao perceber que o fascismo representava uma grande força política e eleitoral, começou a apoiar-se cada vez mais no movimento. Mas fazia questão de destacar que sua admiração estaria limitada ao método de "ação política" empregado, uma vez que o intelectual-herói declarava que, no campo ideológico, o fascismo somente reafirmava os preceitos nacionalistas que ele próprio já havia revelado aos portugueses. O mais importante aqui é perceber que o discurso científico do intelectual se fundia à autoimagem do "escolhido", um guia, capaz de revelar e conduzir os portugueses à redescoberta da verdadeira essência nacional.

Sendo assim, em 1932, Rolão Preto aceitou dirigir o jornal *Revolução*, o principal veículo de difusão do fascismo em Portugal. À frente do periódico, conseguiu criar as bases para a fundação do NS. Dentre as ideias anunciadas pelo líder (PRETO, 1932, p. 75) estava, mais uma vez, a proposta de organização do Estado nos moldes do sindicalismo orgânico, conforme já havia defendido dentro do IL. O intelectual ressaltava (PRETO, 1932, p. 79). que este modelo não se apresentava simplesmente como uma hipótese intelectual, mas como uma necessidade histórica. Era a substituição efetiva de um "regimen individualista" por um "regimen social".

A principal estratégia adotada por Rolão Preto para se tornar um líder carismático foi criar uma narrativa política em que afirmava que a realidade só poderia ser alterada através da manifestação daquilo que definiu como a "Mística". Assim como o fenômeno do ressurgimento da "Inteligencia", este ideal também era uma construção mitológica. Porém, sua manifestação no mundo real seria muito limitada e somente aconteceria quando fosse incorporada por um ser de grande virtude e moral. Em conformidade com as ideias defendidas por Plínio Salgado, o intelectual-herói também se via como um dos "escolhidos" a encarná-la. Por isso, lançava-se na cena política portuguesa dos anos 30 como o único líder capaz de transformar a energia da "Mística" numa verdadeira força revolucionária.[8] Dizia que renegar este poder surpreendente era deixar de enxergar a lógica política dos novos tempos, que colocava em conflito, por exemplo, "espanhóis de Aragão contra espanhóis de Aragão, ou castelhanos contra castelhanos..." (Ibid, p. 210), uma luta entre duas místicas, que têm se comportado como o motor do conflito entre falangistas e comunistas. Para Rolão Preto, ambos eram sinceros na luta que sustentavam,

---

8   PRETO, Rolão. **Revolução Espanhola**: aspectos, homens, ideias. Lisboa, Livraria Bertrand, s.d. p. 193.

ambos estavam crédulos na verdade por trás da bandeira que levantavam, e, consequentemente, matar ou morrer se transformava em destino certo.

> Assim, quando, para sòmente relembrar este facto passado no cerco de Madrid, entre outros talvez idênticos, se avança à conquista das poderosas linhas adversas, em formações compactas, durante um, dois, três dias, tendo pela frente parapeitos de cimento armado, que vomitam metralha com tal intensidade que é mister substituir, de tempos a tempos, os canos rubros das metralhadoras – quando se mostra, dessa forma um tão impávido desprezo pela vida, é porque alguma coisa existe de superior a ela, algum anceio irreflectido, mas prodigioso e, em bôa imparcialidade, digno de admiração. Eis a Mística, florescendo... [9]

Em suma, o seu comportamento político estava profundamente marcado pelo pensamento nacionalista latino associado à mitologia imperial e civilizacional dos povos herdeiros de Roma. Seus primeiros artigos integralistas foram orientados para as coisas imediatas, como aproximação da guerra e a luta de classes que assombrava toda a Europa. A guerra, aliás, confirmaria para Rolão Preto a falência definitiva da ideologia liberal, do pacifismo e da II Internacional. Neste sentido, o conflito foi a comprovação empírica que somente o nacionalismo poderia moralizar e reorganizar a nova ordem mundial. Na opinião de Pinto, este intelectual não se preocupava tanto com a marcha da história oriunda do pensamento contrarrevolucionário e legitimista do IL, pois via na guerra o elemento de ruptura final, que projetaria o nacionalismo como única saída para a crise do liberalismo e para combater a "ameaça vermelha" (PINTO, 1994, p. 42).

Portanto, nesta lógica de raciocínio, seria necessário demonstrar às classes operárias que elas eram parte "orgânica" do novo modelo de Estado que se queria "implantar", e que os laços de ligação à terra eram infinitamente mais sólidos do que as especulações da metafisica de Marx. Assim, a percepção e apreensão do Estado Moderno, em muitas obras de Rolão Preto, seguia um padrão de linguagem de tipo mitológico, em que o nacionalismo era visto como o legítimo estado de espírito de um povo, a verdadeira dignidade do português. Somente este amor exacerbado pela nação poderia ser tomado como "doutrina social", capaz de limitar o instinto egoísta do homem. Deste modo, o indivíduo não deveria ser visto como o fim da organização social, mas sim como função da nação.

---

9   Ibid., p. 211.

3. AS RELAÇÕES TRANSNACIONAIS EM FOCO

> [...] *O escritor inglês Roberto Southey publica em seu idioma, em Londres, a primeira História do Brasil, primeira na ordem cronológica segundo a documentação portuguesa, mandada copiar no Arquivo da Torre do Tombo, em Lisboa.*
> *No entanto, ao traduzir os documentos para a sua língua, Roberto Southey esbarra com uma dificuldade: a linguagem histórica, isto é, a linguagem do documento, que é a linguagem da História do Brasil, e nenhuma outra substitui. Assim, onde lê povoador, povoação, povoamento e povoar, Southey traduz para "colonist", "colonization" e "to colonize". O erro estava feito e nenhum historiador brasileiro o corrigiu até hoje.*
> [...] *Assim Roberto Southey impõe à História do Brasil uma linguagem errada. Com ela historiadores brasileiros Varnhagen, Capistrano de Abreu e João Ribeiro contribuíram para que o erro southeyano "colonizasse" a História do Brasil e os copiadores fossem obrigados a deformar, distorcer e denegrir o período luso-brasileiro, isto é, período lusitano, chamando os povoadores de "colonos"* [...] (FERREIRA, 1994, p. 13-14).

O objetivo deste capítulo será analisar a realidade das interações transnacionais estabelecidas entre os intelectuais-heróis portugueses e brasileiros. De um modo geral, poderemos constatar que, do ponto de vista das ideias políticas, ambos os países sempre mantiveram importantes laços de fraternidade. Entretanto, quando aprofundarmos o foco, podemos constatar que esta relação transnacional ocorria de forma assimétrica. No caso de Alfredo Pimenta e Gustavo Barroso, esta relação aconteceu provavelmente dentro da Academia Portuguesa de História; e, entre Plínio Salgado e Rolão Preto, os supostos contatos teriam acontecidos no período em que o brasileiro esteve exilado em Portugal.

3.1 Balanço das relações intelectuais luso-brasileiras

> Ai está a força do português: sua principal condição de permanência num mundo como o dos trópicos e o do Oriente, que se deseuropeíza e repele dos últimos jugos imperiais de europeus sobre suas populações de côr. O português não é, castiçamente, nem europeu nem imperial. À sua qualidade de europeu juntou-se de início sua condição de povo arabizado, israelitizado, orientalizado, predispondo-o a aventuras de amor sob o signo da chamada "Vênus Fôsca" (FREYRE, 1953, p. 26).

Os anos entre 1910 e 1945 são fundamentais para se compreender a nova paridade estabelecida entre Brasil e Portugal. O fim da Monarquia portuguesa, por exemplo, sinalizava que talvez fosse possível um aprofundamento maior da relação transnacional luso-brasileira. Porém, devido ao clima de instabilidade enfrentado pela I República, com inúmeras investidas da contrarrevolução monárquica, estes laços fraternais não conseguiram se reforçar. Soma-se a isso o envolvimento de Portugal na Primeira Guerra Mundial, o que acabou por determinar um congelamento dos contatos entre ambos os países (SANTOS; AMORIM, 2010). Diante deste cenário, o que efetivamente aconteceu foi um diálogo bilateral, restrito ao campo da retórica, em que predominou a incapacidade das duas nações de concretizar projetos de maior importância, numa parceria compatível com a realidade. Apesar da realização de inúmeros eventos que procuravam manter vivo o ideal luso-brasileiro – com destaque para o reatamento e restabelecimento formal de relações diplomáticas –, após os constrangimentos políticos do século XIX, Brasil e Portugal ainda continuavam separados pelo Atlântico (SANTOS; AMORIM, 2010, p. 121-122).

Salvo em algumas exceções, o que existiu realmente foi um desconhecimento mútuo, por isso os dois países dificilmente conseguiram ver-se para além dos estereótipos construídos no passado. Essa falta de interesse de um pelo outro refletia também no campo do conhecimento historiográfico. Deste modo, a história de Portugal, após 1822, quase não existe nos livros didáticos brasileiros de Educação Básica. Este desconhecimento tem se mantido praticamente inalterado nos últimos anos, a despeito das relações bilaterais terem se intensificado e também do fato de o Brasil representar um dos principais destinos dos investimentos portugueses no exterior (Cf. FREIXO, 2010). Assim, "o sonho" comunitário de "união" dos países que falam a língua portuguesa tem sido um objetivo essencialmente de Portugal. Igualmente, a criação da ideia de "lusofonia", sobre a qual se elaborou o projeto da Comunidade dos Países de Língua Portuguesa (CPLP), não passaria de uma mitologia exclusivamente portuguesa, (FREIXO, 2010, p. 66) uma vez que o Brasil, assim como outras ex-colônias lusitanas, não parece se importar muito com a idealização desta comunidade. A principal razão para o desinteresse brasileiro está ligada à própria noção de lusofonia, que remeteria essencialmente ao processo das grandes navegações. Como resultado desta aventura, a língua e a cultura portuguesas foram espalhadas para todos os cantos do globo. Nesta lógica, podemos sugerir que o centro do "impasse" é o fato de que os elementos que formam esse imaginário são essencialmente oriundos de Portugal e, por esta razão, não têm o mesmo peso para os outros países lusófonos, o que significa dizer que o "discurso da lusofonia" se assenta num grande vazio para os não portugueses (FREIXO, 2010, p. 67).

Contudo, as iniciativas de reaproximação entre ambos os governos quase sempre são revisitadas, principalmente no campo cultural e comercial. A título de exemplo, em 26 de setembro de 1923, Portugal e Brasil se comprometiam a formalizar um acordo que regulasse a isenção do serviço militar e da dupla nacionalidade entre seus cidadãos, mas o projeto nunca saiu do papel. Naquele mesmo ano, em 7 de dezembro, foi apresentado ao parlamento português um projeto de lei que previa a autorização de tratados comerciais com o Brasil, mediante as reduções tarifárias e aduaneiras. Entretanto, o projeto não obteve respaldo em virtude das novas disposições protecionistas adotadas pela política econômica brasileira. Mais uma vez, o que se via era o naufrágio de outra tentativa de reaproximação (SANTOS; AMORIM, 2010, p. 126).

Em contrapartida, no dia 30 de abril de 1931, ambos os países assinaram em Lisboa o "Acordo entre a Academia das Ciências de Lisboa e a Academia Brasileira de Letras", com o intuito de estabelecer a base, a unidade e a expansão da língua portuguesa. Se de fato esse acontecimento não obteve a importância pretendida, ele foi símbolo de um processo de fraternização que se configurava em determinados meios acadêmicos luso-brasileiros. Isso porque a crença na fraternidade e na existência de laços históricos e culturais, que uniam estes dois países irmãos, sempre foi um elemento fundamental da relação entre as duas nações.

De modo geral, os defensores dessa ideia fraternal utilizam a explicação que, devido à "Descoberta" e colonização do Brasil pelos portugueses, ambos os países teriam firmados laços de sangue insuperáveis. Esta ligação se refletiu tanto na adoção da língua quanto na incorporação de tradições seculares. Deste modo, as nações irmãs edificaram uma "aliança natural" e eterna, que transcendia governos, conjunturas políticas e questões ideológicas (GONÇALVES, 2003). A confiança mútua estava regida pelo princípio da cordialidade e sempre mediou o nível dos contatos de Portugal e Brasil, mesmo quando ocorreram fortes abalos – como a interrupção das relações diplomáticas por conta da intromissão do governo português na revolta da Armada – ou quando o Brasil exerceu pressão para que Portugal rompesse com os países do Eixo e autorizasse a construção de uma base militar em favor dos Aliados nos Açores (GONÇALVES, 2003, p. 15).

O ponto máximo da narrativa de amizade eterna ocorreu durante o governo de Juscelino Kubitschek (1956-1961). Neste período, o ideal luso-brasileiro transformou-se numa espécie de conduta programática da política externa de ambos os países. Conforme demonstrou Williams da Silva Gonçalves (2003, p. 16), desde a ruptura política trazida com a independência do Brasil, nunca ocorreram tantos contatos entre personalidades públicas e intelectuais durante aquele período. Esta relação transnacional pode ser ilustrada, por exemplo, pela defesa que o governo brasileiro fez do império colonial português, na África e na Ásia, apesar das diferenças essenciais entre os regimes políticos em vigor em cada país.

Deste modo, em diversas ocasiões, as autoridades políticas, de ambos os países, faziam uso deste recurso imaginário em datas comemorativas. Porém, foram em alguns debates intelectuais que a irmandade luso-brasileira atingiu um sentimento mais profundo. Sendo assim, para além das relações oficiais entre os dois governos, cabe-nos aqui analisar as relações intelectuais que se estabeleceram anteriormente a este período, durante as décadas de 30 e 40. Com isso, podemos considerar que o livro *Casa Grande & Senzala* (1933), do escritor Gilberto Freyre, teve muito mais importância no processo de reconciliação entre Portugal e Brasil do que qualquer outra iniciativa política no período (GONÇALVES, 2003, p. 90). As teses do autor brasileiro representavam uma verdadeira revolução, pois pela primeira vez a mestiçagem de três raças – o português, o índio e o africano – era vista por um intelectual de renome como um processo positivo, que teria propiciado a formação de uma "civilização superior". Esta nova perspectiva pretendia reverter o pessimismo e o preconceito da elite cultural branca em relação à mistura de raças do povo brasileiro (GONÇALVES, 2003, p. 92).

Na década de 1940, a "análise histórico-sociológica da formação colonial do Brasil" presente em *Casa Grande & Senzala* haveria de evoluir para uma leitura em que Portugal passou a ser o foco de análise. Neste momento, o autor publicou a obra *O mundo que o Português Criou*, consolidando a defesa da cultura luso-brasileira (GONÇALVES, 2003, p. 94). Mas foi sem dúvida a produção *Um Brasileiro em Terras Portuguêsas* que melhor ilustrou esta campanha de reaproximação dos dois povos. A obra reunia algumas conferências e discursos proferidos, entre os anos de 1951 e 1952, em território português e ex-colônias lusitanas da Ásia e da África. Já na introdução, Gilberto Freyre afirmava que o português guardava no seu íntimo as características marcantes do herói grego Ulisses e tentava sistematizar o conceito de "luso-tropicologia" (FREYRE apud GONÇALVES, 2003, p. 13).

> O português como povo intensamente ulissiano que é desde os seus começos – e, no caso, a história só tem feito seguir a lenda – vem realizando o sonho que Rimbaud que, não tolerando Roche – "terre de loups" – sentia-se atraído pela "morne Ardenne". Pelo sol. Pelo calor. Pelas mulheres pardas das terras quentes. O Rimbaud que confessava perder nessas terras "o gôsto pelo clima, pelos modos de viver e mesmo pela língua da Europa". Que de certa altura em diante tornou-se na vida um Ulisses cujas viagens eram "des marches vers le soleil". "Des marches vers le soleil" têm sido também as portuguesas... Esta é a grandeza portuguêsa que par-

ticularmente me atrai: o fato de ter quase um povo inteiro se antecipado a alguns Rimbauds franceses, a alguns Lawrences da Arábia ingleses, a alguns Lafcadios norte-americanos e até a alguns Humbolds alemães, na realização de uma vocação que fixa o destino de tôda uma civilização transnacional: a luso-tropical, de que o Brasil faz parte (FREYRE apud GONÇALVES, 2003, p. 14).

Portanto, os trabalhos de Gilberto Freyre tiveram um duplo efeito positivo para o discurso da fraternidade entre os dois países. O primeiro foi para o próprio regime salazarista, que, mesmo antes de financiar a expedição do intelectual brasileiro por todos os domínios portugueses da época, já havia se beneficiado com a tese de que o português foi o elemento fundamental para unir as três raças formadoras do povo brasileiro. Esta perspectiva legitimava a ideia difundida nos meios intelectuais e governamentais de que Portugal seria um Império "criador" de novas civilizações, e não simplesmente uma metrópole exploradora. O segundo efeito positivo pode ser verificado no próprio comportamento de alguns intelectuais brasileiros, pois, como veremos a seguir, esta narrativa da cumplicidade luso-tropical era muito mais evidente e direta na fala de Gustavo Barroso e Plínio Salgado do que nos discursos de Alfredo Pimenta e Rolão Preto. Em ambos os autores brasileiros, o sentimento de irmandade era recorrente. Além disso, os dois pareciam buscar em terras lusitanas o reconhecimento pessoal e uma maneira de se integrarem ao ambiente intelectual e cosmopolita de Portugal. Em contrapartida, os autores portugueses não demonstravam qualquer tipo de interesse em fazer parte da intelectualidade brasileira e quase sempre manifestavam grande desconforto com a influência norte-americana na antiga colônia.

3.2 Alfredo Pimenta e Gustavo Barroso: os companheiros acadêmicos

O panorama dêste livro abrange o Mundo Português nos séculos XVII e XVIII: o Brasil, o Reino, a África, a Índia, o Oriente remoto. Suas personagens vivem a sua vida pelos mares e terras que Portugal encheu de glória. A figura principal é como que um símbolo dêsse Mundo Português. Através da sua acção histórica, vamos da América à Oceania. É uma figura única e tão fora do comum que parece lendária (BARROSO, 1940, p 7).

Já disse que não me proponho esgaravatar na vida de Maria Úrsula. Nem podia fazê-lo, sem faltar aos deveres mais rudimentares da cortesia ou da ética profissional, uma vez que o Sr. Gustavo Barroso escreve: "Os documentos sôbre D, Maria Úrsula existem nos arquivos portugueses. Já os fiz copiar, e reservo-os para um estudo especial, não mais literário, e sim absolutamente histórico".
Senhora de Pangim – Alfredo Pimenta (PIMENTA, 1942b, p. 7-8).

O primeiro encontro entre Alfredo Pimenta e Gustavo Barroso que se tem registro provavelmente ocorreu nos salões da "Academia Portuguesa de História", depois que esta foi reinaugurada no dia 19 de maio de 1936, por Salazar. A instituição era considerada a herdeira e a continuadora oficial da "Academia Real da História Portuguesa", fundada por D. João V, em 8 de dezembro de 1720, e ressurgiu atrelada ao Arquivo Nacional da Torre do Tombo e sob a responsabilidade do Ministério da Educação Nacional. Foi estruturada na forma de uma "agremiação especializada dos eruditos", que se dedicavam à investigação e à reconstrução crítica do passado. Seu objetivo principal era o de estimular e coordenar os esforços revisionistas para a "reintegração" daquilo que seus membros entendiam como a verdade nos estudos históricos, além de trabalhar no sentido de enriquecer e qualificar a documentação histórica de Portugal.

Dois anos após a reabertura da Academia, em sessão oficial do dia 1 de janeiro de 1938, o nome de Alfredo Pimenta aparecia pela primeira vez nas atas das reuniões. Nesta mesma ocasião, o intelectual Gustavo Barroso, juntamente com Afonso Taunay, Afrânio Peixoto, Artur Guimarães de Araújo Jorge, Conde de Afonso Celso, Francisco José de Oliveira Viana, Max Fleiuss, Pedro Calmon e Rodolfo Garcia, era nomeado acadêmico da ilustre instituição (BOLETIM, 1938).

A partir de então, sempre que viajava para Portugal, Gustavo Barroso fazia questão de marcar presença nas reuniões da APH. Em 1940, por exemplo, em Sessão Ordinária datada no dia 26 de junho, o intelectual, ao lado de Edmundo da Luz Pinto, foi um dos representantes da Embaixada que o governo brasileiro enviou para as "Comemorações Centenárias e a Exposição do Mundo Português". O evento, que aconteceu de 23 de junho a 2 dezembro de 1940, coincidia com o início da Segunda Guerra Mundial e tinha como propósito comemorar a data da Fundação do Estado Português (1140) e da Restauração da Independência (1640). Por trás destes festejos, estava a vontade de Salazar de celebrar o Estado Novo e de passar para o restante do mundo a imagem de que o país foi o protagonista de algumas das páginas mais importantes da história universal. Com este intuito, foram realizados grandes cortejos, durante os quais se narrava uma história de conquistas e de missão civilizatória. Além disso, aconteceram também encontros entre acadêmicos de vários outros países. Numa dessas ocasiões, o intelectual brasileiro recebeu elogios e agradecimentos pelas "palavras de amizade", com as quais descreveu a ação dos portugueses no mundo e, especialmente, no Brasil (BOLETIM, 1938, p. 93).

No dia 13 de novembro do mesmo ano, Gustavo Barroso mais uma vez assinava a ata da APH, na qual falou "em brilhantes rasgos oratórios" sobre a intervenção dos jesuítas portugueses. O discurso do acadêmico novamente exaltava os feitos de Portugal no Brasil e destacava a necessidade de fortalecer os laços de fraternidade entre as nações. Sua fala, floreada de elogios e apologias, parecia criar um mundo simbólico em que os lusitanos e os brasileiros estariam conectados para sempre. A admiração pelos colonizadores só fortalecia o sentimento nacionalista de Barroso, pois vangloriar os bravos descobridores significava fomentar uma estirpe nobre para o Brasil. Como era de se esperar, suas palavras despertavam uma reação muito positiva em todos aqueles intelectuais presentes na APH porque fazia coro ao discurso de que Portugal era um império fundador de grandes pátrias, e o Brasil, por sua vez, seria a comprovação desta ideia. Como forma de agradecimento ao governo brasileiro pelo envio da Embaixada na ocasião das "Comemorações", o escritor Júlio Dantas iria ao Brasil entregar o "colar" da APH aos nove acadêmicos, dentre eles, o diretor do Museu Histórico Nacional, Gustavo Barroso (BOLETIM, 1938, p. 91).

É importante salientar que as Comemorações Centenárias de 1940 não foram marcadas somente pela celebração dos laços de fraternidade entre Portugal e Brasil, pois houve tensionamentos significativos, principalmente no "Congresso Luso Brasileiro de História", que era parte das comemorações. Celine Blotta (2009, p. 114) argumentou que, do ponto de vista historiográfico, o "Congresso" estabeleceu como objetivo esclarecer fatos cujas análises históricas se mostravam divergentes em Portugal e no Brasil, uma vez que não se pretendia estabelecer ali uma "unidade perfeita" entre os historiadores de ambos os países. Deste modo, em alguns momentos, os descontentamentos dos portugueses foram deflagrados, sobretudo quando os temas tratados pelos brasileiros eram incômodos, como, por exemplo, os movimentos de independência (BLOTTA, 2009, p. 114).

Porém, o que verdadeiramente nos interessa aqui é retomar a linha de raciocínio de Gustavo Barroso, na qual a figura de Portugal se transformaria também na mãe espiritual da coesão brasileira. Segundo o intelectual, a explicação de como o Brasil conseguiu preservar sua integridade territorial, ao contrário das colônias hispano-americanas, foi graças às tradições lusitanas, dentre elas a própria língua e todo o universo simbólico daí decorrente. Em contrapartida, as defesas apaixonadas do intelectual possibilitaram um contato bastante amistoso com diversos setores da intelectualidade em além-mar. Este bom relacionamento lhe rendeu algumas publicações, entre elas, *A Senhora de Pangim* (1940), publicado pela "Agência Geral das Colónias", órgão oficial do governo português.

A obra estava inserida no panorama dos debates em torno do "Mundo Português" nos séculos XVII e XVIII e fazia parte das "Comemorações

Centenárias". A personagem principal era um "símbolo" desse mundo cosmopolita, que incluía Brasil, Portugal, África, Índia e o extremo oriente. Igualmente, desde o início, o autor afirmava que o episódio em que o romance estava fundamentado era "autenticamente histórico", e, por mais que fosse extraordinária a aventura de D. Maria Úrsula de Abreu Lencastre, a heroína teria existido de verdade.

> Todavia, o episodio em que se fundamenta êste romance é autenticamente histórico. Nas "Efemérides Nacionais", de Teixeira de Melo, lê-se o seguinte sob a data de 1 de Setembro de 1700: "Assenta praça de soldado em Lisboa, sob o nome de Baltasar do Couto Cardoso, a fluminense D. Maria Ursula de Abreu Lencastre, filha de João de Abreu Oliveira, na idade de dezoito anos. Fugira para isso da casa paterna. E como soldado partiu essa nossa heroína para a Índia. Ali tomou parte em muitos combates, fez prodígios de valor e procedeu sempre de um modo irrepreensível (BARROSO, 1940, p. 7).

A impressionante história de uma brasileira que se passou por homem, soldado "Cardoso", enganando as autoridades para lutar nos mais distantes domínios portugueses, por si só já representava um excelente tema para qualquer escritor. Gustavo Barroso não deixou escapar esta oportunidade e acrescentou tonalidades romanescas à história. Deste modo, escrevia o autor que o "soldado Cardoso" participou com bravura de grandes batalhas, dentre elas, o "assalto à fortaleza de Amboina".

> Refere-se que no assalto à fortaleza de Amboina foi ela, o soldado Cardoso, um dos primeiros e mostrar a intrepidez varonil na tomada das ilhas de Corjuém e Penelém. Depois de treze anos de serviço dessa natureza, teve baixa a 12 de Maio de 1714 e esposou o valente oficial da India, Afonso Teixeira Arrais de Melo, que fôra governador do forte de S. João Baptista, na ilha de Goa (BARROSO, 1940, p. 7-8).

O intelectual descrevia com empolgação a coragem e os serviços prestados pela mulher disfarçada de soldado. Esta bravura em nome da Coroa portuguesa teria sido reconhecida pelo rei, que, como recompensa, lhe concedeu a mercê do Paço de Pangim, no dia 8 de março de 1718. Com riqueza de detalhes do episódio, Gustavo Barroso acrescentava que a brasileira pagaria na "Alfandega de Goa" um xerafim por dia durante seis anos.

> O Barão do Rio Branco registra desta sorte o acontecimento nas "Efemérides Brasileiras", na mesma data: "D. Maria Ursula de Abreu Lencastre, disfarçada em homem e tomando o nome de Baltasar do Couto Cardoso, assenta praça de soldado em Lisboa. Contava, então, dezoito anos de idade

e era natural do Rio de Janeiro e filha de João de Abreu Oliveira. Parece que o desespero de um amor contrariado a levou fugir da casa paterna, buscando uma diversão nas aventuras da guerra. Na Índia, a heroica brasileira distinguiu-se entre os mais intrépidos soldados, principalmente na tomada da fortaleza de Amboina (1705) e na conquista das ilhas de Penelém e Corjuém (1706). Depois, comandou um dos baluartes da fortaleza de Tschaul.. Obtendo baixa a 12 de maio de 1714, casou-se com um valente oficial português, Arrais de Melo, e mereceu de D. João V uma pensão e o usufruto do paço de Pangim. Faleceu em Goa cercada do respeito geral (BARROSO, 1940, p. 8).

Gustavo Barroso estava ciente de que poderia ser questionado quanto à veracidade da história, por isso tentou se resguardar recorrendo aos mais diversos historiadores. Em concordância com o Barão do Rio Branco, por exemplo, o autor incorporou muitos detalhes à história de D. Maria Úrsula. Neste sentido, escreveu com bastante segurança que a motivação que levou a brasileira à experiência da guerra foi por uma grande desilusão amorosa. Afirmava peremptoriamente que foi o "desespero de um amor contrariado" que obrigou a jovem a tomar uma medida tão drástica e perigosa. O intelectual também foi buscar legitimidade com a obra *Brasileiras célebres* (1862), de Joaquim Norberto de Souza e Silva, para tentar escapar das críticas que certamente recairiam sobre seu trabalho. Além desses dois autores, Gustavo Barroso se dizia leitor de *Peregrinaçam*, de Fernão Mendes Pinto; *Memórias dum soldado da Índia*, de Francisco Rodrigues da Silveira; *Vida e feitos de El-Rei D. Manuel*, de Osório; *Décadas*, de João de Barros e Diogo do Couto; *História de Portugal*, de Oliveira Martins. Estas eram as principais referências do autor (BARROSO, 1940, p. 8-9) para realizar um maior detalhamento do chamado "espírito da época", e, com isso, aprofundar nos aspectos culturais e linguísticos, características da fauna e flora e, especialmente, para se tornar mais familiarizado com as histórias das grandes navegações.

> Por eles também me guiei para mais certa transcrição na nossa grafia dos vocábulos indús, árabes, persas e malaios, como Pangim e não Panguim, Amboino e não Amboina ou Ambona, tôgue e não thug, xeque e não cheik, etc.
> O mais que compõe o livro como enredo e desenvolvimento da acção é guisamento da minha fantasia. Se assim não fosse, teria escrito uma biografia e não um romance (BARROSO, 1940, p. 9).

Entretanto, a blindagem de erudição que Gustavo Barroso fez uso não convenceu todos os seus companheiros acadêmicos de APH. Prova disso é que, em 1942, sua obra foi um dos alvos das críticas de Alfredo Pimenta. Em conformidade com seu caráter sarcástico e pena afiada, o acadêmico português também escreveu o seu *A Senhora de Pangim*, que foi publicado como a Separata da Revista *Brasília*. Seu intuito era provocar Gustavo Barroso e desmerecer o suposto conteúdo histórico daquele trabalho. O texto tratava-se de uma breve exposição crítica em que o autor português jocosamente relembrava o livro de Gustavo Barroso e, curiosamente, dava certa ênfase ao fato de que foi o governo português, através da "Agencia Geral das Colónias", o responsável pela publicação da suposta aventura da brasileira. O primeiro ponto a ser questionado por Alfredo Pimenta recaia exatamente sobre as referências utilizadas por Gustavo Barroso.

> A senhora de Pangim
> Com êste título o Sr. Gustavo Barroso, escritor brasileiro, e em edição da meceníssima Agencia Geral das Colónias, uma novela tecida à volta da vida de Maria Úrsula de Abreu Lencastre [...]
> No prefácio, o escritor brasileiro indica como fontes as *Efemérides Nacionais* de Teixeira de Melo e as *Efemérides Brasileiras* do Barão do Rio-Branco; umas e outras dependem das *Brasileiras Célebres* de J. Noberto (PIMENTA, 1942b, p. 1).

Segundo Alfredo Pimenta, antes das fontes apresentadas por Gustavo Barroso, o português Fr. João de S. Pedro, sob o pseudônimo de Damião de Fróis Perim, havia publicado entre 1735 e 1738, em dois volumes, a obra *Theatro Heroino, Abecedario Histórico, Catalogo das Mulheres Illustres em Armas, Letras, Acçoens Heroicas e Artes Liberais*. Dito isso, Alfredo Pimenta (1942b, p. 1-2) deu início à polêmica com o intelectual brasileiro, uma vez que o livro de Fr. João de S. Pedro sobre a aventura de D. Maria Úrsula de Abreu e Lancastre, disfarçada de "soldado Balthasar do Couto Cardoso", teria sido a primeira fonte impressa do assunto. Deste modo, Alfredo Pimenta relatou de maneira mordaz que, se fosse somente este o "engano" do companheiro de APH, não valia a pena contestar o historiador. Mas, alguma coisa de mais grave do ponto de vista da disciplina histórica existia, e isto sim era determinante para que o inquisidor português condenasse a obra à fogueira.

> Deve ser esta, pois, a primeira fonte impressa do facto. Claro que só por isto, não valia a pena deslocar-me de outros temas. O que me determinou a pegar no trabalho do Sr. Gustavo Barroso foi a circunstância de êle, a pág.121, transcrever uma "carta régia" de D. João V, "despachada em Lisboa no dia 8 de Março de 1718" (PIMENTA, 1942b, p. 2).

Para destacar suas críticas, o polemista decidiu transcrever por completo o documento referenciado por Gustavo Barroso. Ao final da exposição, salientou que até mesmo um leigo no assunto poderia imaginar que aquela carta régia, apresentada pelo brasileiro, não passaria de um documento falso e sem qualquer valor histórico.

> Um cêgo vê que êste documento é pura fantasia. O falsário nem sequer conhecia, comesinhamente, o formulário da época. E o "contra elo", em diploma régio, do sec. XVIII, é o cumulo da invencionice, e do disparate. Não nos diz, o Sr. Gustavo Barroso, onde encontrou o documento, a "carta régia"... despachada de Lisboa, no dia 8 de Março de 1718", e que, chegada a Goa "quási seis meses depois, foi lida, em som de pregão no terreiro do paço dos Visos Reis". Assim não me é possível inquirir as pegadas de quem forjou o diploma (PIMENTA, 1942b, p. 3).

Diante disso, Alfredo Pimenta afirmou com veemência que não foi em 8 de março que o rei concedeu a mercê aos "feitos notáveis" de D. Maria Úrsula, mas no dia 23 de março de 1720. A comprovação dessa informação estava presente numa fonte que, na análise do intelectual, não deixaria qualquer tipo de dúvida sobre sua autenticidade. Neste mesmo documento que garantia a gratificação de D. Maria Úrsula, apareciam outros personagens que também receberam mercês do rei, o que, para, era uma prática muito mais próxima da realidade da época.

> Segundo o documento autêntico, D. Maria Úrsula serviu "em praça de soldado, nas fortalezas de Moçambique, chaul e na cidade de Goa"; em 1705, esteve "na tomada de Ambona" e foi um "dos primeiros que nella entrarão"; esteve ainda "na campanha" de Bicholy citio e Batarias que se puzerão as duas fortalezas do levantado ghema saunto que as desemparou"; achou-se "nos muros de Tevim"; em 1706, foi "nomeado por cabo do baluarte Madre de Deus da fortaleza de chaul"; foi finalmente de ronda, às "prajas de Regacaim para impedir algua hostilidade" (PIMENTA, 1942b, p. 5).

Por outro lado, o fato de D. Maria Úrsula ter recebido a "mercê da Capitania do Paço de Pangim", por seis anos, também foi alvo dos questionamentos de Alfredo Pimenta. Principalmente porque indicava que o rei havia aberto uma exceção ao caso da heroína brasileira. Segundo um alvará régio, ninguém poderia ficar mais de três anos à frente de alguma capitania ou cargo na Índia.

> É por cima desta determinação, tão precisa e formal, que D. João V, em 1720, passa, para premiar os feitos da brasileira D. Maria Úrsula.
> No seu Alvará de 23 de Março de 1720, o Rei esclarece que êsse diploma emana de uma Portaria do Secretário Bartolomeu de Sousa Mexia de 14 de Março de 1718, e suprimento de 9 de Março de 1720.
> Tudo isto compromete a suposta "carta régia" de 8 de Março de 1718 (PIMENTA, 1942b, p. 7).

Mesmo depois de realizar de forma contundente o desmonte da credibilidade da primeira fonte citada por Gustavo Barroso, o intelectual português não demonstrou interesse em aprofundar-se na vida da suposta heroína brasileira. Por esta razão, não entrou na apreciação do conteúdo do Alvará de 23 de Março de 1720. Embora considerasse o documento com todas as reservas possíveis, ironizava ao dizer que naturalmente o rei foi uma vítima de informações exageradas acerca da brasileira.

Por sua vez, o episódio da tomada de Amboino, em 1705, foi cuidadosamente analisado pelo autor. Alfredo Pimenta demonstrou que Portugal perdeu Amboino, em 1605 para os piratas holandeses, que fizeram uma incursão sobre a feitoria e acabaram por expulsar os portugueses do arquipélago. Do mesmo modo, garantia que, até 1608, a coroa portuguesa ainda pensava em retomar Amboino, conforme estava registrado em documentos. Porém, a empreitada militar não passou de um projeto que jamais fora executado pela coroa. O rei acreditava que não valeria a pena o alto custo de recursos necessários para confrontar os invasores. Assim, em 1618, o próprio monarca reconhecia por escrito sua limitação e dizia com todas as letras ser impossível retomar a região dominada pelos "rebeldes hollandezes" (PIMENTA, 1942b, p. 7-8).

Em tom intimidador, Alfredo Pimenta desafiava Gustavo Barroso a explicar como seria possível que, em 1705, a brasileira pudesse ter sido "o primeiro soldado" a tomar Amboino, uma vez que todos os documentos existentes demonstravam que a feitoria nunca mais teria voltado a fazer parte da coroa de Portugal.

> [...] o Rei declara que as ilhas e fortalezas referidas "estão tomadas por rebeldes hollandezes, e ele (requerente) não tem cabedal para conquistar de novo, nem defender.
> Como é que aparece, em 1705, a tomada de Amboino, com a brasileira a fazer parte dos conquistadores, é coisa que eu não sei explicar, porque não consta que tivéssemos algum dia voltado a possuir essa Feitoria (PIMENTA, 1942b, p. 8).

De maneira impiedosa, o intelectual pensava ter comprovado empiricamente a falsidade da referida "carta régia", na qual Gustavo Barroso se fundamentava. Ao mesmo tempo, considerava que todos os privilégios, supostamente dados à brasileira, haviam sido desmentidos pelo real exercício da atividade de historiador. E finalizava demonstrando todo o seu ceticismo com relação à afirmativa de que a heroína das colônias teria conseguido viver cerca de quatorze anos entre os vários homens, sem levantar nenhuma suspeita do seu disfarce.

> Mas peço licença para opor o meu mais categórico cepticismo. Devemos estar diante de uma pitoresca história da carochinha. Não quero – e compreende-se bem o motivo – entrar em pormenores. Mas é crível que durante catorze anos, no meio da soldadesca camarada, na caserna e em campanha, uma mulher, dos dezoito aos trinta e dois anos, tenha podido iludir tôda a gente, sem que os fenómenos catameniais que lhe são próprios, manifestados, nesse período de tempo 168 vezes, pelo menos, a tivessem denunciado? (PIMENTA, 1942b, p. 9).

De forma categórica, Alfredo Pimenta afirmava que não acreditava na história contada por Gustavo Barroso, porque seria quase impossível pensar que a voz, o corpo ou o formato do rosto não denunciaria a falsária a qualquer momento. E, mais uma vez, era sarcástico ao dizer que Gustavo Barroso poderia aparecer com documentos que comprovassem aquela extraordinária aventura, e, assim, todo o mal-entendido ficaria dado como resolvido. Porém, enquanto estas novas fontes não aparecessem, o que ficava comprovado era que o primeiro documento a registrar a recompensa do rei a Maria Úrsula datava de 23 de março de 1720, e não de 8 de março de 1718, como o escritor brasileiro apresentava. Infelizmente não sabemos dizer se Gustavo Barroso respondeu às críticas de Alfredo Pimenta, mas o fato é que ele, com certeza, teve conhecimento desta provocação do intelectual português. Afinal, como já vimos, nos anos iniciais da década de 1940, o contato do brasileiro com os ciclos intelectuais lusitanos era cada vez mais constante.

Para além de um simples episódio de disputa e demonstração egocêntrica de um homem de letras, esta polêmica sinaliza a relação assimétrica que se esconde por trás da relação intelectual estabelecida entre Portugal e Brasil. Ao contrário do sentimento de fraternidade exposto por Gustavo Barroso, Alfredo Pimenta não parecia nutrir a mesma admiração pelos pares intelectuais brasileiros, posição demonstrada em várias passagens. Em uma delas, Alfredo Pimenta respondia a carta de Salazar sobre a estranheza do pensamento do ideólogo católico Tristão de Ataíde, pseudônimo de Alceu Amoroso Lima. Como era de se imaginar, não poupou o brasileiro de suas críticas e disparou, dizendo que do Brasil não esperava qualquer tipo de postura moral digna de admiração.

> Tenho muita pena de não conhecer a entrevista de Tristão de Athayde. E nem seu se Va. Exa. Poderá através de alguns serviços, ceder-me momentaneamente o jornal em que ele veio à luz.
> Há muito tempo que ando a dizer a Va. Exa. Que não tenho ilusões – nem sobre o Brasil nem sobre a Espanha, nem... sobre ninguém. A um homem de governo como Va. Exa. Só é licito ter confiança em si próprio. Quanto aos outros é de aconselhar o mais rígido cepticismo enquanto se não verificar

um grau acentuado de desinteresse e independência. Diz-me Va. Exa., a proposito de Tristão de Athayde, que os filósofos não devem meter-se na política. A tese dava matéria para um ensaio largo [...] (PIMENTA apud CRUZ, 2008, p. 194).

Diante da afirmação de Tristão de Ataíde de que os filósofos não deveriam se meter na política, Alfredo Pimenta dizia que, para começar, o brasileiro não era filósofo e sim metafísico. Isso significava dizer que o português defendia que o filósofo poderia se envolver com a política por possuir o domínio da chamada "ciência política". Por esta razão, o pensador brasileiro estava completamente enganado, e em tom de deboche se questionava:

> Quanto a Tristão de Athayde... Quem é este homem? O que conheço dele deixou-me a impressão de que é um dos muitos moleques que há no Brasil, como este Fontoura que está aí a fingir de Embaixador e que outro dia começava um discurso desta forma: "No ano de 1500, o primeiro ano do Séc. XVI..." São desta força, os grandes homens do Brasil intelectual de hoje (PIMENTA apud CRUZ, 2008, p. 195).

Como fica evidente, enquanto Gustavo Barroso enaltecia a possibilidade de uma maior proximidade entre Brasil e Portugal, especialmente no campo da cultura, Alfredo Pimenta olhava com certo desdém tudo aquilo que se refere aos intelectuais brasileiros, inclusive para o próprio companheiro de APH. Barroso escrevia obras que glorificavam a ação civilizadora de Portugal, como o *Portugal Semente de Impérios* (1943), uma espécie de hino triunfante da história portuguesa. Por seu turno, Pimenta demonstrava que o Brasil e, consequentemente, a maioria de seus pensadores estava sob o julgo da ação colonizadora dos norte-americanos, e, por esta razão, eram incapazes de tomar uma atitude que despertasse admiração por parte dos eruditos portugueses. Enquanto o autor brasileiro realizou inúmeras viagens a Portugal ao longo de sua vida, algumas registradas nas atas da APH, onde participou de solenidades políticas e intelectuais, não sabemos se Alfredo Pimenta chegou a conhecer o Brasil de perto. Ao que tudo indica, o autor português nunca teria demonstrado qualquer tipo de interesse em fazer uma viagem à América, pois sempre considerou que o exemplo a ser seguido estava dentro da própria Europa, em especial, com os pensadores franceses contrarrevolucionários.

Portanto, esta relação transnacional pode ser entendida da seguinte forma: de um lado, encontramos um intelectual que acreditava que Portugal seria a porta de entrada para o mundo civilizado, uma herança cosmopolita que deveria ser incorporada – postura esta que sugeria que Gustavo Barroso buscava em terras lusitanas a legitimidade e o glamour de sua própria existência; e, de outro, temos Alfredo Pimenta, um intelectual arrogante, que mal conseguia disfarçar um sentimento que misturava pesar e indignação com a perda da colônia americana, mesmo depois de um século desde a independência do Brasil. Este complexo sentimento de amor e ódio emergia na forma de um espírito tutelar e patriarcal nas falas do autor. Ou seja, Alfredo Pimenta acreditava que o Brasil continuava sendo um moleque desobediente em relação à pátria-mãe e, por isso, em alguns momentos, deveria ser repreendido.

3.3 Plínio Salgado e Rolão Preto: proximidades políticas e ideológicas

> Não destruímos a pessoa, como o comunismo; nem a oprimimos, como na liberal-democracia; dignificamo-la. Queremos o operário, com garantia de salários, adequados as suas necessidades, interessando-se nos lucros conforme seu esforço e capacidade [...]
> Acabados os partidos, os regionalismos; organizada a Nação, participando os trabalhadores no govêrno, pelos seus representantes legítimos; exercida a fiscalização pelo Estado Integralista, sôbre todas as actividades produtoras [...] (SALGADO, 1946b, p. 46).

> O Estado é protetor e juiz.
> Quando uma "classe" necessária ao bem da nação periga na sua estabilidade, o Estado deve intervir para impedir a sua derrocada.
> O Estado nacional-sindicalista é um Estado de trabalhadores, inimigo portanto de todos os parasitas. Enquanto para os primeiros será protector, para os outros será juiz inexorável (PRETO, 1925, p. 10).

Antes de delimitarmos nossa análise na relação estabelecida entre Plínio Salgado e Rolão Preto, é importante ressaltar que o brasileiro já demonstrava grande admiração pelo corporativismo tradicional e espiritualista do IL, em que o próprio Rolão Preto foi uma das principais lideranças. A contribuição do jovem intelectual foi na elaboração de um modelo de Estado, organizado segundo o princípio do "Sindicalismo Orgânico", um tipo de modelo ideal incorporado por um Estado de cunho autoritário e conservador, e que seria conduzido por uma liderança mítica. Na opinião de Plínio Salgado, tanto a AIB quanto o IL propunham uma profunda revolução espiritual do Estado e estavam fundamentados numa mesma matriz de inspiração católica. Entretanto, é necessário reconhecer que as orientações da Igreja Católica, através das Bulas de Leão XIII e Pio XI, foram muito mais marcantes na elite da AIB, a começar pelo Plínio Salgado, do que no N/S de Rolão Preto, cuja elite era mais secularizada (PINTO, 1994, p. 144).

Como qualquer outro movimento de caráter mitológico – em que prevalecia a preocupação em recriar suas origens a partir do marco zero, e que pode ser sintetizado como a ideia do mito do eterno retorno[10]– a AIB também pretendia ser vista como um projeto original. Sendo assim, Plínio Salgado tentava disfarçar as influências estrangeiras, portuguesas, francesas e italianas, além de enfatizar sua vocação e clarividência na criação de seu próprio movimento mitológico no Brasil. A motivação para este "esquecimento" era demonstrar aos seus seguidores que a AIB significava uma reação política, social e moral, genuinamente brasileira. Entretanto, não há como negar as afinidades da AIB com o IL. Neste sentido, os intelectuais portugueses que mais o influenciaram foram António Sardinha, Rolão Preto, João Ameal e Hipólito Raposo. Por esta razão, o peso ideológico da *Action Française* e, principalmente, do fascismo italiano sobre Plínio Salgado devem ser relativizados, pois suas maiores convicções assentavam-se no sentimento de pertencimento a um mundo exclusivamente luso-brasileiro, de forte tradição católica, traduzidas nos pensadores do IL. Não por acaso, suas defesas de valores, como a autonomia municipal, o corporativismo tradicional e as bases espiritualistas da ideologia, comprovam a transitoriedade destas ideias nos dois lados do Atlântico (TRINDADE, 1974, p. 262-263).

No que tange ao contato de Plínio Salgado e Rolão Preto, podemos indicar que existia entre ambos um comum acordo no campo do imaginário político. Plínio Salgado pretendia despertar o "gigante adormecido", que se encontrava inerte diante do controle exercido pela concepção materialista do mundo, em um período em que dois poderosos grupos monopolizavam por completo o controle da vida social. De um lado estaria a "burguesia urbana" – composta por empresários, banqueiros e intelectuais corrompidos – e, de outro, uma "elite agrária", ilustrada pela figura do caudilho e do grande proprietário rural. Sob a ótica de Plínio Salgado, esta infeliz constatação da realidade brasileira era o resultado crucial de uma humanidade perdida, que teria abandonado sua crença em Deus (ARAÚJO, 1988, p. 50-51). De forma bastante semelhante, Rolão Preto entendia que Portugal deveria recuperar as "glórias do passado" e, assim, ultrapassar as barreiras impostas pelo "Estado liberal-democrata", que nada mais era do que o governo dos funcionários e dos políticos profissionais. Diante disso, a única alternativa que restava era a implantação do Estado Corporativista, pois este tradicional modelo seria o único capaz de reunir e orientar uma vasta gama de interesses do país e fazer frente ao egoísmo dos homens de poder (PRETO, 1932, p. 87).

---

10   Cf. ELIADE, 1992.

Como pressuposto, as proximidades ideológicas entre os intelectuais se refletiram nos movimentos congêneres que cada qual dirigiu em seus países, o que revelava uma base teórica compartilhada. Sendo assim, dentre todos os mestres que compunham os alicerces da AIB e do N/S, podemos ressaltar os ensinamentos de São Tomás de Aquino. Segundo Ameal (1961), doutor da Igreja foi utilizado nos dois casos, no momento de definição do conceito de autoridade sobre a pessoa humana.

> A pessoa humana está submetida a um triplice domínio: primeiro, ao domínio da própria razão, como se mostrou no capitulo anterior; segundo, ao domínio da autoridade que regula, dentro das realidades sociais, o condicionalismo de sua acção; terceiro, ao domínio superior da Lei Divina. O homem raciocinará como deve sempre que se conforme à ordem querida por Deus. A autoridade governará como deve sempre que não afaste a sociedade dessa ordem, antes a encaminhe segundo os ditames a ela conducentes. Logo, a excelência do governo avalia-se pela qualidade do fim próximo que visa, ou melhor: pela adequação desse fim à conquista do Fim Ultimo (AMEAL, 1961, p. 459).

Neste sentido, se compararmos o *Manifesto de Outubro de 1932*, de Plínio Salgado, com o *Manual do Sindicalismo orgânico*, de Rolão Preto, podemos perceber também uma impressionante complementaridade entre os dois documentos, a começar pela negação que ambos fazem da "existência isolada da classe", que resultava no enfraquecimento social do Estado. Em Plínio Salgado, lia-se:

> A Nação Brasileira deve ser organizada, uma, indivisível, forte, poderosa, rica, prospera e feliz. Para isso precisamos de que todos os brasileiros estejam unidos. Mas o Brasil não pode realizar a união íntima e perfeita de seus filhos enquanto existirem Estados dentro do Estado, partidos políticos fraccionando a nação classes lutando contra classes... Por isso, a Nação precisa de organizar-se em classes profissionais. Cada brasileiro se inscreverá na sua classe. Essas classes elegem, cada um per si, seus representantes nas Câmaras Municipais, nos Congressos Provinciais e nos Congressos Gerais (SALGADO, 1946b, p. 16).

Por sua vez, Rolão Preto acusava que o Estado Liberal havia dissolvido as corporações e os grêmios de ofícios, instituições herdadas da Idade Média, para impor uma organização social baseada no indivíduo. Sendo assim, afirmava que:

> Negamos a dissolução dos elementos de Produção Nacional, isto é, negamos a existência isolada das classes, artifício que põe em litígio os

componentes necessários dum mesmo todo... Negamos a solidariedade do proletariamente do universal por cima e contra as fronteiras sagradas das nações (PRETO, 1920a, p. 29).

Plínio Salgado (1946b, p. 34) defendia o princípio da "organização sindical" da economia dentro de um regime político cristão, no qual os sindicatos teriam a responsabilidade de proporcionar às classes os meios fundamentais "à satisfação dos seus legítimos interesses materiais, culturais, morais e espirituais". Do mesmo modo, Rolão Preto via a função de seu "sindicalismo orgânico" enquanto garantidor da "assistência" ao operário. Em caso de maternidade, doenças, invalidez, velhice, dentre outras situações, caberia ao sindicato, em comum acordo com o Estado, prover os trabalhadores (PRETO, 1920 a, p. 27).

A relação dos dois ficaria ainda mais evidente quando Plínio Salgado, depois de ter sido perseguido e preso pelo regime varguista, na fortaleza de Santa Cruz (RJ), seguiu para o exílio português em 1939, onde ficaria até 1946. O navio "General Artigas" atracou no cais de Alcântara, Lisboa, no dia 9 de julho de 1939. À espera do integralista, estava D. Rosa Dottori Lins e Albuquerque e o seu marido Hermes Malta Lins e Albuquerque. Conforme salientou o próprio Plínio Salgado, sua chegada a Portugal foi registrada por inúmeros jornalistas.

> Avistamos terras de Portugal. Entramos no Tejo. Aproxima-se Lisboa. O cais de Alcântara. As despedidas. Não vemos ninguém no cais para nós... Eis que surge D. Rosa com um ramalhete de flores; e o marido, o Lins, com um grupo de moços. Alguns jornalistas, está se vendo.
> Atracação. Torcida. Apresentações. Os jornalistas fazem perguntas. É o "Século", é o "Diário de Noticias", é a "United Press", são os "Diários Associados" do Brasil, é "A Voz". Evito falar em política (SALGADO, 1980, p. 111).

No momento em que Plínio Salgado aportou em Lisboa, ele rapidamente procurou estabelecer contato com o líder português. A possível associação dos dois Chefes despertou o interesse do governo de Salazar, e, em 17 de julho de 1939, foi levantada a ficha completa de Plínio Salgado, pela Polícia de Vigilância e Defesa do Estado (PVDE). Essa atitude era de se esperar, porque Rolão Preto havia se tornado uma das vozes mais críticas ao regime de Salazar. Plínio Salgado foi um caso típico de exilado, uma vez que, ao chegar a Portugal, procurou, desde o início, redefinir as fronteiras do seu projeto político e conquistar um lugar de destaque nos meios intelectuais (GONÇALVES, 2015, p. 5).

A grande semelhança de ideias existente entre os líderes chamou também a atenção da Legião Portuguesa, uma organização nacional constituída aos moldes milicianos, que realizava atividades investigativas para o Estado Novo de Salazar. Ainda segundo Gonçalves, nos registros da Legião Portuguesa constava que os dois intelectuais possuíam "acordos" políticos. A "milícia" identificou novos contatos e defendia uma atenção especial para o caso, pois uma possível aliança com Rolão Preto representaria um enorme problema, um grande perigo para a tão defendida neutralidade política de Portugal no contexto da guerra. Na carta de 3 de setembro de 1942, ficava explícito o grau de intimidade entre Plínio Salgado e Rolão Preto.[11]

Como podemos observar, Plínio Salgado, em terras portuguesas, buscava reinventar sua liderança; de um lado, apresentando-se como católico fervoroso, e, de outro, como crítico ferrenho ao modernismo (PARADA, 2010, p. 328). Neste sentido, a sua relação com setores católicos portugueses foi intensa e pode ser comprovada pelos inúmeros convites que recebia para realizar palestras e conferências. Os temas eram os mais variados, mas o elemento central de seus discursos sempre remetia à incitação de uma retomada da moral cristã, em face dos males trazidos pelo materialismo. Todos esses discursos foram publicados por editoras portuguesas com os seguintes títulos: *A Aliança do Sim e do Não* (1943), *A mulher do século XX, O Rei dos Reis* e *Conceito cristão de democracia* (1944), *Primeiro Cristo, A tua cruz senhor* (1945), *A imagem daquela noite* (1946) (PARADA, 2010, p. 330).

> Publicar o presente volume foi idéia que surgiu da repercussão, em Portugal, da conferencia de Plínio Salgado, no Seminario do Olivais, sob o título "Pensamentos de ontem e tragédia de hoje". Aquela peça oratória despertou tanto interesse que solicitámos ao autor a necessária licença para a enfeixarmos na forma duradoura do livro (SALGADO, 1944, p. 7).

Todavia, foi a publicação do livro *Vida de Jesus* (1947), pela editora Ática, que transformou Plínio Salgado em um dos escritores mais comentados em Portugal. A obra foi impressa aos milhares de exemplares, de edições populares até as mais luxuosas, atingindo todos os tipos de leitores e conquistando enorme prestígio entre a elite católica. Plínio Salgado esclarecia que não pretendia fazer uma obra de erudição ou de exegese, e sim uma narrativa, um "espelho" do sentimento mais íntimo de sua alma. Era um esforço de recomposição do ambiente humano em torno do mestre Jesus Cristo, levando em consideração a sua própria experiência no tratamento da vida espiritual dos homens.

---

11   Correspondência de Plínio Salgado a Rolão Preto, 03 set.1942 (APHRC/FPS-Pi 42.09.03/1).

> Plínio Salgado, abalançando-se a cometimento de tal vulto, passou além dos seus tomos de escritura e construiu, no descampado das negações, uma Torre de Marfim, do alto da qual abrange o mais largo horizonte que olhos humanos podem alcançar. É um testamento irrecusável da sua fé, a imensa dor humana. Depois de discutir e pelejar com os homens – poeta, jornalista, crítico, viajante, sociólogo e teólogo – Plínio Salgado ascendeu a grande altura, a fim de sacudir o pó da estrada e banhar-se nas regiões onde se ouve o respirar das esferas das estrelas (MANSO, 1954, p. 52).

De acordo com o Cardeal Patriarca de Lisboa, Manuel Gonçalves Cerejeira (1947, p. 1), a obra de Plínio Salgado representava uma importante contribuição para o catolicismo. O cardeal confessava que aquela era "a mais bela" vida de Jesus que já havia lido e registrava sua posição: "Tão difícil de escrever, a Vida de Jesus de Plínio Salgado é, de facto, a vida de Jesus feita com a inteligência, com a alma e com o coração todo". O escritor monarquista João Ameal também saudava a publicação de Plínio Salgado em terras portuguesas. O intelectual se considerava um especialista em "vidas" de Jesus, das mais antigas, como a versão de Renan, às mais recentes, como a de Papini ou de Mauriac. Contudo, afirmava que aquela versão, escrita por Plínio Salgado, era sem dúvida a mais importante dentre todas elas. O autor brasileiro demonstrava identificação com o tema e se portava como se fosse um dos "Evangelistas".

> Nenhuma me produziu impressão igual a esta – porque em nenhuma encontrei uma identificação tão profunda do escritor e do tema. A linguagem de Plínio Salgado aparenta-se à dos próprios Evangelistas: traduz a mesma fé, o mesmo alvoroço espiritual; a mesma vocação missionária (AMEAL, 1947, p. 740).

Plínio Salgado também mantinha um amistoso contato com o círculo de antigos integralistas companheiros de Rolão Preto, Alberto de Monsaraz, Pequito Rabelo e Hipólito Raposo. Com Hipólito Raposo, por exemplo, a relação estabelecida parecia muito mais pessoal, pois era relativamente comum vê-los juntos na Igreja e em eventos públicos. A obra de Hipólito Raposo, *Dois Nacionalismos: L'Action Française e o Integralismo Lusitano,* de 1929, contribuiu para que Plínio Salgado definisse de modo mais apropriado qual seria o peso das "origens lusitanas" da AIB. Hipólito Raposo (1929, p. 104), dentre outras questões, destacava que, antes mesmo que Maurras escrevesse as doutrinas de seu movimento, já era possível ler em *O Novo Príncipe,* publicado mais de meio século antes, o verdadeiro conceito de liberdade. Neste sentido, declarava que o IL, pela palavra e pela ação, se constituía no verdadeiro intérprete da realidade política portuguesa.

Hipólito Raposo sugeria que, muito antes de qualquer tipo de influência externa, já existia na tradição portuguesa um ideal de nacionalismo alicerçado em dois pilares fundamentais: a monarquia e o catolicismo. Assim, quem se afirmasse nacionalista em Portugal deveria ser, por esta razão, monarquista e católico. Com esta afirmativa, demonstrava que tanto a *Action Française* quanto o IL eram duas reações legítimas e construtivas que foram estimuladas pela mesma razão, a ruína da tradição nacional, mas que guardavam também suas peculiaridades (RAPOSO, 1929, p. 105-106).

Em 1946, Plínio Salgado já se sentia completamente à vontade em Portugal; conseguiu respeito e fama, atingindo um público cada vez maior. Seu novo perfil de profeta do catolicismo luso-brasileiro já estava definido, e, com isso, alguns exageros egocêntricos podiam ser observados no seu comportamento, como ficou registrado em algumas passagens de *A mulher do século XX*. Na obra, o autor adotou um conhecimento pseudocientífico para concordar com os darwinistas acerca do tamanho da circunferência da cabeça da mulher moderna. Segundo ele, quanto mais civilizada fosse a mulher, mais ela viveria em função de sua feminilidade física. As consequências diretas disso seriam a redução do trabalho cerebral e a predominância das "futilidades mundanas", como a "moda", o "exibicionismo" e a preocupação excessiva com a "indumentária" (SALGADO, 1946a, p. 33). Salientou que a mulher parisiense, devido à alta sofisticação social, era o exemplar de menor crânio, em comparação a mulheres de outras regiões. Esta suposta deformação física, apresentada como verdade científica por Plínio Salgado (1946a, p. 34), era muito útil para corroborar suas ideias de que somente a tradição católica poderia estimular o surgimento de mulheres admiráveis, pois afirmava que o cristianismo produziu em todos os tempos grandes mulheres, notáveis pelo intelecto, pela capacidade de trabalho e, até mesmo, pela ação política.

Dito isso, fica evidente que, apesar dos vários pontos de contatos e semelhanças ideológicas entre Plínio Salgado e Rolão Preto, o que vemos é uma relação assimétrica entre a dupla intelectual. Conforme constatamos na relação entre Alfredo Pimenta e Gustavo Barroso, foi novamente um intelectual brasileiro que buscou em terras portuguesas maior legitimidade, ainda que por condições políticas diversas e inevitáveis como o exílio. Por outro lado, não podemos confirmar sequer se Rolão Preto algum dia chegou a conhecer o Brasil. Quando muito, o doutrinador português adotava uma postura de amizade e boa vontade em relação ao país considerado irmão, onde, segundo ele, se acompanhava atentamente a "marcha das coisas" que aconteciam em Portugal. Como podemos observar, a postura de admiração adotada por Plínio Salgado era muito próxima daquela apresentada por Gustavo Barroso. Por outro lado, Rolão Preto só demonstrava semelhança com Alfredo Pimenta no que tange ao ponto de vista do sentimento paternalista e à tutela com relação ao Brasil. Entretanto, em nenhum momento encontramos qualquer tipo de desfeita em relação ao seu par brasileiro.

Com base nessa relação luso-brasileira desigualmente estabelecida, podemos sugerir que foi graças aos movimentos político-ideológicos criados por Plínio Salgado e Rolão Preto que ocorreram uma maior conexão e interação das ideias transnacionais, como o novo projeto de Estado e a liderança personalista a ser adotada. Além disso, a AIB e o N/S apresentaram um percurso histórico bastante semelhante, que pode ser descrito em três etapas: primeiro, os movimentos apareceram num contexto social politicamente conturbado, como a principal alternativa ideológica no início dos anos 30. Segundo, despertaram grande aceitação em setores conservadores da sociedade, como o exército e a Igreja. E, em terceiro, foram perseguidos e colocados na ilegalidade, seus Chefes foram presos e logo em seguida exilados (PINTO, 1994, p. 143).

Portanto, concluímos que o escritor brasileiro enxergava na intelectualidade lusitana o caminho mais curto para se atingir o auge da fama internacional, além de se sentir como parte integrante de uma suposta tradição luso-brasileira de conhecimento. Com o passar do tempo no exílio, e cada vez mais à vontade com a cultura lusitana, Plínio Salgado passou a representar uma das principais vozes da tradição católica e do comportamento moralista. Por sua vez, em nenhum momento encontramos Rolão Preto se referindo ao nome de algum pensador brasileiro como fonte de inspiração, apesar de reconhecer que, de todas as criações portuguesas, o Brasil foi o único filho verdadeiramente espiritual. No Brasil, dizia ele, foi projetada a velha civilização lusitana. Deste modo, a força e a audácia puderam prosperar naquela terra virgem de possibilidades inesgotáveis. Finalmente, enquanto o brasileiro se colocava como um profundo conhecedor da alma luso-brasileira e conquistava admiração e reconhecimento em além-mar, Rolão Preto se limitava somente a reconhecer que o nacionalismo no Brasil, representado por Plínio Salgado, era um caso de orgulho da civilização que os portugueses implantaram por aqui.

3.4 Assimetria de "sentimentos" e conexões mitológicas

Os intelectuais-heróis brasileiros pareciam nutrir um sentimento de reverência e um juízo positivo com relação à cultura lusitana, conforme visto anteriormente. Por isso, Gustavo Barroso e Plínio Salgado dedicaram um número muito maior de citações que valorizavam os laços de irmandade entre as nações. Ambos entendiam que compartilhavam com os intelectuais portugueses uma mesma base fundadora, a religião católica. Defendiam que os princípios do catolicismo ofereceram bases aos alicerces da nação portuguesa e, tempos depois, aos da nação brasileira, o que revelava a paridade e a intimidade entre esses dois povos.

Por outro lado, Alfredo Pimenta e Rolão Preto demonstravam um sentimento assimétrico diante da relação entre Brasil e Portugal. Se, por um lado, os brasileiros se viam em pé de igualdade com seus pares portugueses, estes, por sua vez, adotavam um olhar superior sobre os brasileiros. No caso de Pimenta, o que existiu foi uma mistura de mágoa, causada pela perda de influência da antiga metrópole no Brasil, e de desdém gerado pela constatação de que a antiga colônia estava cada vez mais inserida no círculo de influência dos EUA. No caso de Rolão Preto, a visão era mais paternalista, principalmente em relação aos movimentos conservadores e nacionalistas que surgiram no Brasil, como a AIB. Entendia que o verdadeiro nacionalismo brasileiro se projetava como a herança da civilização lusitana, fortemente ligada às tradições da terra e do modo de vida rural.

Além disso, foram poucos os contatos reais que, possivelmente, aconteceram entre estes intelectuais. No caso de Alfredo Pimenta e Gustavo Barroso, este encontro teria acontecido nos corredores da Academia Portuguesa de História. Pelo menos, é nesta direção que os documentos apontavam. Por outro lado, não podemos sugerir um local onde tenham ocorrido os supostos encontros entre Plínio Salgado e Rolão Preto, pois o que conseguimos encontrar foi apenas uma carta que relatava a tentativa frustrada do brasileiro em visitar o "amigo" português.

Entretanto, os "desencontros" pessoais não desqualificavam a interação dos discursos político-ideológicos ocorridos entre os quatro intelectuais--heróis. Aliás, esta questão reforça nosso argumento de que, para além dos homens, existiram as ideias míticas, que ultrapassaram os limites impostos pelas fronteiras nacionais e que, de forma mais ou menos difusa, estabeleceram uma relação transnacional, durante a primeira metade do século XX. Assim, a assimetria de sentimentos e os restritos contatos pessoais entre as duplas intelectuais não significavam um desconhecimento mútuo naquele contexto político, marcado pelo aprofundamento da crise do pensamento liberal democrata em ambos os países. Pelo contrário, os quatro intelectuais-heróis compartilhavam de pelo menos dois ideais fundamentais na elaboração de seus discursos nacionalistas, como a autoridade tradicional católica e a forte ligação desses povos com a terra. Ao mesmo tempo, a defesa de um regime autoritário, a adoção de práticas corporativistas e, principalmente, a criação de uma mitologia com base nos dois mitos fundadores do imaginário político luso-brasileiro, o Caramuru e o Sebastianismo, corroboravam a predominância da conexão ideológica existente entre os dois lados do Atlântico.

Nesta perspectiva, é importante destacar que Portugal sempre foi uma terra fértil para heróis e um importante inventário de mitos.

> Muito largos temos sido na exposição deste texto, mas foi assim necessário por sua dificuldade e por não estar até hoje entendido. Deixo muitos outros lugares do Profeta Isaias, o qual verdadeiramente se pode contar entre os cronistas de Portugal, segundo fala muitas vezes nas espirituais conquistas dos Portugueses e nas gentes e nações que por seus pregadores se converteram à Fé; que o primeiro e principal intento que neles tiveram nossos piedosíssimos reis, como se pode ver do que de El-Rei Dom Manuel, de El-Rei Dom João o II, do Infante Dom Henriques, de El-Rei Dom João o III e de El-Rei Dom Sebastião escrevem seus historiadores (VIEIRA, 1953, p. 103).

A própria elite intelectual lusitana sempre deu um grande destaque para as mitologias em suas primeiras narrativas históricas. Este foi um dos traços culturais de Portugal que transbordou para as colônias. Como exemplo desse tipo de obra, temos a *Monarquia Lusitana,* de Frei Bernardo de Brito, a *História do Futuro,* de Padre António Vieira e a *História Secreta de Portugal,* de António Telmo. Nessas obras, podemos encontrar uma fusão entre fatos históricos e fenômenos míticos. Neste sentido, os textos de Frei Bernardo de Brito, cronista e religioso do mosteiro de Alcobaça, foram trabalhos pioneiros que abordaram a história lusitana do ponto de vista da mitologia.

> Com razão podemos chamar a este Rey Dom Afonso o Viriato Christão, ou o primeiro Hercules Lusitano, respeitados os imensos trabalhos que passou na dilação da Fê, & as obras de valor estranho que executou. Ele foy hum escudo de Portugal, que defendeo de vários inimigos. Dilatou seu império das correntes do Mondego atè o rio Bethis, o qual passa por Sevilha, & atè os remotos limites do mar Oceano (BRITO, 1597, p. 86).

A *Monarquia Lusitana* (1° Volume – 1597; 2° Volume 1609) tornou-se um verdadeiro manual nacionalista de histórias de heróis e mitos portugueses. Sua principal característica era fazer uso de uma narrativa bíblica, em estilo ricamente imaginativo. O livro descreveu como os portugueses se espalharam por várias partes do mundo e como Túbal, neto de Noé, povoou o reino da Lusitânia, a partir da criação de Setúbal. Repleta de fantasias e mitos, a obra do Frei possuía como principal objetivo "certificar pela imaginação as boas venturas que o Criador havia outorgado a Portugal" (FERNANDES 2012, p. 13). Na primeira parte, trazia as histórias de Portugal, desde a criação do mundo até o nascimento de Jesus Cristo.

Nesta lógica, a história da fundação de Portugal estaria intimamente ligada à memória de entes sobrenaturais e heróis bíblicos. Aquela pequena fração de terra que se encontrava mais a oeste da Europa foi também o lugar onde Hércules realizou importantes obras e acabou por experimentar grande simpatia e acolhimento dos nativos. O filho de Zeus e da terrestre Alcmena entrou por "terra dentro até ao grande promontório", que hoje é conhecido como Cabo de São Vicente. Ali, teria fundado um templo em que, por séculos, se realizou rituais e sacrifícios iguais aos dos egípcios antigos (FERNANDES, 2012, p. 16).

A saga dos seres maravilhosos e mitológicos continuava em a *História Insulada das Ilhas de Portugal sujeitas no Oceano Ocidental,* de autoria do Padre António Cordeiro (1717). A história tratava do décimo nono rei da Espanha, conhecido como Luso, que teria vivido no século XIV a.C. Segundo a fábula (FERNANDES, 2012, p. 17), o rei Luso, venerado pelos portugueses, foi coroado no templo de Hércules no promontório. O monarca foi de grande importância para o desenvolvimento de Portugal, incentivando inúmeros povoamentos da região. Mediante as façanhas, os espanhóis passariam a chamar os portugueses de lusitanos e as terras ocupadas por eles de Lusitânia. A prodigiosa lenda do rei Luso tem prosseguimento com o seu filho Sículo.

> A Luso pois, (de Hespanha o decimo nono Rei) succedeo Siculo seu filho no ano de 1476 antes da vinda de Christo, 830 depois do diluvio, e 2486 da creação do mundo. Este siculo imitando a seu avô Siceleo, foi também de Portugal com grande Armada, e exercito a Italia e fez que os Aborigenes restituíssem a Roma, e a seus Hespanhoes, e Portuguezes quanto lhes tinhão roubado, e indo logo a Trinacria, ou Sicilia, em batalha acabou de destruir aos Gigantes, que infestavão aquella Ilha, que tendo tomado do nosso Siceleo o nome Sicilia, d´este Siculo o confirmou em Sicula, ou como de antes, Sicilia; e tanto se alargarão os Portuguezes... (CORDEIRO, 1732, p. 29-30).

Diante de um vasto panteão de mitos, inclusive com alguns deles pagãos, é importante destacar que, apesar da forte religiosidade do país, a cultura lusitana sempre demonstrou enorme capacidade de harmonizar todos os opostos. Por exemplo, a "devoção ao Espírito Santo" conviveu relativamente bem com a religiosidade pagã (FERNANDES, 2012, p. 8-9). Ao que tudo indica, existiria uma "disponibilidade permanente" dos portugueses em desenvolver uma relação íntima com o sagrado, com o milagre, com o sobrenatural e com os sonhos. Parafraseando Fernando Pessoa, Fernandes destacou que uma das características mais marcantes de Portugal era o "excesso de imaginação". Ou, conforme sugeriu Cunha Leão, os portugueses padeciam de uma "hipertrofia mítica" e um complexo pensamento de inferioridade, resultado, talvez, da fusão de "três tipos mentais, o lírico sonhador, próximo do celta, o fáustico, de raiz germânica, e o fatalístico, de origem oriental", o que teria gerado em alguns autores uma melancolia e um saudosismo exagerados em relação aos feitos heroicos dos portugueses no passado (FERNANDES, 2012, p. 9).

Sérgio Campos Matos (1998) também compartilhou da ideia de que Portugal sempre teve uma forte tradição mitológica, a começar, pelo patriarca Tubal, "fundador de Setúbal" e da Lusitânia, passando pelo "Milagre de Ourique", difundido desde o século XV, chegando às "Cortes de Lamego", criada no século XVII. Demonstrou que as "Cruzadas" e a "Decadência do país" possuem uma representação de ordem mítica bastante significativa na cultura histórica de Portugal. Sendo assim, cada um dos mitos manifestados estaria articulado com "um feixe" de desdobramentos e problemas específicos, e, em comum, todos eles pretendiam demarcar uma "originalidade imaginária" para a nação portuguesa. Deste modo, a história e o mito apareciam entrelaçados numa mesma "teia", ao passo que ambos foram estimulados por um impulso nacionalista e patriótico (MATOS, 1998, p. 245).

Em fins do século XVIII e início do século XIX, quando a história passou por uma profunda transformação, e foi incorporado à disciplina o método documental e científico, oriundo da Academia Real das Ciências, os mitos e as fábulas acerca das origens de Portugal foram duramente atacados pelos mais céticos. Tratava-se dos tempos da crença absoluta no progresso, no racionalismo iluminista e na crítica moderna, o que colocou em xeque todas as tradições populares. Este processo foi acelerado com a instauração do regime liberal e com as suas novas demandas culturais que, teoricamente, pretendiam formar cidadãos mais instruídos e educados. Neste viés, podemos perceber que Alexandre Herculano (1810 – 1877) foi um dos nomes mais representativos do desmonte dessa tradição mítica, através das controvérsias e polêmicas que travou com os setores clericais. Mas nem sempre a história científica esteve completamente neutra diante da força de atração dos mitos. O próprio Herculano, quando jovem, admitiu que as "Cortes de Lamego" eram verdadeiras. E historiadores como Oliveira Martins ou Alberto Sampaio aceitaram sem maiores constrangimentos o mito da "Escola de Sagres" (MATOS, 1998, p. 245-246).

Na visão de Matos, todos esses mitos de origem de Portugal atenderam à sua "função social e mental", ora com maior intensidade, como aconteceu na sociedade do Antigo Regime, ora com menor, como ocorreu ao longo do século XIX. Em última instância, as tradições mitológicas fundamentavam a crença na "excepcionalidade da história pátria", o que acabaria consolidando na "consciência nacional" a confiança de que os portugueses eram um povo completamente diferente dos demais. Essa diferença explicava, por exemplo, a enorme desproporção entre o passado glorioso e a decadência do presente. Para além das três tradições míticas amplamente discutidas no século XIX – Túbal, o milagre de Ourique e As Cortes de Lamego –, Matos (1998, p. 246) ainda destacou sete "grandes tópicos", que contribuíram para transformar a história de Portugal em um episódio completamente excepcional. São eles: 1°) A ideia recorrente de uma "índole ou caráter nacional próprio"; 2°) A crença secular de "missão histórica da nação"; 3°) O mito do "Sebastianismo"; 4°) A ideia da ausência de "despotismos" no Estado português; 5°) A noção difundida "da unidade da coroa com o povo" evitando assim os excessos; 6°) O pioneirismo entre as nações modernas, no que diz respeito à raça, língua e território; 7°) A rapidez com que Portugal alcançou o auge da prosperidade e a forma como logo caiu em desgraça.

Como observamos, os fenômenos míticos frequentemente ocuparam, nas manifestações culturais portuguesas, um lugar bastante significativo, tanto no processo de legitimidade nacional quanto no de excepcionalidade da história da Lusitânia. Assim, os principais fenômenos mitológicos utilizados na legitimação do discurso nacionalista dos intelectuais-heróis devem ser analisados numa perspectiva transnacional, visto que, devido ao processo de colonização lusitana, em que ocorreram a adoção de uma mesma língua e de uma mesma visão de mundo, Brasil e Portugal experimentaram um longo e intenso trânsito de pessoas, mercadorias e, principalmente, de ideias.

> Os Portugueses foram aqueles cavaleiros a quem Cristo abriu o primeiro caminho pelo mar: Viam fecisti in mari equis tuis. Os Portugueses, aqueles cavaleiros que pisaram as ondas do mar, como os cavalos pisam o lodo da terra: In Iuto aquarum multarum; e as naus dos Portugueses, aquelas carroças que levavam pelo mar a Fé, a salvalçao: Et quadrigae tuae salvatio. E a primeira empresa e vitória desta cavalaria de Cristo foi a sujeição do mesmo mar bravo, soberbo, furioso e indignado, que ou Cristo lhe sujeitou a eles, ou eles o sujeitaram também a Cristo, para que reconhecesse e adorasse (VIEIRA, 1953, p. 105).

Deste modo, no contexto do entre guerras, além da grave crise política e econômica, ambos os países estavam também diante de novos problemas teóricos. Segundo Ernest Cassirer (1946), a sociedade ocidental enfrentava uma mudança drástica nas formas de pensamento político, ao mesmo tempo que eram apresentadas novas respostas para problemas sociais antigos, ignorados pelos pensadores políticos dos séculos XVIII e XIX. Diante disso, surgia a mais importante e perigosa face do novo pensamento político moderno, que foi o "surto" do poder mítico. O autor demonstrava que, depois de uma breve luta, o fenômeno mítico acabou suprimindo o pensamento racional. E Cassirer

(1946, p. 17) ainda se questionava como explicar este novo fenômeno que, de forma surpreendente, emergiu no horizonte político e subverteu as mais antigas ideias arraigadas na sociedade.

A derrocada do pensamento racional foi completa e irrevogável, e o homem, euforicamente declarado civilizado em séculos passados, parecia ter desaprendido todos os ensinamentos intelectuais seculares. Regressava novamente aos estágios mais primitivos e rudimentares da cultura humana (CASSIRER, 1946, p. 18). A propósito, Cassirer sugeria que, antes de tentar definir a origem, o caráter e a influência dos mitos políticos, era preciso explicar o que era um mito e como ele atuava. Neste caso, o maior dos problemas era a demasiada abundância de material empírico, pois se tratava de um tema muitíssimo explorado, sob os mais diversos ângulos. O seu desenvolvimento histórico e as suas raízes filosóficas foram cuidadosamente estudados por filósofos, etnólogos, antropólogos, psicólogos, sociólogos e, mais recentemente, por historiadores. Isso, por um lado, é muito positivo, visto que, diante de tanta informação, pode-se realizar uma espécie de "mitologia comparada", que poderia abranger praticamente todas as regiões do planeta. Mas, por outro lado, significava dizer que a teoria do mito ainda é um objeto de grandes controvérsias, uma vez que cada escola possuía definições diferentes e, até mesmo, contraditórias entre si (CASSIRER, 1946, p. 18-19).

De modo geral, Cassirer (1946, p. 57) pretendia definir o mito como manifestação "incoerente e inconsistente", representado por uma "teia confusa com os mais incongruentes fios". Se os sujeitos do mito e sua ritualização são de uma infindável variedade, os motivos e as razões do fenômeno mítico são quase sempre os mesmos. Seria uma espécie de "unidade na diversidade", presente em todas as atividades e em todas as formas de cultura. Assim como a arte refere-se à unidade de intuição, a ciência fornece uma unidade de pensamento, a religião e o mito transmitem "unidade de sentimento" [...] Para o autor (1946, p. 58), igualmente à religião, o mito recria a "conscientização da universalidade e a fundamental identidade da vida".

Sendo assim, quando brasileiros e portugueses declaravam que suas propostas político-ideológicas caminhavam para o período de redenção e, consequentemente, levaria os homens à glorificação eterna, estavam na verdade resgatando elementos de uma antiquíssima tradição mitológica lusitana, advinda do herói grego Ulisses, que profetizava o retorno da "Idade de Ouro". Ulisses, além de ser um dos mais célebres personagens da galeria mitológica universal, também significava o melhor arquétipo desta época dourada, marcada pela bravura dos homens e das muitas glorias conquistadas (FERNANDES, 2012, p. 19).

"Ulisses é, o que faz a santa casa
À Deusa que lhe dá língua facuna;
Que se lá na Ásia Tróia insigne abrasa
Cá na Europa Lisboa ingente funda."
"Quem será estoutro cá, que o campo arrasa
De mortos, com presença furinbunda?
Grandes batalhas tem desbaratadas,
Que as Águias nas bandeiras tem pintadas!" (CAMÕES)[12]

Nesta perspectiva, podemos afirmar que os versos míticos cantados com louvor pelo poeta Luís Vaz de Camões, escritos durante o século XVI, num período de grande esplendor da cultura portuguesa continuavam embalando sonhos de orgulho dos quatro intelectuais-heróis. Logicamente, esses autores realizaram adequações a tradicional narrativa, dada a necessidade real de seus respectivos países periféricos, mas a essência do mito, que representava o clima triunfante e empolgante da vitória de um ideal, permaneceu inalterada. Conforme Joaquim Fernandes, ao desafiar o "grande Zeus", Ulisses acabou por se tornar uma espécie de síntese de todas as "virtualidades do Super-Homem da cultura de massas" dos dias atuais. Todas as suas peripécias guardavam grande significado e ilustrariam o poder superior que o herói possuía. Os esforços na guerra de Troia, a derrota imposta aos temíveis ciclopes e o modo como reagiu à sedução das sereias, tudo isso era a comprovação de que, numa única "entidade suprafísica", coexistiam "a força, a agudeza de espírito, a prudência, a astúcia, apoiadas pela destreza física" (FERNANDES, 2012, p. 20).

À primeira vista, podemos afirmar, assim como fez Fernandes, que todo povo possuiu uma *forma mentis*, pela qual se manifestou um imaginário singular marcado por traços históricos individuais, por meio dos quais as nações se identificam. Em Portugal, a ideia de singularidade histórica se apresenta em conjunto com outra, denominada pelo o autor de "centros históricos imaginários", um tipo de "teia que concentra hábitos, comportamentos e pensamentos", e que diferenciaria o português dos outros povos. Sendo assim, os estudiosos que escolhem o caminho da história das mitologias contemporâneas luso-brasileiras devem, em primeiro lugar, ter em mente a importância tanto dos "mitos de fundação", com todos os seus heróis, quanto da "escrita histórica", que registrou estes próprios mitos (FERNANDES, 2012, p. 8). Dentre as questões suscitadas por essa reflexão, foi possível constatar que no Brasil e em Portugal, onde a Igreja Católica sempre teve grande peso cultural e até mesmo político, de tempos em tempos, e, não seguindo nenhuma ordem racional, ocorreram algumas "aparições" de mitos. Entretanto, muitas destas

---
12   CAMÕES, Luís de. **Os Lusíadas**. São Paulo. Biblioteca Virtual do Estudante Brasileiro. p. 111. Disponível em: <http://www.bibvirt.futuro.usp.br>. Acesso em: 22 fev. 2015.

manifestações coletivas, por não possuírem explicações inequívocas, foram alçadas às categorias fantasiosas do imaginário popular, e acabavam desacreditadas enquanto objeto de análise pela maioria dos historiadores.

Portanto, apesar dos fenômenos míticos não apresentarem limites ou fronteiras predefinidas, isso não significa dizer que eles são irreais ou simplesmente abstrações teóricas (Cf. GIRARDET, 1998, p. 48). Por isso, sugerimos que, para uma melhor análise dos mitos, estes devem estar inseridos no interior das instâncias culturais e intelectuais que os produziram. Deste modo, estas categorias, manifestações ou fenômenos que compõem os mitos políticos contemporâneos adquirem contornos mais nítidos quando analisamos produtos culturais e sociais específicos, como os textos. O texto consegue ser, ao mesmo tempo, um produto e um produtor de contextos e estabelece um diálogo multiforme com o seu autor, com os seus leitores, com o contexto externo e interno e, também, com questões mercadológicas particulares. Consequentemente, a produção textual é uma das poucas invenções humanas que transcende o tempo e o espaço em que foi elaborada, transcende também o seu propósito inicial (Cf. LACAPRA, 1998, 2009; PINTO; VALINHAS, 2010).

4. NARRATIVAS MITOLÓGICAS:
a conspiração e a salvação

Como vimos até aqui, ao longo de suas trajetórias políticas e intelectuais, Alfredo Pimenta, Gustavo Barroso, Plínio Salgado e Rolão Preto compartilharam de um mesmo imaginário social, e produziram coletivamente um conjunto de relações imagéticas que atuavam na forma de uma memória afetivo-social. Assim, seguindo as perspectivas de Bronislaw Baczko (1985, p. 403), podemos afirmar que alguns medos e esperanças inseridos no imaginário social luso--brasileiro serão revelados a partir da análise profunda de ideologias, utopias, símbolos, alegorias, rituais e, principalmente, através dos mitos. Deste modo, o objetivo deste último capítulo será analisar o processo de ressignificação das tradicionais narrativas míticas do Caramuru e do Sebastianismo por parte das duplas de intelectuais-heróis. Feito isso, poderemos esmiuçar os elementos fundamentais destas mitologias fundadoras, que foram utilizados na legitimação dos mitos políticos contemporâneos da Conspiração e da Salvação. A primeira dupla, Alfredo Pimenta e Gustavo Barroso, utilizava o ideal de "autoridade moral", presente no herói Caramuru, para revelar e combater os inimigos da nação, criando o mito do complô judaico-maçônico-comunista. A segunda dupla, Plínio Salgado e Rolão Preto, se apropriou da "força mobilizadora" contida na crença do retorno de D. Sebastião para fundamentar suas novas versões para o mito da Salvação, em que eles próprios emergiram como os novos "guias" da humanidade.

4.1 Apropriações do mito do Caramuru por Alfredo Pimenta e Gustavo Barroso

> Afrontarão-se os Exercitos inimigos; e estando o General dos rebeldes em praticas diante dos seus Soldados, lhes fez Diogo Alvares hum tiro, com que o matou, com igual assombro dos levantados, os quaes fugindo sem atinar no que faziao, só se conformarão em obedecer, e se sogeitarem ao seu antigo Senhor, ponderando, que a aquellas para eles estranhas, e formidáveis armas não poderião resistir. Este acidente aumentou os respeitos a Diogo Alvares de forte, que todos os Gentios de mayor suposição lhe derão as filhas por concubinas, e o Senhor principal a sua por esposa, conferindo-lhe o nome de Caramurû-assu, que no seu idioma he o mesmo que Dragão, que sahe do mar (PITTA, 1730, p. 90).

A história de Diogo Álvares, o Caramuru, que foi revisitada inúmeras vezes tanto por literatos quanto por historiadores, tratava de um náufrago que teria aportado em terras brasileiras no início da colonização. Segundo Janaína Amado (1998), não existe qualquer tipo de garantia sobre a data de chegada deste português, pois algumas fontes se referem aos anos imediatos pós 1500, enquanto outras apontam para a década de 1530. Conforme a lenda, Diogo Álvares foi um minhoto, proveniente de Viana do Castelo, que viveu na Bahia durante muitos anos entre os nativos e manteve pouco contato com os portugueses. Em terras americanas, aprendeu a língua e os costumes dos índios, sem perder sua autoridade de civilizador. Lutou em guerras tribais e deixou vários descendentes, se tornando o "Príncipe do Sertão".

> Crescia assim a autoridade do Caramuru, e todos o respeitavam naquelas paragens da Baía, pertencentes a Gupeva. Quer pela sagacidade do seu espírito, quer pela permanência e amorável intervenção de Paraguassu, intérprete da linguagem e do pensamento do audacioso português, Diogo era o autêntico rei dos Índios, e a pouco e pouco os ia civilizando e educando (BARROS, 1993, p. 75).

O nome Caramuru, supostamente, significava alguma coisa próxima de "filho do trovão". Foi dado pelos indígenas no momento em que o português disparou sua arma de fogo. O primeiro registro desse episódio foi de autoria do Padre Simão de Vasconcellos, na virada do século XVI para o XVII, e logo se tornaria uma cena clássica da narrativa heroica (BARROS, 1993, p. 176).

Além disso, é importante destacar que o Caramuru foi um dos primeiros personagens da história luso-brasileira, e que, por esta razão, se tornou referência de cronistas, autoridades civis e religiosas de ambos os lados do Atlântico. A primeira crônica que se tem conhecimento foi *Notícias do Brasil – Descrição Verdadeira da costa daquele Estado que pertence à Coroa do Reino de Portugal,* do português Gabriel Soares Souza. O livro, que ficou conhecido como *Tratado descritivo do Brasil,* teve uma ampla divulgação na Europa em fins do século XVI. De modo geral, neste trabalho, o Caramuru foi apenas um personagem secundário, com poucas aparições, pois o autor, depois de ter visitado a colônia, estava muito mais preocupado em realizar um relato minucioso do território, dos recursos naturais, da fauna, da flora e dos índios (BARROS, 1993, p 180).

No século XVII, foi publicada a *Chronica da Companhia de Jesus do Estado do Brasil,* de autoria do jesuíta Simão de Vasconcellos, na qual encontraremos algumas poucas páginas dedicadas à história do Caramuru. Ainda que fossem mínimas as citações ao herói, nesta obra já estavam presentes todos os elementos fundamentais da construção da história, como a saída de

Viana, o naufrágio, o disparo de arma de fogo, a convivência com os índios, o nome Caramuru, o amor por Paraguaçu, a viagem à França e o ciúme das outras "esposas". O essencial da aventura heroica estava criado, mas muitas questões pertinentes ao herói seriam transformadas, sobretudo, por conta da ação de mecanismos sociais e narrativos, tais como rearranjos de partes da história, ressignificação de seus elementos principais, atualizações de estilo e múltiplos usos políticos para a história (BARROS, 1993, p. 181-182).

Entretanto, foi o livro *História da América Portugueza,* publicado por Sebastião da Rocha Pitta, em 1730, que lançou a temática do Caramuru no campo da investigação histórica. Em estilo barroco, a obra forneceu detalhes importantes da colonização portuguesa, aspectos geográficos e riquezas naturais, em um volumoso trabalho. A história do Caramuru, segundo Barros (1993, p. 183), ocupava o centro da narrativa e se transformou num modelo exemplar e paradigmático dos estudos históricos do Brasil.

> Forão os Gentios comendo a todos; porém Diogo Alvares Correa, natural de Viana, e das principaes famílias daquela nobilíssima Vila, que foy hum dos primeiros, que as ondas puzerão sobre as areas, a quem esperava a fortuna no próprio caminho da desgraça, achou tanto agrado nelles, por lhes facilitar o recolherem os despojos da nao, ajudando-o com agilidade, e promptidaõ a conduzirlhos à terra, que se quizeraõ servir dele, quiçá reconhecendo algumas prendas, de que era dotado, que também as sabem avaliar os Barbaros (PITTA, 1730, p. 89).

A novidade da obra de Rocha Pitta ficou a cargo do protagonista da história, que não é mais o Caramuru, mas sim a "filha do principal da Província da Bahia", a índia Paraguassu. Ao se casar, na França, com Diogo Álvares, a índia foi batizada de Catarina Álvares. De volta ao Brasil, foi peça fundamental para consolidar o domínio dos portugueses sobre os índios. A obra consagrou o enredo da narrativa do Padre Simão de Vasconcellos, mas foi muito além quando conquistou o respeito dos eruditos da época. Assim, a história de Diogo Álvares e Catarina Álvares recebeu a "chancela" de história e inaugurou uma nova visão acerca do processo de colonização, em que o autor procurava traçar uma linha de continuidade entre as histórias de Portugal e do Brasil (AMADO, 1998, p. 184). Pouco tempo depois, em 1781, esta história se transformaria na epopeia *Caramuru*, pela pena do Frei José de Santa Rita Durão. O autor, natural de Minas Gerais, mudou-se para Portugal, onde concluiu seus estudos em Teologia, na Universidade de Coimbra. Em sua obra, o Brasil foi descrito como uma "prolação de Portugal", conforme indicava os seguintes versos:

> Conserva-se num povo o antigo rito,
> Se o não altera o rito do estrangeiro;
> E sempre algum vestígio fica escrito
> Por tradição do século primeiro (BARROS, 1993, p. 169).

Conforme Amado (1998, p. 177-178), no século XIX, o nome Caramuru passou a designar também o Partido Restaurador, que defendia o retorno de D. Pedro I à monarquia brasileira, e, no século XX, serviu de inspiração para teatrólogos, romancistas, livros didáticos e jornalistas. Autores brasileiros, portugueses, franceses e ingleses escreveram sobre o Caramuru. Foi encontrada também uma vasta coleção iconográfica, que remonta os primeiros anos da colonização, como pinturas, gravuras, desenhos, aquarelas, afrescos e esculturas.

Na apresentação da sétima edição de *O Caramuru: aventuras prodigiosas dum português colonizador do Brasil*, uma adaptação em prosa do poema épico do Frei Durão, por João de Barros (1993), os comentários de Silvio Romero e João Ribeiro sintetizaram perfeitamente o que significava aquele texto.

> [...] Ao lado do Português aparecem nele o Índio e o Negro. O valor do "Caramuru", como produto nacional, está em ser uma espécie de resumo da vida histórica do Brasil nos três séculos em que foi colónia: está em fazer assistir à fundação da nossa mais antiga cidade, a velha capital, e acompanhar o crescimento da nação até quase aos nossos dias, tudo como um fenómeno natural, como um produto do solo e das três raças (BARROS, 1993, p. 7).

Os autores ressaltaram a importância que a natureza exuberante do Brasil e as três raças – índio, branco e negro – tiveram para o surgimento do herói Caramuru, e com ele o surgimento de um espírito de valorização nacionalista, tanto para os portugueses como para os brasileiros. Deste modo, uma das principais motivações para o fenómeno mitológico do Caramuru estava ligada à história e à política. A obra (BARROS, 1998, p. 10) pretendia ser a lembrança viva do "prodigioso e inteligente esforço dos colonizadores lusitanos nas terras de além-mar", assim como as "primeiras afirmações da energia brasileira, despontando para existência gloriosa do seu porvir".

> [...] Surgem no "Caramuru" em irresistível e perfeita simbiose, uns aos outros ligados e entrelaçados no próprio momento em que essa união, fecundíssima e brilhante para o futuro do país fraterno, se operava e realizava. Tanto basta, pois, para justificar e explicar a inclusão do poema célebre e celebrado no rol dos "Grandes Livros da Humanidade". O desconhecimento, colonização e criação da Pátria Brasileira, ninguém hoje

ignora que foram acontecimentos de suprema importância na vida e na evolução material e espiritual do globo. Não interessam apenas a Portugal, não interessam sòmente ao Brasil. Ultrapassam o âmbito, aliás vasto da história deste e daquele (BARROS, 1993, p. 8-9).

É exatamente esta interpretação, que fundiu a civilização lusitana ao espírito guerreiro brasileiro, a que mais nos interessa neste momento, pois essa imagem comum nos revela as interações transnacionais deste mito de fundação nos dois países. Isso, uma vez que o Caramuru se constituiu, desde o século XVI, como o símbolo do poder civilizacional de Portugal, e no marco zero de criação do Brasil. Em essência, significava dizer que o mito também poderia ser entendido como a exaltação da ideia de autoridade atrelada à força da tradição cristã.

> [Diogo Álvares] Decerto – meditava – não os guardava e vigiavam os selvagens para os tratarem com respeito e honra, e so sentir-lhes que viessem descansados. Bem adivinha que não!
> Por isso, incitou os outros náufragos a que pedissem ao Céu proteção e amparo, a que se revestissem de coragem e paciência para não sucumbir aos golpes que previa. E, ajoelhando, ergueu as mãos ao Céu, e em reza humilde e fervorosa, rogou a Deus auxílio, ardentemente... (BARROS, 1993, p. 25).

Desta maneira, destacamos que a lenda, arraigada na cultura e no imaginário luso-brasileiro, passaria por uma profunda releitura nas obras de Alfredo Pimenta e Gustavo Barroso. Ao invés das personagens Diogo Álvares e Paraguassu, os intelectuais-heróis estavam muito mais preocupados em utilizar a essência mítica dessa narrativa, representada pela noção de autoridade tradicional, para legitimar uma nova ideia de Estado nacional. Ainda que não fizessem nenhuma referência direta à lenda do Caramuru, e independentemente de como a história e a ficção se entrelaçariam, ambos os autores projetavam, por trás das personagens mitológicas, a história de Portugal e do Brasil (BARROS, 1993, p. 205).

Essa readaptação de antigas tradições mitológicas foi possível porque, conforme salientou Girardet (1999), os mitos se orientam numa complexa dinâmica de imagens e, assim, como em um sonho, não possuem uma organização racional. Os mitos são capazes de simbolizar vários eventos, acontecimentos e personagens históricas com apenas uma sucessão de imagens e narrativas, retornando sempre ao que é essencial do próprio mito. Segundo o autor (1999, p. 15), os mitos políticos nas sociedades contemporâneas são parecidos com os grandes mitos sagrados das sociedades tradicionais, principalmente quando observamos a mesma fluidez coletiva. Por esta razão, os mitos são fenômenos que comportam, em geral, uma vasta gama de versões, responsáveis pelas atualizações da história original e diferentes apropriações que a sociedade faz deles.

Sendo assim, a utilização de elementos míticos da narrativa do Caramuru por parte de Alfredo Pimenta e de Gustavo Barroso torna-se mais evidente quando os intelectuais-heróis se mostravam empenhados na construção de um mesmo modelo ideal de Estado forte. Nesta época, os dois intelectuais alegavam com veemência que a liberal-democracia não contemplava os anseios econômicos e sociais do povo e que o comunismo era o pior inimigo da tradição luso-brasileira. Esta nova reflexão acerca do Estado deveria ser forjada, primeiramente, no universo político-ideológico da sociedade, para depois vir a se transformar em prática de governança. Para isso, os intelectuais-heróis trabalharam no sentido de corroborar a noção de que a única autoridade legítima, tradicional e moralmente superior, em ambos os países, era aquela difundida pelo catolicismo.

Antes, porém, é preciso reconhecer dois pontos fundamentais: o primeiro se refere ao fato de que Alfredo Pimenta e Gustavo Barroso se tornaram católicos convictos tardiamente; o segundo ponto a ser destacado seria o conflito de ideias que ambos suscitaram dentro da própria Igreja Católica. Alfredo Pimenta, por exemplo, colecionou inúmeros desentendimentos com os setores eclesiásticos, devido à sua defesa rígida do poder absoluto de Deus e por não aceitar a infiltração de elementos do chamado catolicismo social e moderno (Cf. MARCHI, 2009, p. 48). Por sua vez, Gustavo Barroso também despertava certo desconforto em alguns membros do clero brasileiro, principalmente por seu discurso antissemita e antimaçônico extremado. Feita esta rápida observação, podemos ressaltar que a ideia de autoridade tradicional, cuja fonte de inspiração remontava à lenda do Caramuru, era consensual entre Alfredo Pimenta e Gustavo Barroso, ainda que eles divergissem quanto ao tipo de regime, se monárquico ou republicano.

Alfredo Pimenta entendia que a "Autoridade" foi um ideal consolidado na história pelo texto de São Paulo, na sua *Epístola aos Romanos:*

> Todo o homem esteja sujeito às autoridades Superiores:
> Porque não há autoridade que não venha de Deus.
> E as que há, essas foram por Deus ordenadas.
> Aquêle, pois que resiste à Autoridade, resiste à ordenação de Deus
> E os que lhes resistem, a si mesmo trazem a condenação.
> Porque quando se faz o que é bom, não há que temer os príncipes, mas só quando se faz o que é mau.
> Queres tu, pois, não temer a Autoridade? Faze o bem, e ela te louvará
> Porque o Príncipe é ministro de Deus para teu bem.

> Mas se procederes mal, teme, porque não é sem motivo.
> Que a Autoridade cinge a espada: porque é ministro de Deus, cabe-lhe a missão de castigar quem anda mal.
> É, pois, necessário que vos sujeiteia a ela, não só por causa do castigo, mas também por motivo de consciência.
> E é por isso que pagais o imposto (PIMENTA, 1942b, p. 7-8).

Ao texto de São Paulo e à ideia predominante de que não haveria autoridade que não fosse designada por Deus, o intelectual-herói acrescentava também uma passagem de São Pedro. De forma semelhante, defendia a ideia de que o homem deveria se sujeitar à autoridade terrena por causa da vontade divina. Além de destacar a autoridade moral do guardião da porta dos céus, Alfredo Pimenta (1942b, p. 9) demonstrou que este precioso documento foi evocado inúmeras vezes para solucionar os problemas de legitimidade política. Prova disso é que vários governantes repetiram, pelo menos uma vez na vida, a máxima: "Não há autoridade que não venha de Deus".

Diante disso, ressaltava que, em algumas ocasiões, o recurso de retomar os documentos sagrados na legitimação dos regimes políticos foi uma tática utilizada também por aqueles que pretendiam tapar "a boca aos historicistas e monárquicos", e para sujeitar toda a tradição católica ao "jugo da Democracia e do Comunismo, sua consequência". Para o intelectual, aceitar este princípio, sem reserva ou sem reflexão, significava aceitar naturalmente a legitimidade do poder de Stalin e dos sovietes. Desta maneira, a orientação formulada por São Paulo não poderia ser interpretada fora do seu contexto original, caso contrário, grandes erros e distorções seriam criados (PIMENTA, 1942b, p. 10). Por isso, Alfredo Pimenta (1942b, p. 12) vai buscar a origem "etimológica e jurídica" do termo, demonstrando que a "autoridade" ou *exousía* nada mais era do que "o poder de se fazer obedecer". O termo trazia consigo dois elementos intrínsecos: "a legitimidade e a acção coercitiva". Assim, a vontade da "Autoridade" poderia ser traduzida pela "Lei".

> A autoridade pode ser legitima na sua origem, mas inerme, e tornar-se ineficiente: pode ser acção coercitiva, e não ser legitima – e é a violência, a tirania, – mas não é Autoridade. Só é plena a Autoridade duplamente legitima – na origem e na intenção, e só a essa o homem deve obedecer. A autoridade manifesta-se pela Lei. A vontade da Autoridade traduz-se pela Lei. A Lei não é mais do que a norma formulada pela Autoridade (PIMENTA, 1942b, p. 12).

Para Alfredo Pimenta, um dos maiores ensinamentos da Ciência Política foi decretar obrigações e limitações às quais o cidadão deveria se submeter para alcançar o bem de todos da cidade. Como se não bastasse propor um vertiginoso mergulho nos preceitos morais amplamente discutidos por São Paulo e São Pedro, de modo parecido, o autor (1942b, p. 12) trazia para o centro do debate as defesas de São Tomás de Aquino. Em sua importante obra, *Summa Theologica*, o filósofo sustentou, dentre outras coisas, que a lei deveria ser ordenada exclusivamente para o bem comum.

Desta forma, a tão esperada salvação das nações – e, mais precisamente, da cultura lusitana, segundo as indicações de Alfredo Pimenta – estaria no "critério da Lei", conforme enunciado pelo Direito Romano, e na defesa do "Bem comum" de que tratou São Tomás de Aquino. O difícil, porém, era determinar a definição da "Salvação do Povo" ou o "Bem comum". Diante disso, contrapunha o caso de Stalin, em que a autoridade e o poder foram exercidos a partir da degradação moral e da desgraça material dos povos. Era uma forma de poder que causava enorme prejuízo ao bem comum da sociedade, principalmente por se tratar de um líder ateu.

> O difícil é determinar o que seja a salvação do Povo, ou o Bem comum, ou a Rectidão, na ausência de um paradigma que todos aceitasse. Estaline nunca concordará comigo em que a sua Autoridade se exerce para a desgraça do Povo, em prejuízo do Bem comum, e para benefício do que não é recto – porque eu sou católico e ele é ateu, eu sou monárquico e ele é comunista, eu sou europeu e civilizado, e ele é asiático e bárbaro (PIMENTA, 1942b, p. 13).

Além disso, o intelectual-herói se considerava um "católico muito pessoal", que não seguia automaticamente os desígnios de Roma. Era crítico e, acima de tudo, um monarquista convicto, que adotou o regime por razões superiores as quais o distanciavam da mediocridade cultural que havia dominado Portugal. Defendia a todo custo a "Fé na Igreja Católica" e a "fidelidade ao Rei Tradicional". Desta maneira, entendia que o líder político, aquele que se revestia da Autoridade, deveria atuar como um pai de família, cumprindo seu dever de servir sempre ao "bem-comum", uma leitura muito próxima daquela encontrada no ideal de autoridade transmitida pelo Caramuru. Não se portava como o messias salvador ou o guia espiritual. Apesar de ter sido um importante doutrinador da contrarrevolução, seu feitio era mais próximo do herói de guerra (PIMENTA, 1942b, p. 29).

Portanto, se fôssemos defini-lo por uma imagem, Alfredo Pimenta seria provavelmente uma releitura do herói Diogo Álvares, que, protegido com sua armadura e armado com lança, espada e arma de fogo, colocaria todos os infiéis de joelhos diante de si. Era, por isso, a representação da força e da inteligência, que, acima de tudo, incorporava o espírito da mítica e nobre civilização lusitana.

> A armadura, a alabarda e a espingarda dão-lhe não sei que aspecto de gigantesco fantasma, dos Índios nunca visto... Diogo não os ameaça. Permanece imóvel e, na sua imobilidade, assustador. Concebe então a esperança de amansar o inimigo apenas amedrontando-o, mas sem castigar (BARROS, 1993, p. 34).

Por sua vez, em Gustavo Barroso, a utilização de recursos mitológicos da lenda do Caramuru, como a noção de autoridade tradicional, confirma mais uma vez a interação e o sentimento de complementariedade desse mito do lado de cá do Atlântico. O intelectual-herói, assim como seu par português, também demonstrou, em inúmeras produções integralistas, que somente a tradição católica poderia legitimar a verdadeira autoridade dos regimes políticos. Declarava (BARROSO, 1937b, p. 8) que a Igreja Católica possuía um corpo teórico de cunho social, fundada nas Encíclicas *Rerum Novarum* e a *Quadragésimo Anno*. Por isso, o catolicismo era o único ramo do cristianismo que apresentava uma resposta oficial em relação aos problemas modernos, como a luta de classes e a organização do trabalho. Assim, entendia que era preciso difundir a em toda a sociedade brasileira a "augusta palavra de Roma sobre a grave crise" e lutar sem medo contra todos aqueles que pretendiam contestar esta autoridade.

Para isso, o intelectual atacava o liberalismo e o socialismo por considerar que ambos os modelos políticos foram criados por um agente totalmente estranho à cultura brasileira, o espírito "maçônico-judaico". A intenção destes inimigos seria pregar abstenção política exatamente para aqueles setores que guardavam a essência tradicional da sociedade brasileira, a Igreja e o Exército.

> Entre os que, de caso pensado, se pretende afastar da atividade política estão, em primeiro lugar, os padres e os militares. Convém ao Estado leigo, criatura do Kahal judaico, que o exercito, em qualquer país, seja o Grande Mudo e que o sacerdócio, o clero seja um mudo ainda maior. Um exercito mudo, sem doutrina, é uma máquina nas mãos de quem quer que se apodere do governo. Um sacerdócio mudo seria o poder espiritual de braços criminosamente cruzados, deante de todas as extravagancias ou tiranias do poder temporal, cujo reflexo se faria sentir na alma do povo (BARROSO, 1937b, p. 9).

Segundo Gustavo Barroso, diante dessa clara tentativa de desarticulação político-ideológica, Roma, acertadamente, assumiu para si a responsabilidade em relação aos regimes políticos de "cuidar das almas". Com isso, seu poder deveria se estender tanto às questões diretas, como a preparação religiosa através da ordem espiritual e sobrenatural, ~~como~~ quanto às indiretas, que se relacionavam com a ordem temporal e a subordinação desta aos bens espirituais (BARROSO, 1937b, p. 10).

> Se toda a autoridade vem de Deus, e se deve dar a Deus o que é de Deus e a Cesar o que é de Cesar, segundo a divina lição de nosso Senhor Jesus Cristo, em verdade Cesar tem deveres para com Deus, isto é, o Estado tem deveres morais e espirituais. Á Igreja assistem, incontestáveis, o dever e o direito de ser a guarda vigilante, a sentinela infatigável dos princípios básicos da civilização cristã, hoje ameaçada pela civilização judaica e pagã do Ouro. Ela não póde, portanto, falhar a essa missão em domínio algum. Tem, assim, de exercê-la, forçosamente, no social, no econômico e no politico. Tal missão foi conferida à Igreja por Jesus Cristo, quando disse: "Todo o poder me foi dado, tanto na Terra como nos Céus" (BARROSO, 1937b, p. 10).

Conforme constatamos também em Alfredo Pimenta, as reflexões do intelectual-herói brasileiro sobre o ideal de autoridade estavam assentadas nas orientações católicas e também muito próximas do conceito de autoridade, simbolizado pelo Caramuru. Sendo assim, considerava que esses eram os legítimos princípios basilares da cultura e da civilização cristã luso-brasileira. Diante disso, aqueles povos que não admitissem o princípio inviolável dessa autoridade, inevitavelmente, cairiam no "naturalismo" e no "amoralismo político" da liberal-democracia. Gustavo Barroso buscava referências para suas explanações nos mestres do pensamento católico. Seu objetivo era demonstrar que existiam laços naturais entre o poder "Temporal e o Espiritual".

> Além do Sumo Pontífice Gregorio XVI, que tão bom combate deu ao carbonarismo e á maçonaria, outros Papas, notadamente Leão XIII, Pio X e Pio XI, declararam com a autoridade que lhes foi conferida por Jesus Cristo que a Moral e a Política devem caminhar paralelas e sobre a ultima Igreja se deve manifestar, desde que, pela amoralidade, esteja em jogo a consciência católica da Nação (BARROSO, 1937b, p. 12).

A intenção de Gustavo Barroso, ao inserir os temas da cultura e da civilização em seus argumentos, era demonstrar o valor da herança católica, que, conforme vimos no autor lusitano, representava a principal base cultural sobre a qual todos os mundos criados pelos portugueses se estabeleceram. Deste modo, Gustavo Barroso compreendia que a formação cultural do Brasil estava fundamentada nas contribuições de índios, africanos e, principalmente, de portugueses. O elemento português foi o fator preponderante no processo secular em que se "plasmou a nacionalidade". Anunciava que, a partir de Portugal, o Brasil se radicou definitivamente na "Cultura Espiritual do Velho Mundo".

> Se nos artefactos de trabalho popular, na toponímia, em algumas fórmas de linguagem, em certos sentimentos, em raras manifestações de arte, na culinária ou nos costumes, se sentem Africa e America, no domínio das

cousas verdadeiramente espirituais, isto é, na Cultura, segundo seu exáto conceito sociológico e cristão, a Europa predomina e ha de predominar. Se somos um povo cristão, se queremos crêar um Estado cristão, como apregôa a Doutrina Integralista, o nosso conceito de cultura tem de ser, fatalmente um conceito espiritual, um conceito cristão. E êsse alto conceito não vem batizado com a ardência do sol líbico, nem com a espuma das cachoeiras que cantam nos araxás e nos sertões americanos, mas com a água azul do velho mar Mediterráneo (BARROSO, 1937b, p. 58).

Desta maneira, Gustavo Barroso entendia que o Brasil, por ser uma nação cristã, deveria ter como objetivo forjar um modelo de Estado também cristão, conforme exposto na doutrina integralista. Com isso, o seu ideal de nação seria orientado pelo cristianismo, produto cultural trazido pelos portugueses quando estes atravessaram o Atlântico.

Em suma, o herói Caramuru tornou-se sinônimo de autoridade moral após ter passado pelas mais duras provações, que testaram sua coragem, sua inteligência, sua sagacidade e sua força. Encarnou o espírito da civilização lusitana, marcado por sua forte tradição católica, na qual estabeleceu bases estáveis e indissociáveis na formação do território nacional, seja na Europa, seja na América. Portanto, o mito foi utilizado por Alfredo Pimenta e Gustavo Barroso para garantir e salvaguardar a integridade cultural e territorial, por meio do discurso de defesa da autoridade. Por esta razão, o Caramuru também poderia ser visto como o herói vigilante, o guardião da nação, que sempre estaria atento a qualquer tipo de ação sorrateira ou conspiração. Assim, os dois intelectuais-heróis, inspirados pela imagem mítica do herói Caramuru, "reagiram" aos ataques dos supostos conspiradores.

4.2 O mito da conspiração: versão íntima e transnacional

> Porque não podia eu dizer aqui o que tantas vezes tenho dito, e é expressão pura do meu pensamento, e traduz precisamente a substancia das minhas aspirações, que desejo a derrota das Democracias, para que a Europa, e o mundo, libertos do poder da Plutocracia judaica, encontrem um período de ordem fecunda, de progresso tranquilo, de trabalho pacifico e de prosperidade sã?(PIMENTA, 1941a, p. 1).

> O velho anti-semita francês Drumont, autor da "França Judaica", declarava: "Os judeus entram pobres num pais rico e sáem ricos dum pais empobrecido..."
> Por essas razoes somos anti-judaicos. Não o somos no sentido de perseguir os judeus, mas no de esclarecer o povo brasileiro contra o perigo que o judeu representa, de modo que se possa defender de suas intrigas, do seu sistema de explorar os outros... (BARROSO, 1937c, 2012).

A Revolução Francesa foi um momento crucial para a criação de novos imaginários sociais. Esses imaginários surgiram na tentativa de explicar acontecimentos, cujos efeitos eram completamente surpreendentes e incontroláveis (BACKZO, 1985, p. 403). Não por acaso, a Revolução foi a matriz das três principais versões do mito da conspiração. A primeira forma refere-se ao "complô judaico", identificado pela "profecia do velho rabino diante de seus companheiros". A profecia tratava de um plano metódico de conquista do mundo, realizado pelo povo de Israel contra o resto da humanidade. Na segunda teoria conspiratória, eram os jesuítas que planejavam dominar o mundo. O princípio essencial sobre o qual repousava o temível poder da Companhia de Jesus era a traição que ocorria dentro do próprio lar. E, na terceira narrativa conspiratória, eram os maçons que maquinavam contra os pilares tradicionais das sociedades. Neste sentido, a obra do abade francês Augustin de Barruel, *Mémoire pour servir à l'histoire du Jacobinisme*, de1797, e vários documentos de Roma publicadas pelos papa Pio VII (1800 – 1823), Leão XII (1823 – 1829), Pio IX (1846 – 1878) e Leão XIII (1878 – 1903), dentre outros, foram as principais fontes de inspiração deste mito (COSTA, 2011, p. 14).

Em todas as três versões do mito da conspiração, o enredo era basicamente o mesmo, ao passo que os personagens e o contexto são variáveis. A mítica história começa sempre com uma grande conspiração, conduzida secretamente por um restrito grupo de pessoas poderosas, que trabalhariam em nome de forças ocultas. O homem moderno, perdido em seu individualismo, racionalismo e ateísmo, seria uma presa facilmente manipulável nas mãos dos conspiradores que, protegidos pelo segredo, empregavam métodos sorrateiros para ludibriar a realidade dos fatos. Deste modo, acreditava-se que todos os males trazidos pela modernidade eram resultado de um grande complô, tramado por aqueles que pretendiam destruir as duas principais forças tradicionais: a monarquia e a Igreja (Cf. GIRARDET, 1999).

O mito da conspiração sustentava a crença de que a verdadeira história se passava nos bastidores dos acontecimentos, e, por isso, a maioria da população não conseguiria realizar uma leitura profunda da realidade social. Diante dessa grave situação, os dois intelectuais-heróis se viam como homens diferenciados, acreditavam possuir inteligência e moral superior necessárias para denunciar todas as ações conspiratórias. Investidos da autoridade cristã, recuperada da antiga lenda do Caramuru, os dois vão se autodeclarar os últimos guardiões da tradição luso-brasileira. Para isso, incorporavam, numa mesma narrativa, três elementos principais e interdependentes: os judeus, os maçons e os comunistas, criando suas próprias versões para o mito da conspiração.

É importante perceber que as narrativas da conspiração apareceram frequentemente naquelas sociedades que passavam por momentos conturbados de crise e de grande tensão social, como foi o caso de Portugal e Brasil, na primeira metade do século XX. Por essa razão, a lógica da manipulação tornou-se o discurso privilegiado destes intelectuais, que substituíam a imprevisibilidade da história pela causalidade do complô, pois pretendiam legitimar seus discursos nacionalistas e, ao mesmo tempo, alimentar um dramático clima conspiratório, favorável à valorização pessoal (Cf. GIRARDET, 1999, p. 35).

De modo geral, a análise da trajetória desses intelectuais demonstrou que o mito da conspiração se revelava em duas instâncias distintas e complementares, uma íntima e a outra transnacional. A instância íntima ou pessoal do mito da conspiração se relaciona com a própria personalidade peculiar de Alfredo Pimenta e Gustavo Barroso, que quase sempre estavam envolvidos em polêmicas políticas e intelectuais. Sendo assim, em alguns momentos, pareciam acreditar que sofriam uma perseguição eterna, uma conspiração pessoal, ainda que nunca tivessem sido exilados e acabassem sendo incorporados pelos Estados Novos de Portugal e Brasil. Deste modo, as críticas que recebiam e as frustrações profissionais foram organizadas em seus textos como a comprovação dessas ações conspiratórias, que tinham por objetivo destruí-los, porque representavam o último refúgio do pensamento católico conservador luso-brasileiro.

No caso de Alfredo Pimenta, não era do seu feitio fugir dos debates político-ideológicos de seu tempo. Um bom exemplo desse comportamento aconteceu nos tempos em que ainda era republicano, numa conferência realizada no Ateneu de Braga, no dia 1 de março de 1941. Na ocasião, insinuou que, ao contrário de António Sergio, idealizador legítimo da *Seara Nova,* António Sardinha não poderia ser considerado o fundador do Integralismo Lusitano.

> Pensa-se que António Sardinha foi o fundador do Integralismo, e que o Sr. António Sérgio foi o fundador da Seara Nova. Quanto a este grupo. É verdade. O Sr. António Sérgio é, na realidade, o fundador da Seara Nova. Mas António Sardinha não foi o fundador do Integralismo Lusitano. Ainda o grande escritor se debatia embaraçado nas quimeras e sofismas das doutrinas da geração de 70, e já nalguns espíritos, as ideias contra-revolucionárias, despertadas e actualisadas pelos ensinamento de Maurras, começavam a agitar-se. E fôra em 1906 que, pela primeira vez e saída da minha pena, aparecera a expressão Integralismo – Integralismo Cientifico (PIMENTA, 1920, p. 8-9).

Por outro lado, Alfredo Pimenta se autodeclarava o fundador da expressão "Integralismo", embora reconhecesse que António Sardinha "foi indisputavelmente" o maior "animador" do IL, a alma do movimento. Ressaltava ainda que quando o IL se apresentou organizado e agrupado em torno da *Nação Portuguesa,* seu espírito já havia se libertado dos dogmas impostos pela

Revolução Francesa de 1789. Com certo despeito, Pimenta justificava que a razão para que António Sardinha tivesse sido considerado o fundador do IL se devia a sua situação financeira privilegiada. Pois, pelo fato de não precisar trabalhar como ele, dividido entre os artigos jornalísticos, cargos políticos ou burocráticos, Sardinha pôde escrever tranquilamente sobre os mais diversos aspectos do integralismo.

> Não precisando de ganhar o pão nosso de cada dia, e, portanto, de se queimar e dispensar em colaborações jornalísticas, cargos burocráticos, misteres imperiosos e absorventes; liberto de preocupações de caracter material, António Sardinha pôde consagrar-se inteiramente ao seu apostolado – escrevendo no seu jornal os notáveis artigos que são, hoje, as paginas dos seus livros, ou pontificando às mêsas dos cafés, na roda dos seus auditórios (PIMENTA, 1920, p. 9).

Deste modo, Alfredo Pimenta não disfarçava a decepção por ter vivido de uma maneira limitada, o que o impossibilitou de conquistar maiores glórias. Aliás, alguns documentos sugerem que sempre passou por problemas financeiros, e, conforme já vimos, ele não se conformava com os empregos de segundo e terceiro escalão que ocupava, se via como um dos pensadores mais influentes da Europa, cabendo-lhe um lugar de maior destaque social. Nesta perspectiva, as ações conspiratórias de seus adversários e o próprio destino retiraram dele as honras de ter sido um dos principais líderes do IL e a possibilidade de gravar seu nome para sempre na história nacional.

Em relação a Gustavo Barroso, de modo similar ao autor lusitano, acreditava que vivia cercado de conspiradores, e que, em algumas ocasiões, estes mostravam suas faces, principalmente quando o interesse era a manipulação dos meios culturais. Por isso, todas as "ameaças" pessoais foram trazidas para o interior do MHN e interpretadas como ataques contra a nação brasileira. Não por acaso, inúmeras vezes, o intelectual-herói fez questão de lembrar que a primeira ação do governo brasileiro no sentido de preservação patrimonial ocorreu após a sua visita, em 1926, à cidade de Ouro Preto – MG. A ação do Estado foi reforçada com a criação da Inspetoria de Monumentos Nacionais (IMN), o primeiro organismo oficial de proteção do patrimônio no Brasil, que também surgiu por sua iniciativa.

> Êsse Ouro Preto que visitamos em 1926 não era o que hoje se visita restaurado e alindado. Soturna, recolhida, triste, a cidade como que adormecera no fundo do passado. Sua Prefeitura parecia guerrear a tradição. Casas, templos, pontes, chafarizes caiam em ruinas... No regresso ao Rio, no vagão especial em que viajamos, Pedro Gomes, Augusto de Lima e eu assentimos ser necessário e urgente trabalhar pela defesa daquele patrimônio que se

esfacelava. A mim, como único elemento oficial então encarregado da guarda das relíquias da Patria, caberia a ação junto aos poderes públicos (BARROSO, 1943, p. 580).

A Inspetoria era vista pelo intelectual como o "embrião" do Serviço do Patrimônio Histórico e Artístico Nacional (SPHAN) (BEZERRA, 2009, p. 23). Porém, com a Revolução de 1930 e a nomeação de Francisco Campos para o Ministério da Educação e Saúde, Gustavo Barroso foi destituído do cargo de diretor do MHN. Além disso, foi obrigado a aceitar a ajuda financeira de amigos e a partir para a Europa em 1931, para evitar maiores problemas. A suposta conspiração pessoal seria por ele denunciada em memorial dirigido ao presidente Getúlio Vargas, demonstrando que Francisco Campos, seu inimigo pessoal, planejou toda a confusão que resultou no seu afastamento do MHN (BEZERRA, 2009, p. 25).

De volta ao Brasil, em 1932, conseguiu, com a ajuda de Gregório da Fonseca, secretário da Presidência da República, que Getúlio Vargas o readmitisse como diretor da instituição. Daí em diante, Gustavo Barroso passou a exercer com autoridade ainda maior sua função à frente da instituição e, ao perceber que decisões estavam sendo tomadas sem o seu aval, rapidamente fazia valer seu "poder absoluto." O intelectual-herói não aceitava intromissões no MHN, que era visto como um bem pessoal e de caráter meramente público, pois, no final das contas, era ele quem exercia o comando total da instituição.

A partir da análise desses dois momentos distintos na trajetória dos intelectuais, podemos afirmar que as forças conspiratórias teriam "atrapalhado" mais Alfredo Pimenta do que Gustavo Barroso visto que, ao contrário do português, que se lamentava por não ter o prestígio social do qual se considerava merecedor, Gustavo Barroso, na década de 1940, já havia alcançado as maiores glórias profissionais e intelectuais. Neste ponto, o que nos chama atenção é que, mesmo diante desses supostos "golpes" sofridos, Alfredo Pimenta e Gustavo Barroso agiram de modo bastante semelhante, ao demonstrarem que nunca esmoreciam e que sempre estavam dispostos a fazer valer suas autoridades morais. Compartilhavam uma noção valiosa que seria condição *sine qua non* dos heróis e das figuras míticas, já que acreditavam que conseguiram resistir com bravura às mais duras provações e aos mais diversos infortúnios.

Como vemos, a versão mais íntima desse mito referia-se às intrigas e às disputas pessoais nas quais estiveram envolvidos, ao passo que a versão transnacional vai se referir aos "inimigos comuns", tanto para portugueses quanto para brasileiros. Este oponente era estranho à cultura e à sociedade luso--brasilera, mas, com o passar dos séculos e graças às ações conspiratórias, ele foi implantado em ambos os lados do Atlântico. A força maléfica originou-se com os judeus, fortaleceu-se com os maçons e atacava violentamente na figura dos comunistas. Aqui, deve ser relativizado o grau antissemita dos intelectuais, pois o único a declarar abertamente seu antissemitismo foi Gustavo Barroso, tendo inúmeras obras publicadas sobre a temática. Alfredo Pimenta também fazia algumas referências aos males do judaísmo, mas quase sempre relacionando-os aos vícios trazidos pela modernidade. Por outro lado, parecia não haver nenhuma dúvida em relação às ações conspiratórias de maçons e, principalmente, de comunistas. Este sim era o maior de todos os perigos, uma besta destrutiva, criada por uma visão de mundo materialista e que atingiu o ápice da violência após a Revolução Russa de 1917.

O mito da conspiração transnacional se manifestou nas produções textuais de Alfredo Pimenta e Gustavo Barroso, sobretudo, quando eles pretendiam legitimar seus discursos nacionalistas com base na autoridade cristã. Nesta versão, o mito conspiratório se apresentou de maneira atemporal, ao mesmo tempo que fundiu a imagem do "velho" inimigo judeu-maçom a do novo inimigo comunista, resultado de uma reação à modernidade. Na compreensão de Rodrigo Patto Sá Motta (1998, p. 95), uma parcela importante da sociedade, normalmente identificada com o *status quo* anterior, entendia que a modernização teria desencadeado transformações profundas, que foram vivenciadas com muita angústia e medo. Deste modo, o processo de urbanização, industrialização, surgimento e fortalecimento de novas doutrinas políticas, reformas liberais e democratizantes, alterações comportamentais das pessoas, dentre outros, provocaram grandes tensões no contexto da primeira metade do século XX.

Todas essas transformações foram interpretadas por Alfredo Pimenta e Gustavo Barroso como ações maléficas e destrutivas, capazes de corroer as bases tradicionais da sociedade luso-brasileira. É importante perceber que este sentimento de "mal-estar" não foi exclusividade dos grupos privilegiados, já que muitos indivíduos de origem humilde também interpretaram a modernidade como degradação moral e econômica. Assim, permaneceu uma visão de mundo "maniqueísta arcaica", que disseminou a ideia de que todos os males da sociedade foram ações tramadas por agentes conspiratórios, que almejavam destruir as forças do bem e instaurar os inimigos de Deus no poder. Portanto, o enredo mais recorrente deste mito narrava reuniões que aconteciam em locais sinistros, na calada da noite, em lugares lúgubres, como criptas e cemitérios, onde seus membros, trajando algum tipo de disfarce, maquinavam contra os poderes legítimos da sociedade (MOTTA, 1998, p. 95-96).

A continuidade do pensamento maniqueísta revelava a resistência em aceitar um dos principais desdobramentos da modernidade, que foi o processo de "desencantamento do mundo". Esta expressão, desenvolvida nos trabalhos de Max Weber, em *A Ciência como vocação*, significava, de modo geral, perceber o mundo como o resultado exclusivo da ação do homem, sem qualquer tipo de magia ou intromissões sobrenaturais. Desta maneira, a intelectualização e a racionalização geral não significariam um maior conhecimento das condições de vida, mas sim a crença de que se alguém "simplesmente quisesse, poderia", em qualquer momento, comprovar que não existiam poderes ocultos e imprevisíveis. Motivo este que, segundo Weber, todas as coisas, em princípio, poderiam "ser dominadas" mediante o "cálculo".

Na luta contra esse processo de desencantamento, ambos os intelectuais-heróis se viam credenciados não só para denunciar e revelar as ações conspiratórias do inimigo como também para julgar e declarar culpados estes agentes infiltrados. Desta forma, a interpretação de Alfredo Pimenta sobre a conjuntura política, e, principalmente, acerca da Segunda Guerra Mundial, estava fundamentada na ideia de que "forças ocultas" dirigiam os povos católicos à destruição. Entendia, por exemplo, que o presidente Roosevelt havia se corrompido ao ouro dos judeus e, por isso, entrou na guerra contra os nazistas. Com essa decisão, o líder norte-americano atendia diretamente o interesse do povo de Israel, que, acima de tudo, pretendia disseminar o ódio e arrastar todos os europeus para os campos de batalha, dividindo-os em dois blocos antagônicos, os Aliados e os países do Eixo.

> E informa de que tais pessoas estão, no fundo, ligados por indissolúveis lações à Judiaria Internacional que, visando principalmente ao interesse da sua raça, entende que a promoção de Roosevelt ao posto de idealista quanto possível de defender os Direitos Humanos, foi um achado genial. Criou-se, aqui, assim, um perigosíssimo foco de ódio e de hostilidade, e dividiu-se o mundo em dois campos inimigos. Pôs-se à disposição de Roosevelt o indispensável para animar a política externa da América e ao mesmo tempo se realizaram os enormes depósitos militares a empregar na próxima guerra para os Judeus muito conscientemente empurravam (PIMENTA, 1956, p. 11-12).

Em outra ocasião, numa carta dirigida a António Salazar, o intelectual acusou o presidente Roosevelt, em conluio com a Maçonaria e com os judeus, de atacar diretamente as bases da civilização cristã. Denunciou que as ações sorrateiras dos conspiradores eram capazes de colocar antigos aliados em campos opostos do conflito, como aconteceu com a vizinha Espanha.

> Ex.mo Sr. Presidente do Conselho: – quando, em 1939, rompeu a guerra que o Sr. Roosevelt, mais do que ninguém, nos bastidores, com a tenacidade espantosa, preparou, de braço dado com a Maçonaria e a Judiaria internacional, colocando a Alemanha precisamente diante daquele dilema, muito conhecido da política portuguesa – das intransigências que aviltam ou das

> violências que comprometem, eu escrevi a V. a. Ex.a., da Madre de Deus, a dizer-lhe que a vitória das Democracias seria a derrota de Portugal. Não me pareceu, então, a V.a. Ex.a., muito convencido, e respondeu-me que talvez assim não acontecesse, a não ser que a Itália e a Espanha entrassem no conflito. Entrou a Itália. E a Espanha enveredou pela mais repugnante de todas as politicas. Sem as obrigações que nos esmagam; sem a situação de colónia americana que é a do Brasil, a Espanha, em vez de tomar por modelos a figura de D. Quixote, integrou-se na pessoa de Sancho Pança (CRUZ, 2008, p. 211).

Além disso, Alfredo Pimenta chamava atenção de seu público para o perigo escondido por trás do processo de modernização da Igreja. Uma vez que, segundo ele, os novos pensamentos, voltados às questões sociais e aos direitos humanos, foram criados originalmente pelo poder oculto de Israel, atravessaram os séculos graças às ações conspiratórias dos maçons e, atualmente, ressurgiam de forma violenta, sob a tutela dos comunistas e socialistas. Assim, o tradicional mito da Conspiração, nas obras de Alfredo Pimenta (1944b, p. 6), se manifestou na versão do complô judaico-maçônico-comunista. Ao mesmo tempo, o aumento da tolerância de alguns setores da Igreja em relação aos comunistas estimulava o "mais horrível confusionismo", que associava a imagem do nazismo a do comunismo.

> E ninguém procura saber se tal propaganda tem fundamento, ou se, postos nos pratos da balança pontifícia, o Nacional-Socialismo e o Comunismo são objeto da mesma condenação.
> Há um facto, mínimo em face disto que estou a focar, mas que ajuda a esclarecer fartamente o caso: o da atitude desses propagandistas perante os tratados germano-russo de 1939, e anglo-russo de 1942 (PIMENTA, 1944b, p. 7-8).

As ações conspiratórias, que confundiam as pessoas e as faziam agir conforme a manipulação externa, foram reveladas inúmeras vezes pelo autor, que se lamentava porque ninguém parecia escutá-lo. Como de costume, Alfredo Pimenta tentava legitimar seus pressupostos teóricos nos ensinamentos dos mestres católicos e, neste caso, foi buscar a comprovação de sua fala nas Encíclicas de Pio XI, publicadas em 1937. A primeira foi a *Mit brennender Sorge,* de 14 de março, que se referia à situação da Igreja católica na Alemanha nazista. A segunda, a *Divini Redemptoris,* de 19 de março, tratava de condenar o "Comunismo ateu".

> A primeira trata da situação da Igreja na Alemanha – expressão puramente informativa; não trata do Nacional-Socialismo ateu ou anti-católico; a segunda trata do Comunismo ateu – expressão crítica, e, só por si elo-

quente; não trata da situação da Igreja na Rússia. A primeira ocupa 10 paginas e meia; a segunda ocupa 15 páginas. Não são já bem diferentes? (PIMENTA, 1944b, p. 8-9).

Como se não bastasse essa diferença fundamental entre ambos os documentos pontifícios – que por si só já orientavam atitudes completamente diferentes da Igreja com relação aos nazistas e aos comunistas –, o intelectual lusitano também demonstrou que a Encíclica *Mit brennender Sorge* "ensina qual seja a verdadeira fé na Igreja", o verdadeiro caminho a ser seguido pelo católico ativo (PIMENTA, 1944b, p. 11). Isso era muito abrangente e incluía todos os católicos, de todas as nacionalidades, e não somente os da Alemanha de Hitler.

> Concluindo: a Encíclica aponta 'factos e teses doutrinárias': os factos são da responsabilidade de autoridades alemãs, e semelhantes aos que em todos os países e em todos os tempos tem levado a Igreja a protestos, e até a actos mais graves; a história dos dois Poderes está aí ao alcance de todos. Às teses doutrinarias condenadas não são privativas do Nacional-Socialismo. A Encíclica não fala no nome dêle, nem cita o nome do dirigente supremo da Alemanha. Ela limita-se a ser a exposição da situação da Igreja no Reich, com as dificuldades emanadas das circunstancias criadas pela Concordata, no campo das realizações. Ela não combate, não ataca, não condena o Nacional-Socialismo [...] (PIMENTA, 1944b, p. 13-14).

Desta maneira, segundo Alfredo Pimenta, o papa não combatia nem atacava ou sequer condenava o nazismo. A advertência que vinha de Roma reprovava somente as ideias que ultrapassavam o plano doutrinário nazista e subjugava Deus ao Estado. Em campo totalmente oposto, estava a Encíclica *Divini Redemptoris*. Esta sim era destinada a combater uma doutrina e não uma situação possivelmente temporária.

> A Enciclica 'Mit brennender Sorge' termina por palavras de esperança em melhores dias que deverão ser aproveitados 'na luta contra aquêles que negam Deus e arruínam o Ocidente cristão' – ou seja o Comunismo! E tanto que o Observatore Romano de 22 e 23 do mesmo mês de Março afirma não acreditar que houvesse uma alemão que não apreciasse o desejo do Pontificie de ver a Alemanha 'no seu lugar de honra entre as nações cristãs contra o satânico flagelo bolchevista.' (PIMENTA, 1944b, p. 14).

Assim, a imagem antinazista difundida em terras portuguesas seria o resultado direto da conspiração judaica-maçônica-comunista, cujo objetivo era desestabilizar as matrizes nacionalistas fundamentadas num modelo estatal autoritário e conservador, instauradas pela Ditadura Militar, em 28 de maio de 1926. Os comunistas se faziam pacifistas, infiltravam-se nas corporações católicas e religiosas e manipulavam o povo para colaborarem com seus planos de derrubada dos poderes tradicionais.

> Nós estamos em guerra com o Comunismo desde 1926, isto é, desde que o 28 de Março surgiu. Essa guerra tornou-se aguda desde que o Prof. Oliveira Salazar rege os destinos da Nação, imprimindo-lhes uma orientação decisiva. Já o escrevi: não temos representação diplomática em Moscovo; não reconhecemos direitos civis ou políticos aos sovietes; opuzemo-nos a que os mesmos ingressassem na Sociedade das Nações: fizemos tudo que nos era possível, dentro das circunstancias especiais da nossa posição internacional, contra o Comunismo, na guerra de Espanha; multiplicaram-se, então, os comícios anti-comunistas; criou-se a Legião Portuguesa, para se bater o Comunismo; decretou-se que não se podia ser funcionário publico sem prèviamente se declarar que se é anti-comunista; o Rádio Club Português foi, no campo da Rádio, o grande órgão anti-comunista (PIMENTA, 1944b, p. 11).

De modo geral, estas propagandas instigavam a luta contra os alemães através do teatro, do cinema e, principalmente, da imprensa. Criava-se um clima de desconfiança e ódio aos seguidores de Hitler, enquanto, para Alfredo Pimenta, os verdadeiros inimigos agiam maliciosamente, camuflados dentro da sociedade portuguesa.

> Os alemães são representados como um Povo que vive do orgulho de Hitler que quer conquistar o mundo inteiro, e afogar a Humanidade em mar de sangue... Na sua propaganda, esta Judiaria Internacional deita mão de todos os meios capazes de combater qualquer tentativa de consolidação ou entendimento entre os Estados. É assim que na opinião pública deste país, vai crescendo a convicção de que os Alemães e os seus satélites, sob a rubrica do feixismo, são inimigos, que o mundo democrático deve vencer (PIMENTA, 1956b, p. 8-9).

O intelectual não admitia que os portugueses julgassem os nazistas aos olhos das potências ocidentais. E afirmava que o tom da crítica da Igreja em relação à Alemanha é indireto e em forma de queixa. Por outro lado, a advertência contra o Comunismo era completamente diferente e vinha como prenúncio de uma catástrofe mundial. Estavam ameaçadas todas as nações cristãs, sem exceção.

> E a Encíclica esclarece: 'êste perigo que nos ameaça é o Comunismo bolchevista e ateu que pretende destruir a ordem social, e arrasa, até nos seus fundamentos, a Civilização cristã'.
> Há, porventura, na Encíclica sôbre a Alemanha, palavras que se aproximem destas? Que se propõe agora o Pontífice? Depois de recordar múltiplas

condenações de seus antecessores e suas, ele vai expor "os princípios do Comunismo ateu, como se manifestam principalmente no Bolchevismo, e os seus métodos de ação (PIMENTA, 1956b, p. 15).

Como podemos perceber, Alfredo Pimenta entendia que o Nacional-Socialismo não poderia ser considerado uma filosofia, uma ética, uma metafísica e, muito menos, uma religião. Sendo assim, não era anticatólico e não existia nenhuma evidência real que comprovasse uma postura hostil em relação aos dogmas da Igreja. Considerava que toda a estrutura ideológica do nazismo não passava de uma atitude secundária; o partido se comportava como um meio transitório que fornecia a Hitler a possibilidade real de reerguer a Alemanha. Nesta lógica, o racismo do Nacional-Socialismo nada mais era do que um instinto de autodefesa contra os ataques de Israel (PIMENTA, 1956b, p. 23). Por isso, questionava-se: "na luta actual, não tem o católico o dever de desejar a vitória da Alemanha contra a Rússia?". E declarava aos quatro cantos (PIMENTA, 1956b, p. 18) "não sou nazista, quási só porque não sou alemão. Mas sou anticomunista porque sou católico, português e monárquico."

Portanto, diante da grave crise social, supostamente criada pela conspiração judaica-maçônica-comunista, o intelectual-herói demonstrou uma visão positiva ao definir a Península Ibérica, em especial Portugal, como o último dos recantos onde sobreviveu o espírito verdadeiramente europeu (MARCHI, 2009, p. 44). Desta maneira, toda a situação real de inferioridade econômica e política dos portugueses em relação às potências europeias desaparecia em sua narrativa mitológica, visto que as tradições de Portugal eram elevadas ao mais alto patamar da moralidade católica, tornando-se uma força simbólica exemplar e punitiva.

> Não! Afastemos do nosso espirito, o pesadelo fúnebre.
> O Dragão será vencido...
> E nós portugueses, não nos deixando cegar pelas paixões alheias, ressuscitaremos, nos nossos jornais, nos nossos livros, nas nossas conferências, nas nossas emissoras, a atmosfera cristã e civilizadora que nos rodeou nos anos ásperos e difíceis de 1936 a 1939, quando o Dragão moscovita despedaçar nas suas garras a Península ibérica católica e europeia (PIMENTA, 1941b, p. 5).

Por sua vez, Gustavo Barroso compartilhava dos mesmos elementos mitológicos utilizados por Alfredo Pimenta, comprovando novamente a relação transnacional do imaginário político estabelecida entre ambos. Em especial, quando saía em defesa do nazismo e demonstrava que existia uma grande conspiração contra todos os regimes políticos conservadores e católicos da época. Igualmente ao companheiro português, acusou os judeus de deflagrar a

Revolução de 9 de novembro de 1918, que derrubou a monarquia na Alemanha (BARROSO, 1937c, p. 123). Ao destituir o rei Guilherme II e pôr fim à monarquia tradicional, os judeus se instalaram nos mais importantes setores do governo republicano. Uma prova cabal da acusação, apresentada por Gustavo Barroso, era o fato de que todos os representantes da Alemanha no Tratado de Versalhes eram judeus, "Warbrug von Strauss, Merton, Oppenheimer, Jaffé, Deutsch, Brentano, Struck, Rathenau, Massermann, Medelsohn-Bartholdy".

> Composto de judeus foi o tribunal organizado especialmente para julgar os atos dos grandes heróis, Hindenburg e Ludendorff: Cohn, Katzenstein e Sinzheimer! Suprema humilhação!
> O governo da Prussia caíu nas mãos judaicas. As pastas fôram distribuídas sómente a judeus: a Justiça, a Rosenfeld; a das Finanças, a Simon; a do Interior a Hirsch; a da Agricultura, a Braun; a dos Cultos, a Gerlack, e, depois, a Furtran; a da Imprensa, a Norden Nathan; a do Abastecimento, a Wurm; a das Colonias, a Meier-Gerhardt; a da Arte, a Kestenber; a Educação, a Selig; a da Desmobilização Economica, a Hirsch; a Polícia, a Ernst e Levi; a Secretaria de Estado, a Busch (BARROSO, 1937c, p. 124).

Segundo Barroso, com o fim da Primeira Guerra Mundial, o povo alemão estava completamente derrotado e, a partir de uma conspiração silenciosa, tramada por judeus, maçons e comunistas, viu o Estado alemão cair sob o controle da comunidade judaica. Neste sentido, o partido Social-Democrático, que assumiu o poder, foi responsabilizado por escravizar economicamente os alemães ao capital judaico internacional. Nas denúncias do intelectual-herói, foi este mesmo partido que, durante 13 anos, entregou aos bancos judaicos a economia do operário alemão, criou a grave crise inflacionária e "esfolou" com impostos todas as classes. Emparelhado com o Partido Comunista, levou o Estado alemão à desgraça total. Entretanto, em 1933, graças à energia de Hitler e do partido Nacional-Socialismo, o "coração da Europa" seria libertado do julgo do Poder Oculto de Israel.

> Em 1933, porém, o judaísmo acordou atordoado do seu sonho messiânico. A Alemanha, coração da Europa, quebrou, da noite para o dia, inesperadamente, as algemas com que Israel a manietára. A nação reagiu contra a escravidão humilhante que lhe impunha a raça mais a vil do planeta. A onda nacional-socialista varreu a escoria judaica das posições que ocupava. Dai o ódio mortal contra Hitler (BARROSO, 1937c, p. 126).

Nas palavras do intelectual-herói (BARROSO, 1937c, p. 135), a sua "campanha antijudaica", que realizava de forma aberta e corajosa, poderia ser confirmada a cada dia pelos fatos noticiados no Brasil e no mundo. O judeu era o "cancro" da civilização, e, por isso, no "problema judaico" estaria a "chave de todas as desgraças" que oprimem os povos.

Assim como revelou Alfredo Pimenta sobre o "confucionismo" que se praticava em Portugal, Gustavo Barroso também afirmava que, por muito tempo, o que se viu no Brasil foi uma completa ignorância em relação ao judaísmo internacional. O resultado desse desconhecimento foi que os agentes conspiratórios puderam se infiltrar de forma muito perigosa no interior da sociedade brasileira. Desta maneira, até mesmo a propaganda antissemita deveria ser vista com precaução, pois, na maioria das vezes, por trás dela, se escondiam os tentáculos da conspiração que acontecia dos dois lados do Atlântico.

Para Gustavo Barroso, a ligação do elemento comunista à tradicional narrativa do mito da Conspiração, formando a tríade do complô judeu-maçom-comunista, poderia ser comprovada através do discurso de Joseph Goebbels (1897 – 1945), Ministro da Propaganda do governo nazista. O texto foi publicado na íntegra no jornal *O Estado de São Paulo*, considerado por Gustavo Barroso como o órgão oficial do judaísmo paulista.

> Êste documento publicado pelo Estado de S. Paulo é de inestimável valor para provar a tese de que o comunismo é judaico e está ligado ao capitalismo judaico, por mais paradoxal que isso possa parecer. Também vem demonstrar o que também já foi afirmado de público varias vezes, que o cambio é simplesmente uma ladroeira de judeus, absolutamente não dependendo somente de leis econômicas, mas sim de seis grandes banqueiros israelitas que se reúnem todas as tardes em Londres (BARROSO, 1937c, p. 136).

Segundo o intelectual, as ações conspiratórias do povo de Israel destruíram a cafeicultura brasileira, colocando em xeque a ordem econômica e social do país. Nesse terreno de instabilidades e inseguranças, os judeus implantaram a semente do comunismo. Para ele, se o Brasil não estivesse endividado e não passasse por uma grave crise do café, não haveria jamais na sua história episódios das investidas dos comunistas.

Outra prova incontestável, na opinião de Gustavo Barroso, que demonstrava a estreita ligação entre judeus e comunistas numa conspiração transnacional, foi trazida pela polícia carioca, quando prenderam o "judeu Henry Berger, que era chefe de Luiz Carlos Prestes".

> Tudo se lhe poderia perdoar, menos amadrinhar-se com judeus imundos e amorais para entregar-lhes a sua pátria. De parceria com Henry Berger, duas judias, uma delas misteriosa. Por trás deles, outras judias e judeus, sendo um tal Jacob Eff. E, afinal, a malta dos espiões, propagandistas e revolucionários profissionais da Brazcor. Todos judeus (BARROSO, 1937c, p. 138).

O intelectual-herói (BARROSO, 1937c, p. 140) denunciava também as tentativas golpistas no Brasil, especialmente em novembro de 1935. Os ataques ocorreram em Natal, Recife e no Rio de Janeiro e teriam resultado em saques, mortes de inocentes, prejuízos materiais e a desmoralização das Forças Armadas. Entretanto, com a ação enérgica das forças governamentais, os insurgentes foram debelados e descobriu-se que elementos judeus conspiravam por trás da ofensiva. A polícia carioca prendeu inúmeros indivíduos tidos como comunistas pertencentes à "organização revolucionária israelita chamada Brazcor". Conforme Barroso (1937c, p. 142), esta organização judaica era supostamente orientada pelo Partido Comunista do Brasil e possuía uma bem articulada máquina de propaganda encabeçada pela "biblioteca popular israelita, a 'Schelomo Aleichem'".

> - Quem sofreu tudo isso?
> - O povo brasileiro.
> Entretanto, o judaísmo creador do comunismo, inspirador de certos liberais e das internacionais, fomentador da Aliança Nacional Libertadora, destruidor das pátrias, êsse está palitando os dentes de fóra do barulho e gozando com a luta entre os cristãos. A policia carioca deu ao público uma prova de que a campanha contra os judeus está mais do que certa (BARROSO, 1937c, p. 141).

Gustavo Barroso pensava que, depois dessa "descoberta", os brasileiros entenderiam e justificariam o combate e a perseguição aos judeus, porque estes eram seres apátridas, que se apossavam das riquezas dos povos cristãos e implantavam as crises internas. Além de denunciar a responsabilidade e o envolvimento dos judeus, maçons e comunistas no caos econômico, político e social pelo qual atravessava o Brasil, Barroso também buscava fundamentos místicos e sobrenaturais para sua narrativa mitológica. Para isso, recorria com frequência aos eventos cabalísticos ocorridos no "cemitério de Praga".

> Durante séculos se tem dito e escrito que os chefes ocultos do povo de Israel se reúnem em certas datas, misteriosamente, na cidade de Praga, afim de deliberar sobre seu plano de domínio do mundo. Os israelitas desmentem essa versão, taxam-na de lenda, desacreditam-na como uma caraminhola. O mêsmo teem êles feito em relação aos provadíssimos crimes rituais e aos mais do que provados "Protocolos dos sábios de Sião" (BARROSO, 1937c, p. 149).

As supostas reuniões aconteciam ao redor do túmulo do "famoso Rabi Simeão". Ali, todos os grandes chefes de Israel informavam o que acontecia nos países em que haviam se infiltrado, "onde se acham dispersos e recebem do chefe supremo as diretrizes gerais do plano judaico" para dominar a humanidade. Segundo o intelectual brasileiro, o primeiro concílio cabalístico ocorreu em 1461, no qual ficou determinada a quebra do monopólio da Igreja Católica no século XVI, e a consequente sangrenta guerra religiosa do século XVII. Outro encontro importante teria ocorrido em 1761. Neste momento, Gustavo Barroso (1937c, p. 150) afirmava que a maçonaria já havia se colocado a serviço do judaísmo.

> As próprias palavras de Beilhacke demonstram o que valeu ao judaísmo a cooperação com a Maçonaria: "A dissolução do regime monárquico, a quéda dos nobre e do clero desembaraçam-no o caminho da ascensão ao poder. Derrubado o sistema feudal, dissolvidas as corporações de artes e ofícios, a concurrencia na vida econômica será livre. Então, o capital formará o eixo do processo de produção e comercio (BARROSO, 1937c, p. 151).

Conforme os cálculos do intelectual, o próximo encontro cabalístico estava marcado para acontecer em 1941. Dessa reunião, vários detalhes foram "revelados" pelas autoridades nazistas, inclusive com apreensão dos arquivos das maçonarias. Soube-se, de antemão, que desta vez o objetivo era estimular o "progresso da chamada cultura liberal dos povos cristãos". Caso alguma nação se levantasse contra estes princípios, o judaísmo internacional instigaria o mundo inteiro contra tal povo, o que, na opinião de Gustavo Barroso, era exatamente isso que acontecia com a Alemanha (BARROSO, 1937c, p. 126).

A partir do que foi abordado sobre o mito da conspiração transnacional, podemos observar que Alfredo Pimenta e Gustavo Barroso viam o antissemitismo como reação legítima e natural, presente em todos os Estados; uma luta instintiva e um espírito de autoproteção, que pretendia repelir do seio da sociedade as forças corrosivas e desmoralizantes. Portanto, a manifestação da primeira instância do mito da conspiração (íntima) se relacionava com a segunda instância (transnacional), na medida em que transformava aqueles dois homens, supostamente atacados, na imagem imaculada do guerreiro inteligente, incansável e corajoso, a releitura contemporânea do herói Caramuru.

Ou seja, diante do clima paranoico que ambos os intelectuais-heróis "implantaram" no imaginário social de Portugal e Brasil, ambos reconheciam que a única saída seria o retorno das estruturas basilares da civilização luso--brasileira. Sendo assim, para Alfredo Pimenta, a "civilização portuguesa é, para o povo português, a mais alta das civilizações". A despeito de sua condição periférica e por não ter recursos materiais para impor-se às outras nações, o intelectual português não admitia que sobrevivesse em Portugal o "pensamento derrotista e pessimista" (PIMENTA, 1936, p. 17). Em consonância, Gustavo Barroso declarava mais uma vez que o brasileiro descendia do povo português, povo este que advinha do Milagre de Ourique, do milagre de Aljubarrota, do milagre dos Descobrimentos, do milagre da Ressurreição em 1640, do milagre da Renovação actual. Sendo assim, a coesão portuguesa seria também a mãe espiritual da "assombrosa coesão brasileira" e, por isso mesmo, não haveria espaço na cultura luso-brasileira para o judaísmo.

4.3 Apropriações do mito do sebastianismo por Plínio Salgado e Rolão Preto

> Gemeu Portugal muito tempo, porque gemeu por espaço de sessenta anos debaixo da sujeição de Castela; e foi ocasião desta sujeição e destes gemidos ficar o Reino órfão de seus reis, porque os dois últimos – D. Sebastião e D. Henrique – faltaram sem deixar sucessão; mas foi-lhe Deus propício, porque dispôs com tão notáveis sucessos a execução de sua liberdade e foi remido não esperadamente, porque muitos não esperavam, antes desesperavam desta redenção; e remido por um não esperado, porque o redentor, pelo qual geralmente se esperava, era outro e não el-rei D. João o IV (VIEIRA, 1953, p. 105).

Segundo a tradição, o rei D. Sebastião nasceu no dia 20 de janeiro de 1554, poucos dias depois da morte de seu pai, o príncipe D. João III, último filho homem e vivo de D. Catarina. O príncipe recebeu o codinome de "o Desejado", por ter afastado as pretensões de anexação espanholas, foi aclamado rei em junho de 1557 e começou a governar em janeiro de 1568, aos catorze anos de idade. Em 1578, o rei D. Sebastião foi derrotado na guerra contra os otomanos, que avançavam no norte da África e ameaçavam os interesses da Corte portuguesa e da Igreja Católica na região. Com o desaparecimento do jovem monarca, que não havia deixado herdeiro, e com a morte de D. Henrique, tem-se o fim da Dinastia de Avis, e Portugal acabou anexado pela monarquia castelhana, em 1580, dando início a União Ibérica (1580-1640).

Desde então, o Sebastianismo emergiu como manifestação messiânica dentro de Portugal, sendo propagado pelas trovas proféticas do sapateiro Gonçalo Anes, o Bandarra, que fundia em sua obra narrativas bíblicas do Velho e do Novo Testamento com a lenda do Mago Merlim. Os escritos místicos de Bandarra anunciavam a vinda de um "Encoberto", aquele que traria paz e justiça eterna e circularam a partir de 1603 Com o desaparecimento do rei, criou-se uma expectativa em Portugal de que D. Sebastião retornaria para salvar a todos, conforme anunciavam as visões de Bandarra sobre o Encoberto.

Embora, possa parecer contraditório, Ana Paula Megiani demonstrou que muitos portugueses aceitaram a monarquia dual, pois achavam vantajoso para Portugal. Desde então, desenvolveu-se não somente um sentimento de aceitação aos Filipes, mas principalmente um desejo de que eles estivessem mais presentes em Lisboa do que efetivamente estiveram. A "ânsia de libertação" data apenas do período final, quando o Conde-Duque Olivares adota uma política contrária aos acordos estabelecidos nas Côrtes de Tomar, de 1581, que celebraram a união e garantiram grande autonomia administrativa a Portugal. Quando Olivares busca "espanholizar" Portugal é que ocorre a revolta protagonizada pelos Bragança, que foram fiéis negociantes da unidade em 1580. E mesmo após 1640, o fato de a luta pela independência durar até 1668 mostra que havia quem, em Portugal, defendesse a permanência da unidade. Neste contexto, o padre António Vieira (1608 – 1697) pode ser considerado um dos maiores e mais importantes pregadores do messianismo lusitano, que foi utilizado como argumento de resistência política a Castela (Cf. MEGIANI, 2003).

Vieira descrevia aqueles tempos como o pior momento de toda a longa e gloriosa história lusitana, uma vez que o país foi politicamente arruinado e assistiu à perda das virtudes trazidas com as novas descobertas na América. Todavia, com o passar dos anos, desenvolveu-se a crença de que D. Sebastião estava vivo e que, a qualquer momento, o monarca poderia retornar para libertar os lusitanos do julgo espanhol. Assim, surgia naquele contexto ambiente de insatisfação, um dos mais importantes conjuntos mitológicos da cultura portuguesa, o mito do Sebastianismo. A manifestação e o desenvolvimento dessa mitologia somente foi possível devido ao crescente descontentamento dos portugueses com o domínio espanhol. Assim, podemos afirmar que uma das primeiras motivações para o surgimento dessa narrativa mitológica foi a "ânsia de libertação" dos lusitanos (MEGIANI, 2003, p. 258).

> Mas pergunta-me-á porventura alguma emulação estrangeira (que as naturais não respondo): se o império esperado, como se diz no mesmo título, é do Mundo, as esperanças porque não serão também do Mundo, senão só de Portugal? A razão (perdoe o mesmo Mundo) é esta: porque a melhor parte dos venturosos futuros que se esperam, e a mais gloriosa deles, será não só própria da Nação portuguesa, senão única e singularmente sua. Portugal será o assunto, Portugal será o centro, Portugal o teatro, Portugal o princípio e fim destas maravilhas; e os instrumentos delas os Portugueses (VIEIRA, 1953, p. 10).

Desta maneira, emergiram por todos os cantos do Império "juízos astrológicos e vaticínios fatalistas", que, alimentados por presságios celestes e tragédias naturais, corroboravam a lógica da salvação do país com o retorno do jovem rei, sobretudo no Brasil. Desde então, o Sebastianismo tornou-se uma maneira particular de oposição, produzindo um "movimento" de conciliação e mobilização em torno de personagens que, de tempos em tempos, pareciam conseguir corporificar esta esperança (MARQUES, 2013, p. 259). Genericamente, este mito foi associado à imagem da chegada de um ser iluminado, de um Salvador, que conduziria o destino de todos os luso-brasileiros (PESSOA, 2011, p. 53).

A partir disto, muitos políticos e intelectuais se apropriaram do mito do Sebastianismo com o objetivo de discutir o ponto de partida da nacionalidade. Nesta lógica, o mito demonstrou sua grande força de atração, a ponto de se tornar o símbolo paradigmático do líder tipicamente luso-brasileiro. Sendo assim, ao evocar o retorno do rei, o que se pretendia era intervir no destino da nação (PESSOA, 2011, p. 12). O Sebastianismo, mesmo tendo como origem o reino português, foi capaz de se expandir e alcançar terras brasileiras. Aqui, encontrou infindáveis conotações e interpretações, influenciando movimentos de contestação no início do século XX. Dentre estes, o mais importante foi o caso de Canudos, onde Antônio Conselheiro, líder político e espiritual, difundia a lenda do retorno do rei, que voltaria para restaurar a monarquia no Brasil.

O fenômeno do Sebastianismo, assim como o do Caramuru, comprova o caráter transnacional desses dois mitos fundadores, principalmente quando analisamos o mito como expressão singular de um mundo real, que transcende os limites territoriais de sua criação e adquire em outros mundos representações e ressignificações particulares. Conforme foi indicado, no processo de colonização do Brasil foram enraizados infinitos costumes oriundos da Península Ibérica. Com isso, epopeias, mitos e disputas políticas atravessaram o Atlântico e acabaram sendo incorporados à realidade da nova terra.

No que tange à utilização do mito do Sebastianismo por parte dos intelectuais-heróis, é importante ressaltar que Plínio Salgado escreveu *O Rei dos Reis e Mensagens ao Mundo Lusitano* (1945), um livro dedicado especificamente ao mito de D. Sebastião, considerado por ele o maior e mais importante mito de Portugal. Por sua vez, Rolão Preto, mesmo sem produzir uma obra específica do Sebastianismo, e, quando muito, se referia ao mito com um discurso aparentemente cético, também se utilizou dos recursos imaginários presentes neste fenômeno mitológico, a fim de legitimar seus argumentos de liderança política.

A utilização da narrativa do Sebastianismo foi uma temática bastante debatida por Plínio Salgado, principalmente quando o intelectual se propunha a pensar o universo cultural brasileiro numa perspectiva histórica de continuação com a herança lusitana. A obra *O Rei dos Reis e Mensagens ao Mundo Lusíada* surgiu a partir de duas conferências realizadas durante o exílio português e foi apresentada ao público por João Ameal, um dos maiores nomes do pensamento conservador católico. O "sonho do encoberto" foi, ao mesmo tempo, uma esperança real e uma força poderosa de resistência; um mito que superou as fronteiras do Estado português e atingiu o Brasil, principalmente, a região nordeste, onde teve um papel preponderante em fins do século XIX.

> E o sonho atravessou os mares e o tempo; e ainda na derradeira década do século XIX, no Nordeste do Brasil, levantando-se, em guerra longa e áspera, núcleos populacionais de magnifico tipo eugênico, afinal sacrificados num dos mais belos episódios heroicos dos sertões as suas cantigas de guerra, na amplidão continental, anunciavam o regresso milagroso, numa galera de prata, mastreame de ouro e Velas alvas e pandas, daquele que é sempre vivo nos devaneios da Raça nos sonhos da nossa gente (SALGADO, 1945a, p. 26).

Para Plínio Salgado, D. Sebastião já não era somente o rei desaparecido de Portugal, havia se tornado no mundo luso-brasileiro o mito do "Esperado", o "Desejado". Correspondia exatamente à inquietude e às angústias dos novos tempos, à procura por uma existência transcendental de "ordem ética, política e religiosa" (SALGADO, 1945a, p. 26-27). De modo genérico, o mito, ao transformar-se em símbolo, "transferiu-se do Passado para o Futuro", fortalecendo a crença de que dias melhores viriam desde que não fosse abandonada a essência monárquica e católica. Por esta razão, em Portugal, o rei D. Sebastião conquistaria a maior de todas as glórias e se tornaria a pedra fundamental de tudo aquilo que remetia à grandeza da monarquia tradicional.

> Na verdade, o herói sacrificado revolveu as mais profundas raízes da cristianidade lusíada, incutindo no espirito da Grei essa insatisfação pelo "superado", pelo 'já feito', pela "já possível", e essa aspiração permanente crepitante, pelo "melhor", pelo "inatingido", o que constitui, em última análise, aquêle estado de espirito dos primeiros cristãos, quando esperavam, dia a dia, hora a hora, o Reino Prometido. Produzira-se o fenômeno sociológico a que se tem dado o nome de 'messianismo' (SALGADO, 1945a, p. 30).

Até meados do século XVII, o mito do regresso de D. Sebastião seria uma representação do desejo de Restauração da monarquia portuguesa. Mas, mesmo após a monarquia ser restaurada, a mística que envolvia o "Desejado" continuou, o que nas palavras de Plínio Salgado demonstrava o poder de alcance e de mobilização deste mito.

> O "Sebastianismo" tantas vêzes ridicularizado pelas mentalidades superficiais que floresceram no século XIX, constitui uma das manifestações mais fortes da capacidade de ideal e de sonho da gente portuguêsa e um dos valores positivos no balanço das virtudes e das eficiências na economia fundamental do caráter e do temperamento lusíadas (SALGADO, 1945a, p. 31).

Plínio Salgado via de maneira otimista o mito de D. Sebastião, pois, segundo ele, esta manifestação surgia em momentos de grandes insatisfações, "por uma época subvertora da hierarquia e amesquinhadora dos valores do Espírito". Era uma reação da "ordem moral" contra os abusos e traições da ordem vigente. Todos os movimentos que erguiam a bandeira do mito de D. Sebastião guardavam, no seu íntimo, razões superiores que transcendiam os tempos e projetavam esperanças renovadas de glória.

> A nação foi privada do jovem Rei, no pleno fastígio da fôrça nacional e da expansão marítima; foi privada para que ficasse sempre a esperá-lo; e, na espera, o sublimasse; e sublimando-o, fôsse êle transformado em mito, e transformado em mito, se erigisse em símbolo; e de símbolo, passasse a aspiração de perfectibilidade, de grandeza moral, de amplitude e de altura espiritual (SALGADO, 1945a, p. 32).

O intelectual (SALGADO, 1945a, p. 35) aprofundava sua explanação demonstrando que o Sebastianismo constituía também um "convite às formas heroicas e poemáticas da existência." O rei devoto de Cristo demonstrou toda a sua fé através da luta, foi um verdadeiro paladino do catolicismo. Deixou como lição o seu próprio exemplo, o seu sacrifício pelo reino de Deus. Estabeleceu, dessa forma, uma hierarquia nos valores sociais, na qual as "coisas do Espírito" possuem primazia em relação a todas as outras necessidades. Por isso, toda e qualquer luta pelo Estado deveria se basear, em primeiro lugar, na defesa espiritual da nação. Sendo assim, Salgado defendia que o problema do mundo contemporâneo era, acima de tudo, espiritual e religioso.

> Da afirmação ou da negação do Sobrenatural decorrem lògicamente as soluções tanto econômicas como políticas. Colocar estas em primeiro lugar para em seguida tratar daquela essencial questão da origem e da finalidade da vida humana é inverter tôda
> A ordem lógica do pensamento.
> E, agora, chega-nos a ocasião de chamar fanáticos do mecanismo econômico e loucos do mal político a todos aqueles que raciocinam às avessas, como quem desse à cabeça a tarefa de andar a aos pés o oficio de pensar (SALGADO, 1945a, p. 37).

Reconhecia que a afirmação da primazia do Espiritual sobre o Econômico e o Político poderia soar um tanto estranho àqueles que viam o mundo por uma ótica materialista. Mas esta era a única solução possível para enfrentar a grave crise que se instalara na primeira metade do século XX. O homem deveria recuperar os seus direitos religiosos, que lhe foram arrancados pela ideologia burguesa. Não obstante, toda e qualquer forma de ligação com o "materialismo altruísta ou filantrópico, reformista ou inconformista" representaria uma dissimulação gravíssima, em que se escondia o "lobo da sensualidade e da desordem moral". Seria o equivalente ao que Rolão Preto denominou de a "traição" da burguesia operada contra o Espírito nacional (SALGADO, 1945a, p. 39-40).

Plinio Salgado percebia que o contexto atual incentivava vários países a construírem suas próprias versões do messianismo. Isso ocorria devido à grande insatisfação com o presente, e, principalmente, após o crescimento acentuado do clima de conspiração, que, perigosamente associado às questões políticas e econômicas, levou à eclosão da Segunda Guerra Mundial.

> Depois de seis anos de guerra, as nações encontraram-se no mesmo estado de espirito em que se achou a família lusíada em seguida ao desastre de Alcácer-Quibir: aquela 'apagada e vil tristeza', que é a consciência do 'fim' e apêlo ao algo novo, invocação da passada grandeza transformada, pouco a pouco, no anseio por um futuro diferente de tudo o que constitui a opressão e o desconsôlo da hora que passa (SALGADO, 1945a, p. 43).

Entretanto, diferentemente do messianismo "confuso e indefinido" como aquele dos judeus, o mito do Salvador, ou o Sebastianismo, em Portugal, representava um fenômeno social de superioridade psicológica fundamentado na realidade do Espírito. O "reino do Encoberto", apresentado pelo mito da Salvação, poderia ser traduzido num tipo de "Reino Missionário"; um governo que encarava como missão própria a expansão da fé católica, no qual a adesão dos súditos acontecia de forma livre, o que garantiria o "Reino dos nobres ideais de salvação dos homens e universal redenção" (SALGADO, 1945a, p. 49). Logo, o intelectual brasileiro entendia que o Sebastianismo era um movimento de ideias claras e bem definidas, que conduzia tanto as classes eruditas quanto o povo mais humilde. Deste modo, o Sebastianismo, visto como lenda ou como instrumento político na luta contra o domínio da Espanha, foi um mero "acidente histórico", uma vez que, a partir do século XVII, este mito salvaria Portugal novamente da dissolução.

Em outras palavras, o valor dessa manifestação mitológica estaria na sua capacidade de seduzir e mobilizar grandes intelectuais e políticos, dos dois lados do Atlântico, ao longo dos séculos. Nesta perspectiva, Plínio Salgado se autoprojetava como um líder "escolhido", com elevada sabedoria para conduzir os brasileiros no caminho do nacionalismo, cujas bases poderiam ser buscadas na valorização da terra, ideal compartilhado com os portugueses. Assim, o intelectual-herói reafirmava claramente a necessidade de ver ressurgir no mundo luso-brasileiro a figura do Salvador, e somente ele poderia encarnar esta força mística.

Por sua vez, Rolão Preto se comportava de maneira bastante contraditória em relação à utilização dos recursos míticos, especialmente com o mito do Sebastianismo, ora relacionando-o com o campo da mentira, ora aceitando-o como força política mobilizadora. Esta postura oscilante deflagrava as incertezas e as inseguranças que faziam parte de sua trajetória política, marcada por perseguições e exílios. Desta maneira, para facilitar a compreensão, decidimos analisar primeiramente as passagens em que Rolão Preto se referia ao mito como ideia falsa, para, logo a seguir, demonstrarmos como o intelectual-herói se apropriou da essência do mito do *Sebastianismo* para legitimar sua liderança política, ainda que de forma disfarçada e/ou dissimulada.

No primeiro momento, o intelectual-herói acreditava que o mito nada mais era do que o falseamento da realidade, uma ideia mentirosa criada pela burguesia, arraigada nos primórdios da antropologia e do conhecimento popular. Em sua opinião, num ambiente em que prosperava a valorização do elemento estrangeiro em contraposição ao elemento nacional, seria o terreno mais propício para o surgimento e o desenvolvimento dos mitos (PRETO, 1953, p. 169). Por esta razão, afirmava que os mitos foram essenciais somente para legitimar e dar sentido à marcha histórica da burguesia. Além disso, são variadas as condições de seu nascimento e as maneiras como os burgueses faziam uso dele: "Umas vezes, para a Burguesia, o seu mito é cómoda poltrona para a digestão e repouso, outras é arma brilhante e vingadora que ela brande e agita como uma espada" (PRETO, 1953, p. 171).

Os mitos, entendidos por Rolão Preto como uma criação burguesa, poderiam ser divididos em dois campos de batalha antagônicos, direita e esquerda. O primeiro conjunto mitológico, dito de "direita", tratava-se essencialmente da "ordem" burguesa, sob uma ótica "confortável", pois transmitia uma imagem otimista de todos os preceitos teóricos da burguesia.

> A Ordem é assim o conjunto harmónico de tôdas as coisas agradáveis dêste mundo, panglòssicamente disposto para que tudo funcione e trabalhe e se suceda em benefício da tranquilidade e do regalo burgueses.
> A Ordem tem de resto os seus símbolos augustos nos quais o burguês fita e ausculta o tempo e o seu mistério (PRETO, 1953, p. 172).

Segundo o intelectual-herói (PRETO, 1953, p. 179), a burguesia teria sempre a seu favor "razões" que limitavam, equilibravam e organizavam o processo histórico. Com isso, o mito da "ordem" burguesa levaria diretamente ao mito da "tradição", igualmente dissimulado. O mito da "tradição" não se limitava somente à chamada "tradição política", se estendendo também sobre a moral e os bons costumes da sociedade. Para os burgueses, "tradição" significava a história escrita em proveito de sua própria classe, ao mesmo tempo que abria espaço para o mito do "bom senso

> Há revoluções burguesas, mas essas não ferem o 'bom senso', antes diante delas se extasia a eloquência dos historiadores burgueses – a de 1830 em França, por exemplo; ou, entre nós, o 5 de Outubro.
> Uma revolução pode ser de inicio uma onda de fundo, um sobressalto de sincera cólera, de justo anseio popular; mas, para a burguesia, só em verdade começa a ter sentido histórico quando ela se deixa atraiçoar nas suas intenções e nos seus objectivos não burgueses (PRETO, 1953, p. 173).

Nesta linha de raciocínio, Rolão Preto enquadrou, dentre a gama de mitos que ele definiu como sendo de características de "direita", além dos mitos da "ordem", da "tradição" e do "bom senso", o "mito da cultura". Este, aliás, seria mais recorrente quando a burguesia atuou no sentido de tentar apagar suas "traições" e criar uma origem legítima, desde a Revolução Francesa.

> No mito de "cultura", como expoente da sua civilização, tem a Burguesia insistido demasiado para que alguém desconheça as suas cumplicidades em quantas traições nessa palavra se consagram.
> Com efeito, se a "Caridade" é o brasão da burguesia na luta com a Justiça, a 'Cultura' sê-lo-á na sua espiritualidade em luta com a "Verdade" – ambos brasões de classe, signos de 'elite', timbres de uma nobreza por que a burguesia anda eternamente suspirando (PRETO, 1953, p. 179).

No outro campo de batalha das mitologias burguesas, estariam os chamados "mitos da esquerda". Dentre eles, o intelectual destacou, inicialmente, o "mito da Liberdade", uma construção ideal a partir da qual se legitimava o ataque às crenças religiosas e a negação aos homens do direito de as professarem. Lançando mão deste mito, o intelectual-herói edificou uma imagem muito poderosa, demonstrando que os comunistas pretendiam destruir todas as igrejas. A mensagem que prevalecia era simples e direta, associando os comunistas aos ateus e aos profanadores da religião. Por outro lado, os verdadeiros fiéis na cruz de Cristo não deveriam perder a esperança, pois Deus estaria vigilante e preparado para punir aqueles que se levantaram contra os seus ensinamentos (MOTTA, 2002, p. 95).

> A liberdade religiosa burguesa pode concretizar-se nessa fórmula, todos os dias posta à prova entre nós: quando 'triunfa' a esquerda ai do que vai à missa; quando triunfa a 'direita' pobre de quem lá não vai...

> Quanto à liberdade económica e a liberdade política burguesa, elas significam, na maior parte das vezes, o direito de que os poderosos se arrogam para impor a sua vontade aos mais fracos... (PRETO, 1953, p. 185).

Desta maneira, a liberdade burguesa seria a expressão verdadeira de um privilégio, benefícios de uma só classe, a burguesia. Tal mito se relacionava intimamente com outro mito também da esquerda, a que Rolão Preto denominou "mito do progresso social". Este, por sua vez, conduziria o povo à ilusão de que, ao defender radicalmente as bandeiras sociais erguidas pela burguesia, estariam lutando por uma igualdade maior, e é bastante semelhante ao "mito do igualitarismo". Sendo assim, o autor (PRETO, 1953, p. 186) acusava os seus mentores de se valerem de enorme hipocrisia. Igualmente, encontra-se o "mito do materialismo", no qual se reclamava uma vida de ganhos materiais em contraposição aos "direitos do Espírito". Na perspectiva defendida pelo intelectual lusitano, a ideia não passava de um grande absurdo, visto que tantos os benefícios materiais quanto os benefícios espirituais formam um mesmo todo da existência humana.

No segundo momento, podemos perceber um Rolão Preto muito mais preocupado em fazer uso da característica fundamental do Sebastianismo, exatamente aquela identificada pela capacidade de mobilização política, ao passo que tentava disfarçar a influência dessa manifestação mitológica em sua obra. Para isso, em várias ocasiões substituiu a ideia do Sebastianismo pela lógica da manifestação "mística" da "Inteligência", pois acreditava que, com esse jogo semântico, conquistaria maior credibilidade em seus discursos políticos. Como sabemos, o intelectual-herói não produziu qualquer obra que tratou especificamente sobre o mito do Sebastianismo e ainda insinuou que todos os líderes políticos que fizeram uso desse mito, no fundo, pretendiam esconder suas verdadeiras intenções. Por esse motivo, afirmava que o mais importante seria a eficácia de um regime político, sua capacidade real de atender aos anseios da sociedade, o que demonstrava o seu completo desinteresse pelos "Sebastianismos".

> - Contanto que seja eficaz na valorização das intenções que criaram o sistema. Doutra forma não teria por si o Povo, cansado de esperar apoio para os seus anseios.
> Os sistemas valem pelos seus resultados e não pelo brilho das suas fórmulas. Todos os "Sebastianismos", de resto, são inúteis quer sejam Monárquicos quer seja Rèpublicanos (BARBOSA, 1940, p. 41).

Apesar dessa suposta visão negativa em relação à utilização do mito do Sebastianismo, Rolão Preto revelou sua tentativa de rever a história e, com isso, incorporar um novo ideal de liderança política, que, em tese, estaria totalmente imune a qualquer tipo de manipulação da realidade. Pretendia reforçar sua autoimagem de líder político "anti-mitos", que obedecia às "severas obrigações de sinceridade" em relação à condução do povo (SOREL, s.d., p. 297). Deste modo, acreditava se distanciar dos "catedráticos", que preferiram esperar, confortavelmente em seus salões, que as ideias surgissem sem que eles fizessem algum tipo de esforço para estimulá-las. O conformismo profissional os impediriam de olhar para o futuro e construir novas perspectivas que ultrapassassem os compêndios oficiais. Assim, "o catedrático avança recuando", enquanto que a "traição da burguesia" se instalava profundamente na cultura lusitana através das universidades, que ficaram presas às ideias e épocas atrasadas (SOREL, s.d., p. 184).

Em suma, na perspectiva de Rolão Preto, tanto os mitos de "direita" quantos os mitos de "esquerda" se equivaleriam, pois tratavam de construções imaginárias forjadas pela classe burguesa. Em última instância, os dois tipos mitológicos tentavam iludir e camuflar as "traições" da burguesia, representando as duas faces de uma mesma moeda (SOREL, s.d., p. 187).

Ao contrário disso, encontrava-se o intelectual-herói, que acreditava conduzir uma nova e legítima campanha nacionalista, fundamentada pelos preceitos morais da tradição católica. Portanto, somente os seus adversários políticos, fossem liberais-burgueses ou comunistas, produziram os mitos e as mitologias, ao passo que ele próprio guiava seu povo a partir de uma liderança política, doutrinária e mística, sem fazer uso desse tipo de artimanha. Deste modo, Rolão Preto tentava ressurgir em Portugal como o Salvador, sem se tornar um mito e, por esta razão, foi buscar nos preceitos da terra e nos ensinamentos de São Tomás de Aquino as inspirações para realizar sua missão.

4.4 O mito da salvação: versão íntima e transnacional

> Por isso que êsse movimento que se processa nas vésperas do aparecimento do novo tipo de Humanidade, começa por uma obra de revisão do Passado, servindo-se de todos os elementos humanos para a realização da grande síntese.
> Em meio ao tropel cambaleante de um mundo que morre, escutamos já nitidamente os passos da Quarta Humanidade (SALGADO, 1955, p. 79).
>
> Ao Povo:
> povo glorioso,
> povo português;
> povo a quem nunca mingua
> Alma para crer,
> coração para oferecer;

> povo sofredor e forte,
> generoso,
> Sonhador,
> povo bom;
> povo de quem as virtudes fizeram
> a História
> povo, que, mesmo quando o não diz, espera sempre (PRETO, 1963, p. 7).

Plínio Salgado e Rolão Preto, assim como Alfredo Pimenta e Gustavo Barroso, também compartilhavam elementos mitológicos que possuíam como características marcantes uma versão íntima e, ao mesmo tempo, uma versão transnacional. Porém, mais do que denunciar os inimigos, esses mitos invocavam a imagem do "novo Homem", do Chefe da nação, único sujeito capaz de encarnar a energia mística do Salvador, traduzida no imaginário social (Cf. BACKZO, 1985) luso-brasileiro, através do mito do Sebastianismo. Evidentemente, na história ocidental a maior e melhor construção do Salvador foi representada por Jesus Cristo, que, segundo os Evangelhos, foi enviado por Deus para salvar toda a humanidade e romper completamente com a ordem vigente. Desta maneira, a história do cristianismo estava orientada pelas promessas de perdão e de redenção da alma, através da ação efetiva de um líder carismático (KUCZYNSKY, 2007).

Aqui, nos interessa o emprego político desse mito religioso, simbolizado pela releitura do mito da Salvação. Segundo Girardet (1999, p. 62-63), ele foi conduzido por alguns grandes líderes políticos e remetia a um futuro bastante breve, que traria de volta ao cotidiano das pessoas a tranquilidade e a prosperidade de um passado longínquo. Além disso, construía um ambiente de esperança de que a grande massa popular pudesse se reconhecer no Salvador, o que resultaria num aprimoramento moral de toda a sociedade. Sugeriu, ainda, que a mitologia salvacionista nascia da aparente confusão entre o fato histórico e o mítico, um "misterioso" processo de "heroização", que culminava na transmutação do real e sua absorção pelo imaginário social. Portanto, o primeiro exercício no entendimento desse mito seria distinguir a parte do real da parte do imaginário. Assim, resultaria a separação entre a "criação espontânea" da imagem do Salvador e a "construção intencional" do mito (GIRARDET, 1969, p. 69).

Como vimos ao longo deste trabalho, Plínio Salgado e Rolão Preto, cada qual a seu modo, não mediram esforços para se transformarem em mitos, embora muitas vezes disfarçassem essa intencionalidade. Autodeclaravam-se os "escolhidos" por Deus para realizar, em seus respectivos países, a promessa da Salvação dos homens. Nesta perspectiva, ambos os intelectuais-heróis percebiam a história como manifestação "teológica ou providencialista", uma vez que ela deveria ser "escrita" seguindo os planos de Deus. Esta visão de mundo pautada pela lógica salvacionista tem origem no Livro da Revelação do profeta Daniel, no qual estaria registrado que, somente aqueles que estivessem alinhados com os desígnios divinos, alcançariam a Salvação (CHAUÍ, 2000, p. 73).

Segundo Marilena Chauí (2000, p. 74), este momento crucial da humanidade, também conhecido como "tempo final", foi descrito pelo profeta Daniel como a época em que ocorreria o aumento da espiritualidade e de grandes avanços dos conhecimentos científicos, sendo finalizado com a instauração do chamado "Quinto Império" ou o "último reino", representado pelo triunfo de Israel. Essa "completude" da história universal, de que judeus e cristãos denominam de "plenitude do tempo", resolveria definitivamente o problema da desordem do mundo. Aliás, a desordem era um acontecimento que recaía sobre toda a cristandade, cujo sentido foi "decifrado" pelo abade calabrês Joaquim de Fiori, no século XII (CHAUÍ, 2000, p. 76).

Em *O Deus da Idade Média*, Jacques Le Goff (2007, p. 50-51) afirmou que os principais herdeiros do pensamento de Fiori foram os franciscanos, entre os quais, os chamados "joaquimitas" ou "joaquinitas". Joaquim de Fiori teria inserido Deus numa "dinâmica renovada da história", por meio da sucessão das três pessoas da Trindade: a idade do Pai, fundada nas leis de Moisés, a idade do Filho, que é a época da graça e da Igreja e também a idade do Espírito Santo, realizada pelo desenvolvimento da ciência e da sabedoria espiritual.

No século XVII, o padre António Vieira, um dos mais importantes intérpretes do pensamento de Fiori na esfera luso-brasileira, realizou uma leitura profunda dos grandes profetas, em especial Daniel e Isaías. Defendeu a ideia de que Portugal foi criado para realizar a grande obra do milênio, a profecia de Daniel, representada pela "solução milenarista" da edificação do "Quinto Império", com o retorno do rei Dom Sebastião, o "Encoberto" (LE GOFF, 2007, p. 79). Esta profecia determinaria tanto o surgimento de uma versão contemporânea da tradição secular do messianismo quanto à "criação" de lideranças personalistas que se investiram de um poder político, místico e sobrenatural. Diante disso, a criação de um "novo Homem" à imagem e semelhança do rei D. Sebastião tornou-se peça fundamental na montagem da narrativa mitológica de ambos os intelectuais. Ainda que Rolão Preto tentasse camuflar o uso da mitologia, ao contrário de Plínio Salgado, que exaltava abertamente a utilização política desse mito, os dois compreendiam o enorme potencial da narrativa mítica da Salvação.

É importante perceber que o mito da Salvação ressurgiu no mesmo período do mito da Conspiração, durante a primeira metade do século XX, numa conjuntura marcada pelo agravamento das tensões políticas e sociais e do fortalecimento de um discurso genuinamente nacional, tanto em Portugal, quanto no Brasil. O enredo do mito era sempre o mesmo: começava com a angústia do povo, provocada pela opressão de um inimigo conspirador, e se desenvolvia com o renascimento de uma energia mística, que só poderia ser incorporada pelo verdadeiro Chefe nacional. Assim, a releitura do Sebastianismo, incorporada na narrativa da Salvação pelos intelectuais-heróis, corroborava a ideia recorrente da época de que a liberal-democracia corrompia os valores tradicionais da civilização luso-brasileira.

Nesta perspectiva, a análise da produção doutrinária de Plínio Salgado e Rolão Preto demonstrou que o mito da Salvação também poderia ser dividido em duas instâncias distintas e complementares, uma íntima e a outra transnacional. Na primeira versão do mito da Salvação, os líderes emergiram como vozes proféticas, assumindo como missão pessoal a redenção de seu povo. Acreditavam que seria necessário lutar não somente pela liberdade do homem, mas também para desenvolver neles mesmos a vocação do verdadeiro "construtor" de pátria. Reconheciam que a chance de se obter sucesso era mínima, e, por outro lado, havia um risco imenso de cair em desgraça. Entretanto, a sede pelo poder e a determinação em entrar para o panteão dos heróis nacionais fizeram com que os dois autores trabalhassem intensamente para construir a autoimagem do novo "Homem".

Plínio Salgado (1957, p. 195), por exemplo, vai desenvolver uma imbricada explanação filosófica, demonstrando o grande feito por trás de sua proposta de construir uma nova pátria, conforme fizeram figuras históricas, como "Júlio César e Maquiavel, Dante e Mazzini, Napoleão e Bismarck, Afonso Henriques e D. João II". Afirmava que as manifestações políticas na história refletiam os movimentos dos povos, entendidos como um "grande Ser-Coletivo". Nesta lógica, o construtor da nação, imagem que ele próprio incorporava, deveria levar em conta, primeiramente, os movimentos da massa para que pudesse conduzir com segurança a verdadeira revolução.

> Afonso Henriques, embasador da Pátria lusitana, lutou contra aqueles que não possuíam o "sexto sentido" dos fundadores de nacionalidades; e D. João II, cercado de insídias, das maquinações das mediocridades aninhadas na nobreza, no clero, e manobradas pelo judaísmo, sofreu a dor do isolamento que foi tenazmente. Mais tarde, o Infante D. Henriques iria também isolar-se em Sagres. Mas o isolamento dos interpretadores da Raça e da História é aparente, porque se é necessário conquistar áreas na opinião formal, êsses interpretadores estão intimamente ligados à força poderosa do subconsciente, do sentimento, dos instintos da massa humana que é a argila em que se plasmam as expressões da História (SALGADO, 1957, p. 199).

Seguindo por este viés, o intelectual-herói indicava que a construção de uma nova nação era uma obra política e, principalmente, uma realização moral-espiritual.

Como referência, recorreu às histórias da fundação de Portugal, que, segundo Salgado, foi uma das mais importantes obras já realizada pelos governantes. Ao mesmo tempo, considerava a meditação solitária como processo poderoso de aprimoramento de um grande líder, fundamental para que os "interpretadores da Raça e da História" pudessem atuar positivamente na essência dos dilemas da sociedade. Aos moldes dos retiros bíblicos, esse "isolamento" não significava uma fuga, pois tais líderes estavam intimamente conectados à massa através do espírito e do subconsciente. Esta seria uma das explicações do intelectual para responder o porquê de uma maioria ser governada por uma minoria, já que as chamadas maiorias "jogariam" com tudo o que era consciente, enquanto as "surpreendentes minorias" utilizavam todos os meios do subconsciente.

> A formação das elites dirigentes é o escopo da primeira fase desta campanha. Ela deve firmar certos princípios, que servirão de base à nossa consideração do mundo e dos fenômenos sociais.
> A mobilização de pensadores, estudiosos, intelectuais, é condição fundamental do êxito desta campanha. São eles que devem transmitir ao povo o conceito sereno da verdade (SALGADO, 1955, p. 85).

Neste sentido, o intelectual brasileiro direcionava seus discursos aos jovens e àqueles que ele denominava de a "mocidade eterna", pessoas de todas as idades que preservavam o espírito com pleno vigor jovial. Professava que a libertação da inteligência e o milagre da palavra nova eram capazes de rejuvenescer a humanidade. Assegurou que a noção de juventude eterna caminhava junto à ideia de liberdade.

> Por isso, a Geração Nova do Brasil não teme o fracasso na sua luta, porque ela está procurando interpretar tôdas essas vozes, todos êsses rumores, sinais de presença de um povo, para que constituam um dia a voz clara e definitiva do seu grande país.
> Destino dos Povos, arrasa-nos com um cataclismo, se tivermos de ser, com tudo isso, um povo tributário; se tivermos de ser um aglomerado de adventícios; se tivermos de legar aos nossos descendentes um exemplo de passividade, que é uma traição aos sacrifícios dos nossos antepassados (SALGADO, 1955, p. 132).

A "Mocidade" deveria ser sinônimo de "antimaterialismo", "anticeticismo", "anticomodismo", "antimelancolia" e, ao mesmo tempo, simbolizar a síntese da "energia fecundadora". O jovem seria, segundo Salgado (1957, p. 191), o elemento catalizador das civilizações e a peça fundamental para qualquer tipo de revolução, principalmente aquela que ele considerava como a verdadeira, a revolução integralista ou espiritual.

> Mocidade é fixação de personalidade, através da perpetua transformação em que palpita a imutável essência. Mocidade é convivência com o dia de amanhã. Não guerreamos o Passado no que êle tem de criação e de força, porque uma e outra não lhe pertencem, mas vibram na essência de todas as épocas; mas guerreamos o que o Passado tem de tirânico na pretensiosa perpetuidade das formas (SALGADO, 1957, p. 188).

Como resultado de sua intensa tarefa de professar sua doutrina salvacionista – embora, na maior parte das vezes tentasse disfarçar ou camuflar suas verdadeiras intenções – muitos de seus seguidores acabaram por fundir a imagem do chefe político com a do guia espiritual. Este é o caso, por exemplo, de uma reportagem publicada na segunda quinzena de agosto de 1937, pelo *Jornal de Policia,* em que constatamos uma simpatia excessiva por Plínio Salgado. O texto trazia uma "revelação mediúnica", ao afirmar que Plínio Salgado e Tiradentes seriam os mesmos espíritos.

> Cumprindo o que prometemos, vimos, nesta edição declarar que ao Chefe do Sigma foi enviada, há dias, uma missiva, na qual o seu autor, figura de relevo na sociedade brasileira e um dos mais estudiosos da sciencia de Allan Kardec e de todos os assumptos referentes á doutrina e pratica do Espiritismo, affirmou sem hesitação, haver em lúcida vidência, assistido por diversas vezes o vulto de Tiradentes tomar a fórma do Sr. Plínio Salgado e desapparecer do mesmo modo, para ser substituído novamente pelo Sr. Plínio Salgado!
> Essa videncia e aparição teve logar durante tres dias consecutivos![13]

O texto se alongava numa exposição que fundia religião e política, misturando a ideia de "Karma" com a narrativa da Salvação. Assim, o Brasil, no futuro, seria conduzido pelo "espírito do Joaquim José da Silva Xavier, cognominado o Tiradentes, reencarnado em Plínio Salgado, creador do 'Deus! Pátria! Família!'"[14] De modo semelhante, Rolão Preto, após décadas se autoproclamando a reencarnação do novo "Homem" e o verdadeiro Chefe da nação, ainda que disfarçadamente, também foi descrito por alguns de seus admiradores como um tipo de liderança mística e profética.

> [Rolão Preto] Paladino sincero, profundamente sincero, e arrebatado, misticamente arrebatado, dum mundo melhor em justiça social, Rolão Preto quis que nós fossemos através desta serie de entrevistas o interprete, junto do povo português do seu pensamento de iluminado e profeta político (BARBOSA, 1940, p. 74).

---

13 Cf. Reportagem de capa do Jornal de Polícia 2ª quinzena, Agosto 1937, p. 1 (FPS-131.039).
14 Ibid., p. 2.

O intelectual-herói exaltava a ideia de que o surgimento da nova pátria passava primeiro pela criação do "novo Homem". Seu discurso demonstrava uma conexão direta com o de Plínio Salgado, entretanto estava pautado numa percepção mais aguçada sobre as instituições, que, segundo ele (PRETO, 1953, p. 26-27), deveriam salvaguardar a integridade moral da "Pessoa". Com o lema "Tudo pelo homem!", adaptação da fórmula fascista "tudo pelo Estado nada contra o Estado", transformou o projeto de um novo "Homem" no elemento central de seu discurso.

> E, não será numa hora em que no Mundo se tenta libertar a pessoa humana de todas as duras realidades e todas as duras ameaças que pesam sobre o seu livre destino, que não se reconheça e exalte a realeza sagrada do Homem, única realidade eterna, único fim de si mesmo, para além da Nação, do Estado, da Sociedade e do Grupo (PRETO, 1953, p. 26).

Nesse sentido, Rolão Preto pretendia ser o novo "Homem", que foi criado interiormente por obra do "Espírito" e se tornou a expressão legítima do ideal de "Inteligência", aos moldes dos antigos reis lusitanos. Seria o verdadeiro "condutor de homens", aquele que não se deixava levar pelas massas, "ouve, interpreta e orienta-as êle próprio" (BARBOSA, 1940, p. 67). Acreditava ser o intermediador e interlocutor do povo com os tempos modernos, reafirmando sua autoimagem de messias e sua versão pessoal do mito do Sebastianismo. Além disso, embora considerasse que a modernidade era perniciosa, visto que seduzia o homem através da possibilidade de viver a sua vida individual, o intelectual-herói se mostrava otimista porque acreditava que cada cidadão, corretamente instruído, poderia desfrutar de sua parte no progresso global (BARBOSA, 1940, p. 27).

> Uma política nacional não pode ser senão aquela que parte da segura consciencialização dos problemas no ânimo do País. Quando se marcha para a maior aventura de toda a história dum Povo deve-se em primeiro lugar contar com a sua alma.
> À voz do povo, tudo é possível, mesmo Aljubarrota onde nada tínhamos senão o povo. Contra o conselho do povo nada é possível, pois, mesmo, quando tanto éramos, foi Alcácer Quibir... (PRETO apud BARBOSA, 1940, p. 27).

Deste modo, o intelectual lusitano vislumbrava uma época prodigiosa para Portugal e sinalizava a possibilidade de devolver aos portugueses a sua própria vida, a idade de ouro, realizando a profecia da Salvação. Discursava sobre um futuro de glórias, pois, pela primeira vez na história, o homem estaria muito mais perto de realizar a grandeza do seu destino, já que a "Técnica" associada à "Justiça" poderia proporcionar grandes riquezas coletivas.

Assim, o progresso colectivo, a melhoria geral, se traduzem no progresso e melhoria da condição do individuo através da sua independência econômica. É a Técnica realizando com as suas conquistas uma base nova à Liberdade. E, é a Liberdade a inspirar caminhos novos, da Justiça, aos homens econòmicamente livres (PRETO apud BARBOSA, 1940, p. 31).

A marcha ainda estava no seu início, embora já demonstrasse um horizonte mais promissor, deixando para trás as antigas amarras da alienação. O que simbolizava um despertar, um renascimento da "consciência da sua personalidade", diante dos desafios da "aventura humana". Nascia daí o clamor das suas responsabilidades e direitos, além da clara percepção de que voos maiores só seriam possíveis caso existisse maior Liberdade (PRETO apud BARBOSA, 1940, p. 32). Este novo homem, de que tanto fala Rolão Preto, nascia de dolorosas experiências e sofrimento das gerações passadas. Era uma mistura de "decepções e esperanças", um ser forjado como único e singular.

> Os homens, homens e mulheres, economicamente livres, das gerações novas, parecem na verdade traduzir os seus sentimentos, como a febre do seu anseio de ritmos, por comportamentos cujo sentido novo nos escapa. Ilógicos mas doces sonhos de outras gerações foram, com efeito, sacrificados, ao duro realismo dos tempos. E, no entanto, – assombroso milagre do Espirito – e, no entanto, nas gerações novas mais do que nunca se volta a afirmar a inquietação da verdade e do autentico, no caminho da vida (PRETO apud BARBOSA, 1940, p. 33).

Igualmente ao brasileiro, Rolão Preto também via como sua missão dirigir os mais jovens, conduzindo-os pelo caminho do nacionalismo. Pretendia realizar aquilo que Ramalho Ortigão fez por sua geração, ou seja, dar aos "novos" inspiração e energia. Segundo o intelectual-herói, o maior drama da juventude era a falta de referências morais superiores, pois reconhecia que faltava aos mais velhos uma capacidade maior de entender as gerações mais novas.

> Carta aos novos
> Raramente me refiro aos "novos" sem que me acuda a grande figura de Ramalho e aquela forte carta com que ele incitou ao bom combate os novos da minha geração. Como ela faz falta a "ramalhal figura", apontar-nos, na frondosa pujança e viva seiva de que tinha o segredo, os imperativos de acção que vos espreitam – novos deste tempo – numa hora do mundo em que o homem mais do que nunca disputa os seus destino de homem! (PRETO, 1963, p. 227).

Assim, os mais jovens se encontravam, segundo ele, perdidos por viverem numa época sem conteúdo espiritual capaz de mobilizar suas vidas, e, com isso, Rolão Preto (1963, p. 229) se projetava como um exemplo a ser seguido, fazendo, frequentemente, referência a dois acontecimentos determinantes em sua trajetória política. O primeiro trata-se da experiência de guerra que adquiriu precocemente nos combates na Galícia, quando se juntou às tropas do comandante monarquista Paiva Couceiro. O segundo acontecimento foi o exílio na Espanha, onde lutou ao lado da *Falange Espanhola* de Primo de Rivera. O intelectual-herói se enxergava como a prova viva de que a juventude deveria se doar por completo aos apelos do espírito nacionalista. Somente assim, os portugueses poderiam voltar a ter orgulho de serem portugueses, herdeiros de uma gloriosa história e um povo com forte tradição.

Conforme vimos, a reencarnação do mito do Sebastianismo, ou seja, a capacidade de um líder fazer uso de uma suposta energia mística e, a partir dela, conduzir os homens à Salvação, foi uma característica marcante nas obras doutrinárias de Plínio Salgado e Rolão Preto. Aquele declarava que, graças ao seu "sexto-sentido" e ao seu apurado instinto político, era o mais preparado para encarnar o novo "Homem". Do mesmo modo, Rolão Preto (1963, p. 33) corroborava a ideia de que havia se legitimado como o ideal do novo "Homem" após ter superado as dolorosas experiências e sofrimento no exílio. Portanto, de maneira muito semelhante, os dois se autoprojetavam como os verdadeiros escolhidos por Deus, ligando suas trajetórias pessoais aos destinos de seus respectivos países. Por isso, de certo modo, mantinham-se otimistas com a força de transformação da mocidade, pois defendiam que existia um forte apelo que conduziria a juventude para as responsabilidades nacionais. Acreditavam que nenhuma obra seria duradoura se não houvesse a colaboração e o vigor da juventude. Sendo assim, o novo mundo com o qual sonhavam deveria ser pensado e refletido pela "gente nova".

Em relação à versão transnacional do mito da Salvação, o ponto culminante para seu entendimento será observar que a imagem do Salvador, o "lutador", de que falava Girardet, estava associada à imagem do guia iluminado, que, por sua vez, se ligava intimamente aos princípios da ordem e da segurança emanados pela "terra". Desta maneira, em várias ocasiões, os discursos nacionalistas de ambos intelectuais-heróis davam a entender que a "ordem" e a "segurança" somente seriam possíveis se a "terra" recuperasse o seu valor real dentro da política.

Neste viés, Plínio Salgado, ao fazer uso dos recursos narrativos da mitologia da Salvação, procurou incorporar a exaltação da "terra" enquanto elemento fundador da nacionalidade e a base fundamental sobre a qual o Brasil alcançaria a redenção.

> Dentro das próprias leis da Economia Clássica, a predominância do produto agrário sôbre os produtos industriais vai ser uma fatalidade neste século. Uma fatalidade que virá do próprio progresso técnico Eis por que este novo século, ainda nisso se parece com os tempos primitivos das sociedades humanas: êle retornará à grandeza da agricultura. Nesse dia, que não está longe, os países de vastos latifúndios terão hegemonia econômica. Não deve assaltar-nos a menor dúvida em afirmar que, antes do crepúsculo do século XX, a America do Sul, particularmente o Brasil, terão uma importância decisiva no mundo (SALGADO, 1955, p. 72).

Na perspectiva de Araújo, o nacionalismo postulado por Plínio Salgado deve ser entendido dentro de um contexto muito mais amplo e complexo, no qual a defesa dos interesses da nação, fundada nos laços de sangue com a terra, deveria se harmonizar com a edificação de uma nova ordem universal, que produzia no mundo o mesmo conjunto de sentimentos que animavam o integralismo brasileiro, como a valorização da família, da pátria e da religião. Neste sentido, a defesa tradicional do princípio da "terra" não impediria que o Brasil caminhasse na vanguarda e liderasse a humanidade num novo projeto universal, a chamada "Quarta Civilização". Segundo Plínio Salgado, a razão para esta potencialidade brasileira era que aqui permanecia latente e enraizado no povo todo um substrato espiritualista e democrático que foi trazido pelos portugueses e desenvolvido nos tempos coloniais (ARAÚJO, 1988, p. 74).

Por esse motivo, achava necessário recontar a história do Brasil a partir do contexto da Independência, demonstrando que o país surgiu em meio ao "Individualismo europeu" e ao "nacionalismo americano", por isso, "sob o signo da Liberdade e a êstrela do Romantismo" (SALGADO, 1956, p. 117). Sob seu ponto de vista, o Romantismo representava um movimento de libertação; na Europa ele se manifestou pela libertação do indivíduo, enquanto na América o movimento representou a libertação dos povos. Contudo, o nacionalismo que surgiu no Brasil "obedecia ao ritmo universal da desagregação" do século XIX e, por esta razão, deveria ser superado.

> E tanto assim era que, passado o primeiro momento, em que o calor da campanha da Independência inspirava os poetas indianistas, não tivemos nenhum escrúpulo em nos tornarmos uma verdadeira colônia literária da França, sem que isso ferisse nossos melindres nacionalistas. É que, conquanto o movimento romântico tivesse assumido no Brasil uma feição nacionalista, êsse nacionalismo, no fundo, não passava do largo sôpro de individualismo que assoberbava tôda a civilização do Ocidente (SALGADO, 1956, p. 118).

Na concepção de Plínio Salgado (1956 p. 120), o que se observava nas elites intelectuais e políticas brasileiras era um Romantismo traduzido "sob a forma nativista", amplamente difundido na capital e nas principais cidades das províncias. O nacionalismo brasileiro era um "jacobinismo lusófobo" e um espírito revolucionário repleto de Rousseau. Assim, o intelectual-herói (1956, p. 126-127) afirmava que o Brasil "só fora realmente brasileiro, realmente nacionalista, dentro da Colônia". A distância entre Brasil e Portugal havia garantido à colônia uma vida livre, "espontânea, bárbara e selvagem". Esse aparente contrassenso de que o Brasil "se deixava ser" antes da Independência, era livre em essência e não sofria com as influências cosmopolitas. Deste modo, as elites que viviam no litoral eram completamente influenciadas pelo estilo francês e inglês, ao passo que a maior parte da população "vivia ainda a vida brasileira", sem nenhum tipo de influência, nem mesmo portuguesa. Assim, a democracia realizava-se "ampla e bárbara" em todo o território. O Brasil era fundamentalmente independente, levando-se em conta o seu caráter e o tipo de vida, uma curiosa contradição entre a realidade formal e a realidade prática (SALGADO, 1956, p. 137).

Se por um lado as elites políticas e intelectuais copiavam o nacionalismo e o Romantismo da Europa, sobretudo a versão francesa do índio, por outro, existiria uma linha de força fundamental que o intelectual definia como "sentido da terra". Esta noção fundamentava um "instinto político" verdadeiramente brasileiro e criava a concepção do "homem da Terra", "o caboclo", que foi extraída da obra de Machado de Assis. Todavia, na visão Plínio Salgado (1956, p. 131), o "elemento caboclo" não participou do processo de formação do Estado-nacional devido à sua "mentalidade rudimentar", ficando apartado de todos os projetos de Estado, "Instituições Constitucionais, Monarquia, Republica e Democracia".

> Êsses [sentido da terra e instinto político] foram esquecidos, êsses foram proscritos dos debates, e não tiveram voz que se fizesse ouvir na discussão dos destinos da Patria.
> A terra plasmava no homem, em cujo sangue corriam os sangue de três raças, e em cuja alma vibrava o sentimento católico, que entrava na formação da nacionalidade, o caboclo de lineamentos próprios, êsse tipo moreno e forte, que arrostava com todas as angustias da conquista do sertão e lançava as bases da agricultura na vasta área do território brasileiro (SALGADO, 1956, p. 128-29).

Para o intelectual brasileiro, o "esquecimento" do caboclo deveria ser superado, visto que o Brasil era essencialmente rural, um imenso território constituído pelas "populações interiores", numerosos "núcleos de agricultores e de pastores de pequenos comerciantes, de tropeiros, que se ligavam por estradas penosas". Esta seria a verdadeira essência do ser nacional, a ligação com a terra e, junto com ela, as lendas, as canções, os costumes, o linguajar e todas as superstições e mitologias da criação, elementos que foram forjados durante o longo período colonial. Uma terra gigantesca, que possuía dificuldades de transporte e comunicação, marcada por "eriçada serrania" e cortada por enormes rios, que, em sua visão, impuseram um isolamento natural aos núcleos sociais e um profundo sentimento de liberdade.

Portanto, Plínio Salgado (1956, p. 134) definia que, em essência, o brasileiro poderia ser considerado um dos povos mais livres e democráticos do mundo, não por causa do espírito das elites que copiavam estes conceitos da Europa, mas devido às "condições de vida na amplitude da selva". Era uma liberdade e uma democracia repletas de "sentimento racial e vibrantes energias da terra", o que determinava um "modo de ser" profundamente rural e, por isso, nacional. Esse Brasil, que foi forjado na Colônia, completamente isolado do mundo, tendo os "impositivos cósmicos e especialíssimo clima moral", desenvolveu uma maneira particular de viver livre e representava, na história da humanidade, a realização da profecia da Salvação.

Rolão Preto, em seus comícios, introduziu a "coreografia fascista", com desfiles paramilitares, canções de combate e rituais carismáticos. Segundo Pinto (1994, p. 114-115), seus discursos nacionalistas possuíam uma fórmula simples, pautada pela ideia de que o NS representava a vanguarda da "revolução nacionalista e encarnava a juventude da Ditadura". Entretanto, com o intuito de ludibriar os portugueses, o intelectual-herói afirmava veementemente que o NS era um movimento político e espiritual superior ao fascismo e ao nazismo. Por isso, além de temas comuns, como a questão social, os ideais anticomunistas e antidemocráticos e a apologia à juventude civil e militar, ele também acrescentou a valorização da "terra" como o ponto de partida para a Salvação de Portugal. O intelectual foi buscar na história de Portugal os fundamentos que legitimassem a sua narrativa mitológica da Salvação. Assim, como Plínio Salgado, também recorreu ao princípio de defesa da "terra" como alicerce de seu discurso salvacionista e nacionalista. Citava os poemas de Camões, as trovas de D. Dinis, a obra de Mestre Gil, as crônicas de Damião de Gois e, particularmente, os textos José Fernandes para demonstrar que o apelo e a devoção pela "terra", assim como o modo de ser ruralista, sempre fizeram parte da tradição de Portugal. Nesta lógica, o ruralismo seria, ao mesmo tempo, uma postura moral, que impulsionava a ação, como também uma força que estabilizava, equilibrava e neutralizava fatores que pudessem levar o país à desgraça (PRETO, 1945, p. 52).

> O milagre dêsse amor, sensual e forte, em que de todo nos oferecemos á gleba, mesmo sem esperança, êsse milagre estupendo da nossa vocação

ruralista – tal é a alavanca obscura, mas viva, que impulsiona por serras e planuras, do interior ao litoral, a cultura e o povoamento do país.
Não fora essa vocação, a quem já alguém chamou vício, e Portugal, tirante algumas zonas verdadeiramente agrícola, seria na maior parte chanerca daninha e deserta (PRETO, 1945, p. 51).

Não por acaso, referia Rolão Preto (1945, p. 58-59) que o período de maior equilíbrio na História de Portugal foi durante a primeira Dinastia do Reino de Portugal, a Dinastia de Borgonha ou também conhecida como Dinastia Afonsina, entre 1096 e 1383. Ele considerava que este período poderia ser denominado de ruralista, pois os príncipes compreendiam verdadeiramente o valor da terra. Desta época, destacava D. Sancho II, D. Dinis e D. Fernando, por considerá-los os responsáveis pelo povoamento de Portugal. Entretanto, com o fim da Dinastia Afonsina, o desenvolvimento rural foi ultrapassado pelas atividades navais de expansão externa. Em pouco tempo, as "naus" consumiram com o que havia restado do ruralismo (PRETO, 1945, p. 61).

A "terra" só voltaria a ser o elemento fundador do espírito lusitano na Dinastia de Habsburgo ou Dinastia Filipina, de 1580 a 1640, quando Portugal estava sob o domínio de Castela. No entanto, com a chegada dos primeiros "galões abarrotados de ouro", vindos do Brasil, a terra novamente perderia por completo o seu prestígio (PRETO, 1945, p. 67). Passada a euforia do ouro, renasceram os clamores pela terra. Porém, a burguesia substituiu o ideal ruralista pelo conceito de indústria agrícola, o que representaria uma traição ao "temperamento" nacional (PRETO, 1945, p 71).

Como vemos, Rolão Preto (1945, p. 47) defendia que a "terra" significava para o português muito mais do que o local físico do qual retiravam o seu sustento. Ela era, acima de tudo, a base espiritual e moral de um povo que, a partir dela, conquistou os quatro cantos do mundo. Naquela estreita faixa costeira da Europa, a última fronteira com o oceano Atlântico, demarcada pelo Cabo da Roca, Portugal se ergueu. Desta forma, o "fundo íntimo do povo, como essência do seu pensamento criador", seria o ruralismo. Todavia, o intelectual chamava a atenção para uma confusão comum que ocorria quando se considerava rural e agrícola como sinônimos econômicos.

> Com efeito, em países de indústria agrícola, a linha de fôrça que impulsiona este ramo da atividade económica não é o ruralismo, o amor do campo, mas sim o lucro. De sorte que uma emprêsa cultiva um campo, como monta e explora uma fabrica de automóveis, e só o cultivará enquanto êle lhe render coisa que ela julgue compensadora.
> Quão longe nós estamos dêsse conceito agrícola dos grandes países produtores, países em que são vulgares setenta sementes nos cereais...

> Terra de três sementes, quando nos oferece dez, exultamos; mas tanto lhe dispensamos os carinhos da nossa cultura, num caso como no outro, bem seguros de tanto a amarmos na fome como na fartura (PRETO, 1945, p. 50).

Logo, o ponto de partida do ser nacional português seria a lavoura que, de modo geral, representava uma "aventura" baseada na fé inabalável e no grande amor pela "terra". Assim, o ruralismo tem um sentido profundo e religioso na concepção de Rolão Preto e representava uma das mais poderosas resistências contra as ameaças estrangeiras. Além disso, esse teria sido o primeiro e mais importante ideal lusitano transportado para cada pedaço de chão que Portugal estabeleceu seus domínios. Dito de outro modo, o intelectual destacava que, somente recuperando a relação de amor e carinho do português para com a terra, seria possível acontecer o verdadeiro milagre da Salvação.

Neste sentido, o intelectual-herói se esforçava para ser visto como um Chefe diferenciado, um "guia", que conduziria as preferências de seus seguidores por meio de uma combinação de doutrinamento e experiência através da educação. Seu ideal de educação preconizava uma formação completa, sendo ela física, intelectual-científica, cívica, espiritual-religiosa e artística. Desta maneira, o conjunto de signos adotados pelo movimento e largamente empregado nos discursos políticos possuía uma função pedagógica muito eficaz, já que conduzia o militante pelos caminhos do nacionalismo radical. Os locais escolhidos eram quase sempre as faculdades e as academias literárias, pois pretendia, com isso, consolidar um movimento que era muito mais cultural do que político, ou seja, um verdadeiro despertar da Nação. Esta chefia personalizada refletia-se na própria simbologia interna do movimento: somente Rolão Preto podia usar um distintivo especial, que era a Cruz de Cristo, sob fundo branco, no braço direito, o que deflagrava o papel de líder carismático e o culto de sua própria personalidade (PINTO, 1994, p. 158).

Finalmente, resta dizer que, se a lenda do Caramuru serviu de base para a construção teórica do mito luso-brasileiro da conspiração – com destaque para a função civilizacional incorporada por seus divulgadores, Alfredo Pimenta e Gustavo Barroso – o mito do Sebastianismo forneceu os elementos fundamentais para a elaboração da versão luso-brasileira do mito da Salvação. Por tal razão, a crença de que um messias apareceria para salvar ambos os povos do sofrimento, associada à capacidade de mobilização do mito, foi apropriada inúmeras vezes nas narrativas políticas dos líderes Plínio Salgado e Rolão Preto.

5. CONSIDERAÇÕES FINAIS

Abordamos com este estudo duas temáticas importantes dentro da historiografia: uma que diz respeito ao "lugar do intelectual" na política e na história, e a outra que se refere à complexidade da interação desses intelectuais com o universo do imaginário social, mais precisamente com os "mitos políticos contemporâneos". Com isso, demonstramos que o conhecimento dos fatos não seguia uma lógica linear e muito menos previsível, sobretudo, porque estavam inseridos num conjunto indissociável e numa totalidade orgânica. Deste modo, foi necessário especificar previamente o "tipo" de intelectual que iríamos trabalhar, a que chamamos de o "intelectual-herói". Tal denominação foi fundamental para darmos um melhor direcionamento às narrativas mitológicas que foram reinterpretadas nas obras de Alfredo Pimenta, Gustavo Barroso, Plínio Salgado e Rolão Preto. Em seguida, construímos uma espécie de "galeria", com os principais "autorretratos" daqueles homens, revelando suas angústias, suas doutrinas, suas vaidades e, principalmente, seus heroísmos. O intuito de associar o ato heroico à função dos intelectuais surgiu no momento em que percebemos que estes homens se viam como seres diferenciados, convencidos de que realizavam na Terra uma missão extraordinária e mitológica.

Nossa primeira conclusão foi sobre o caráter e o comportamento destes indivíduos, muito próximo daqueles observados nos "heróis" clássicos, eternizados pela tradição literária greco-romana. Eram "seres especiais", que encarnavam as mazelas do mundo como desgraças pessoais; por isso a covardia, a fraqueza, a resignação e o suicídio eram palavras que jamais poderiam fazer parte dos seus discursos. Essa atitude proativa do intelectual-herói não significava que eles eram otimistas e que não compartilhavam do chamado "desencantamento do mundo". Pelo contrário, em determinadas situações identificamos "doses pessimistas" do "poeta maldito" de Baudelaire dentro do nosso próprio objeto. Tal proximidade, em algumas ocasiões, se manifestava principalmente porque os intelectuais-heróis, assim como os intelectuais "malditos", eram testemunhas de um tempo marcado profundamente pela desordem. Porém, as semelhanças paravam por aí, pois, diferentemente dos "malditos", que não estabeleciam normas ou regras a nada e a ninguém, os "heróis" sugeriam os roteiros, os caminhos e as chaves para saírem do caos.

Além disso, o intelectual-herói se autoafirmava como um "desbravador", acreditando ser o "marco zero" e o princípio fundamental de doutrinas teoricamente mais sofisticadas do que todas aquelas existentes até então. Este comportamento se confirmou em várias obras analisadas – nelas os intelectuais-heróis se autoproclamavam inovadores do imaginário social, um tipo de microcosmo do universo; por isso, o único ser capaz de forjar uma nova ideologia a partir da experiência pessoal.

Ainda sobre os intelectuais-heróis, podemos também afirmar que em essência eram todos "contrarrevolucionários", visto que defendiam com afinco os princípios tradicionais da Igreja Católica e declararam guerra a todas as ideologias ditas "perniciosas", como o liberalismo e o comunismo. De certo modo, incorporavam o antigo ideal dos "cruzados" na luta secular contra os "infiéis". Logo, se fôssemos tentar defini-los em apenas uma imagem, escolheríamos a visão de um típico cavaleiro de Cristo, empunhando sua espada e protegido por seu escudo gravado com a "Cruz de Malta". A diferença é que as batalhas travadas pelos intelectuais-heróis aconteciam, salvo algumas exceções, no campo das ideias, já que entendiam que a palavra escrita era uma poderosa arma de transformação da humanidade.

Assim, Alfredo Pimenta, Gustavo Barroso, Plínio Salgado e Rolão Preto percebiam que os jornais, as revistas e, principalmente, os livros, seriam os reorganizadores da cultura e, em consequência, da nação. Desta forma, estariam próximos do povo ao adotarem uma linguagem mais popular e didática. No entanto, falar com o povo não significava ser do povo, e essa hierarquização da sociedade sempre foi uma importante bandeira defendida por eles.

Dito isso, partimos para nossa segunda conclusão, que se refere exatamente à relação dos intelectuais-heróis com a produção do conhecimento, a partir da releitura de antigas mitologias. Evidentemente, como a própria designação de intelectual-herói sugere, estes homens estariam num patamar social acima da mediocridade, por isso projetavam-se como vozes e personalidades cosmopolitas. Todos eles concebiam a vida cultural como uma forma de comunicação, que ultrapassava as fronteiras nacionais. Neste sentido, a "missão" comum compartilhada por eles era, por um lado, nacional, porque expressava os anseios e o espírito do seu povo, e, por outro lado, transnacional, por acreditarem que construíam um patrimônio cultural para toda a humanidade. Nesta lógica, proclamavam que suas doutrinas deveriam ser difundidas pelo mundo, pois resultavam de uma reflexão profundamente espiritual e abrangente.

Do mesmo modo, viam-se envolvidos nos mais importantes debates políticos da época, sobretudo acerca da construção de um novo modelo de Estado. Por esse motivo, tanto os intelectuais-heróis portugueses quanto os brasileiros "abateram" em suas obras os principais ideais da Revolução Francesa, que entendiam como "mitos liberais". Todavia, mesmo disfarçando e negando tais intenções, também acabaram edificando, sobre os "cadáveres" da Revolução, um discurso que incorporava narrativas mitológicas. Assim, o que ficou mais evidente para nós era que se tratava de uma guerra entre mitos, que teve como principal palco a produção literária. Como era de se esperar, o material produzido pelos intelectuais-heróis não possuía um padrão específico de linguagem, mas comungava de uma mesma racionalidade e complementariedade discursiva.

Desta maneira, aprofundamos temas políticos importantes, tratados aquém e além-mar, como a ideia da ameaça estrangeira e a ideia da vinda de um salvador da pátria. Ainda que um autor não se preocupasse com o que o outro escrevia, salvo algumas exceções, o que temos é o alvorecer de um novo e intenso diálogo luso-brasileiro. Obviamente, essa nova interação no campo das ideias e dos discursos incorporou todos aqueles elementos míticos de uma mentalidade forjada ainda nos tempos da colonização, o que produziu dois resultados diretos.

O primeiro foi perceber que Portugal representou o berço de inúmeras tradições e mitologias, que se difundiram por todos os cantos do império ultramarino, especialmente no Brasil. Aqui, podemos destacar pelo menos duas manifestações míticas que se tornaram amplamente populares. A primeira foi criada em solo brasileiro, em interação constante com os portugueses, e pode ser resumida como a lenda do Caramuru, representada pelo mito da Conspiração; enquanto a segunda foi trazida diretamente de Portugal e se refere ao *Sebastianismo*, que genericamente podemos associar ao mito da Salvação. Quanto ao mito do Caramuru, priorizamos exclusivamente as obras de Alfredo Pimenta e Gustavo Barroso, e constatamos uma inclinação maior na direção de uma mitologia conspiratória, em que o elemento externo e a defesa da memória seriam os principais artifícios empregados, em boa parte, da produção intelectual de ambos. Por sua vez, sobre o mito do *Sebastianismo*, utilizamos os textos de Plínio Salgado e Rolão Preto, e verificamos com nitidez a tentativa dos dois líderes de criar um conjunto mitológico da Salvação, fundado na ideia da vinda de um novo messias e no poder de transformação da mística do "Novo Homem", quem eles próprios imaginavam ser.

O segundo resultado, produzido a partir da análise desse entrecruzamento, demonstrou a realidade que se escondia por trás da interação entre intelectuais portugueses e brasileiros. Por essa razão, se olharmos de um ponto de vista individual, o que constatamos na dupla portuguesa era um ressentimento pela perda de tutela sobre o Brasil. Esta lamentação se mostrava ainda muito viva em Alfredo Pimenta, e pálida, devido ao tempo, nas falas de Rolão Preto. Alfredo Pimenta demonstrava indignação com a independência do Brasil e, além disso, acusava os brasileiros de serem demasiadamente submissos aos EUA. Ao passo que Rolão Preto preferia acreditar que iniciativas nacionalistas como a AIB poderiam salvaguardar os laços de união entre as duas nações irmãs. No caso da dupla brasileira, percebemos que ambos operavam com um sentimento de familiaridade e correspondência histórica. Gustavo Barroso defendia a proximidade natural entre os países e acrescentava a este sentimento a capacidade insuperável de resistir a todo o tipo de estrangeirismos. Já Plínio Salgado desejava contribuir para que o espírito luso-brasileiro se perpetuasse, e esta fé ficaria ainda mais forte depois do exílio em Portugal, pois lá acreditava ter se consumado a profecia do Salvador.

Portanto, diante de tudo que foi exposto, encerramos este trabalho afirmando que a produção do conhecimento dos intelectuais-heróis portugueses e brasileiros estava fundamentalmente conectada. Afinal, os portugueses "necessitavam", mesmo que de forma não assumida, dos seus pares brasileiros para relembrar a grandeza, a glória e o pioneirismo de Portugal no mundo. O Brasil era a prova viva de que os colonizadores portugueses foram os fundadores de "gloriosas civilizações cristãs" – esta afirmação encontrava ressonância nos textos da dupla brasileira. Por outro lado, os intelectuais-heróis brasileiros buscavam em Portugal legitimidade, visto que não queriam ser comparados à maioria da população analfabeta, e muito menos desejavam ser vistos como os seus vizinhos hispano-americanos. Por isso, eles almejavam e sonhavam com a cultura civilizada europeia. Naturalmente, a França deveria ter sido a escolhida, mas foi somente em Portugal que eles alcançaram algum tipo de glória.

FONTES PRIMÁRIAS

1) Alfredo Pimenta

(1906) PIMENTA, Alfredo. **O Fim da Monarquia.** Coimbra: Typographia Democratica, Editora, 1906.

(1911) PIMENTA, Alfredo. **O radical:** Jornal Republicano. Proprietário do Centro João Chagas; dir. Alfredo Pimenta,Mattosinhos: A. Paes Brazão, 1911.

(1915) PIMENTA, Alfredo. **Carta a um monárquico:** comentários. Coimbra: França & Armenio, 1915.

(1919) PIMENTA, Alfredo. **A Revolução Monarchica.** Lisboa: A. Pimenta, 1919.

(1920) PIMENTA, Alfredo. **A Questão Monarchica:** comentários. Lisboa: Juventudes Monarchicas Conservadoras, 1920.

(1935) PIMENTA, Alfredo. **Elementos de História de Portugal.** 4. ed. Lisboa: Emp. Nacional de Publicidade, 1936.

(1935) PIMENTA, Alfredo. **Elementos de História de Portugal.** 5. ed. [s.l.:s.n.],1937.

(1935) PIMENTA, Alfredo. **A Evolução dum Pensamento:** Autobiografia Filosofica. Coimbra: Biblioteca Geral da Universidade, 1935.

(1936) PIMENTA, Alfredo. **O império colonial factor de civilização.** Lisboa: Agência Geral das Colónias, 1936.

(1937) PIMENTA, Alfredo. **Subsídios para a História de Portugal:** Textos & Juízos críticos. Lisboa: Edições Europa, 1937.

(1939) PIMENTA, Alfredo. **A data da fundação da nacionalidade:** 24 de Junho de 1128. [s.l.:s.n.], 1939.

(1940) PIMENTA, Alfredo. **Alguns documentos para a história de Idanha-a-Velha.** Lisboa: Junta Provincial da Beira-Baixa, 1940.

(1940) PIMENTA, Alfredo. **Inédito Precioso do Cardeal Saraiva.** Guimarães: Arquivo Municipal. 1940.

(1940) ALFREDO Pimenta. **A Fundação e a Restauração de Portugal.** Guimarães: Câmara Municipal, 1940.

(1941) PIMENTA, Alfredo. **Mestres do Pensamento.** Braga: Ed. do Ateneu Comercial, 1941a.

(1941) PIMENTA, Alfredo. **O comunismo, inimigo numero 1.** Porto: Enciclopédia Portuguesa, 1941b.

(1941) PIMENTA, Alfredo. **Contra o Comunismo.** Guimarães: Grupo de Anti-comunistas, 1941c.

(1942) PIMENTA, Alfredo. **A igreja e os regimes políticos.** Lisboa: Junta Escolar Monárquica, 1942a.

(1942) PIMENTA, Alfredo. **A Senhora de Pangim.** Coimbra: Coimbra Editora, 1942b.

(1942) PIMENTA, Alfredo. **O descobrimento do Brasil.** Lisboa: Portugália, 1942c.

(1944) PIMENTA, Alfredo. **Alguns documentos para a história comum portuguesa-brasileira.** Coimbra Editora, 1944a.

(1944) PIMENTA, Alfredo. **Contra o Comunismo:** análise comparativa das encíclicas Mit Brennender Sorge e Diuini Redemptoris. Lisboa: 1944b.

(1947) PIMENTA, Alfredo. **Em defesa da portugalidade.** Guimarães: [s.n], 1947.

(1948) PIMENTA, Alfredo. **Para a história da Academia Portuguesa de História.** Lisboa: Alfredo Pimenta, 1948.

(1948) PIMENTA, Alfredo. **Fontes medievais da História de Portugal.** 2. ed. Lisboa: Sá da Costa, 1982.

(1949) PIMENTA, Alfredo. **Contra a democracia.** [s.l.:s.n.], 1949.

(1949) PIMENTA, Alfredo. **Na Torre do Tombo.** Palestras proferidas na tarde de 27 de Janeiro de 1949. Lisboa: Edições do Autor. 1949.

(1949) PIMENTA, Alfredo. (Prefácio) **Testamento Político de Mussolini:** ditado, corrigido e rubricado pelo Duce em 22 de Abril de 1945. Tradução de António Garrido Garcia. Lisboa: Ressurgimento, 1949.

(1950) PIMENTA, Alfredo. **A solução monarchica.** [s.l.:s.n.], 1950.

(1956) PIMENTA, Alfredo. **Na Academia Portuguesa da História:** páginas soltas dos seus Anais. Lisboa: Alfredo Pimenta, 1956.

(1956) PIMENTA, Alfredo. **Processos Jornalísticos.** [s.l.:s.n.], 1956.

2) Gustavo Barroso:

(1912) BARROSO, Gustavo. Culto da saudade. In: **Anais do Museu Histórico Nacional.** Rio de Janeiro: Museu Histórico Nacional-Imprensa Nacional, 1997. v. 29, p. 32-34.

(1920) BARROSO, Gustavo. **A Ronda dos Séculos.** 4. ed. Rio de Janeiro: José Olympio, 1937.

(1922) BARROSO, Gustavo. **Coração da Europa.** Rio de Janeiro: Livraria Castilho, 1922.

(1923) BARROSO, Gustavo. Discurso de Gustavo Barroso. In: **Discursos Acadêmicos 1920-1935** Rio de Janeiro: Academia Brasileira de Letras. 2006. Tomo II. Disponível em: <http://www.academia.org.br/abl/media/Tomo%20II%20-%201920%20a%201935.pdf>. Acesso em: 19 fev. de 2015.

(1928) BARROSO, Gustavo. A **Guerra do Lopez.** 4. ed. Rio de Janeiro: Getúlio M. Costa, s/d.

(1931) BARROSO, Gustavo. **O Bracelete de Safiras.** Rio de Janeiro: Americana, 1931.

(1932) BARROSO, Gustavo. **A senhora de Pangim.** Lisboa: Agência Geral das Colónias, 1940.

(1932) BARROSO, Gustavo. **As colunas do templo:** erudição, folclore, história, critica, filologia. Rio de Janeiro: Civilização Brasileira, 1932.

(1933) BARROSO, Gustavo. **O Integralismo em marcha.** Rio de Janeiro: Schmidt, 1933.

(1934) BARROSO, Gustavo. **O Integralismo de Norte a Sul.** 2.ed. Rio de Janeiro: Civilização Brasileira, 1934.

(1935) BARROSO, Gustavo. **O Quarto Império.** Rio de Janeiro: José Olimpio, 1935.

(1936) BARROSO, Gustavo. **Brasil – Colônia de Banqueiros.** 5. ed. Rio de Janeiro: Civilização Brasileira, 1936a.

(1936) BARROSO, Gustavo. **Os Protocolos dos Sábios de Sião.** São Paulo: Minerva, 1936b.

(1936) BARROSO, Gustavo. **História Secreta do Brasil:** do descobrimento à abdicação de D. Pedro I. São Paulo: Companhia Editora Nacional, 1937.

(1937) BARROSO, Gustavo. **Integralismo e Catolicismo.** 2. ed. Rio de Janeiro: Empresa Editora ABC Limitada, 1937a.

(1937) BARROSO, Gustavo. **Judaísmo, maçonaria e comunismo.** Rio de Janeiro: Civilização Brasileira, 1937b.

(1937) BARROSO, Gustavo. **História Secreta do Brasil:** da abdicação de D. Pedro I à maioridade de D. Pedro II. Rio de Janeiro: Civilização Brasileira, 1937c.

(1937) BARROSO, Gustavo. **Reflexões de um Bode.** Rio de Janeiro: Gráfica Educadora, 1937d.

(1938) BARROSO, Gustavo. **História Secreta do Brasil:** da maioridade de D. Pedro II à Republica. Rio de Janeiro: Civilização Brasileira, 1938a.

(1938) BARROSO, Gustavo. **Comunismo, Cristianismo e Corporativismo.** Rio de Janeiro: Empresa Editora ABC Limitada, 1938b.

(1938) BARROSO, Gustavo. **História Militar do Brasil.** 2. ed. São Paulo: Companhia Editora Nacional, 1938c.

(1939) BARROSO, Gustavo. **Coração de menino.** Rio de Janeiro: Ed. Getulio Costa, 1939.

(1941) BARROSO, Gustavo. **O Consulado da China.** Rio de Janeiro: Ed. Getulio Costa, s/d.

(1942) BARROSO, Gustavo. Esquematização da História Militar do Brasil. In: **Anais do Museu Histórico Nacional.** Rio de Janeiro: Museu Histórico Nacional-Imprensa Nacional, 1942. v. 3, p. 401-431.

(1943) BARROSO, Gustavo. A defesa do nosso passado. In: **Anais do Museu Histórico Nacional.** Rio de Janeiro: Imprensa Nacional, 1943. v. 4, p. 579-585.

(1944) BARROSO, Gustavo. A cidade Sagrada. In: Anais **do Museu Histórico Nacional.** Rio de Janeiro: Museu Histórico Nacional-Imprensa Nacional, 1944.

(1945) BARROSO, Gustavo. A presença do Império em Buenos Aires. In: **Anais do Museu Histórico Nacional.** Rio de Janeiro: Museu Histórico Nacional-Imprensa Nacional, 1945. v. 6, p. 5-18.

(1948) BARROSO, Gustavo. O iluminismo Bávaro no Brasil. In: **Anais do Museu Histórico Nacional.** Rio de Janeiro: Museu Histórico Nacional--Imprensa Nacional, 1948. v. 5, p. 5-14.

(1954-1956) **Segredos e Revelações da História do Brasil.** Rio de Janeiro: O Cruzeiro, s/d.

3) Plínio Salgado

(1926) SALGADO, Plínio. **O Estrangeiro.** 3. ed. Rio de Janeiro: José Olímpio, 1936.

(1926-1934) SALGADO, Plínio. A Quarta Humanidade. In: _____. **Obras Completas.** São Paulo: Américas, 1955. v. 5. p. 9-155.

(1931) SALGADO, Plínio. **O Esperado.** 5. ed. São Paulo: Voz do Oeste, 1981.

(1933) SALGADO, Plínio. **O Cavaleiro de Itararé.** 2. ed. Rio de Janeiro: José Olympio,1937.

(1933) SALGADO, Plínio. **O que é o Integralismo.** 3. ed. Rio de Janeiro: Schmidt, 1935.

(1933) SALGADO, Plínio. Psycologia da Revolução. In: _____. **Obras Completas.** São Paulo: Américas, 1957. v. 7, p. 9-173.

(1934) SALGADO, Plínio. **A doutrina do Sigma.** São Paulo: Revista dos Tribunais, 1935.

(1926 – 1935) SALGADO, Plínio. **Despertemos a Nação!** Rio de Janeiro: José Olympio, 1935.

(1934 – 1936) SALGADO, Plínio. Palavra Nova dos Tempos Novos. In: _____. **Obras Completas.** São Paulo: Américas, 1957. v. 7, p. 187- 323.

(1937) SALGADO, Plínio. **Geografia Sentimental.** 2. ed. Rio de Janeiro: José Olympio, 1937.

(1935 – 1937) SALGADO, Plínio. **Páginas de Combate.** Rio de Janeiro: Antunes, 1937.

(1938) SALGADO, Plínio. **História da minha vida.** (APHRC/FPS-01.007.001). 1938

(1939) SALGADO, Plínio. **Minha Segunda Prisão e meu exílio, seguido de Diario de bordo e Poema da Fortaleza de Santa Cruz.** São Paulo: Voz do Oeste, 1980.

(1939-1940) SALGADO, Plínio. **A Vida de Jesus.** 6. ed. Lisboa: Ática, 1947.

(1944) SALGADO, Plínio. **A Aliança do sim e do não; seguida de O Mistério da ceia.** 2. ed. Lisboa: Ultramar, 1944

(1945) SALGADO, Plínio. **O Rei dos Reis e Mensagens ao Mundo Lusíada.** São Paulo: Editoria Presença, 1945a.

(1945) SALGADO, Plínio. **O conceito cristão da democracia.** São Paulo: Guanumby, 1945b.

(1946) SALGADO, Plínio. **A mulher no século XX.** Porto: Tavares Martins, 1946a.

(1937-1946) SALGADO, Plínio. **O integralismo brasileiro perante a nação.** Lisboa: Oficina Gráfica, 1946b.

(1931-1946) SALGADO, Plínio. Madrugada do Espírito. In: _____. **Obras Completas.** Vol. 7. São Paulo: Américas, 1957, p. 335-457.

(1937-1946) SALGADO, Plínio. **O integralismo perante a nação.** Lisboa: Oficina Gráfica Limitada, 1946c.

(1948) SALGADO, Plínio. Direitos e deveres do homem. In: _____. **Obras Completas.** Vol. 5. São Paulo: Américas, 1955, p. 167-413.

(1949) SALGADO, Plínio. **O ritmo da História.** 3. ed. São Paulo: Voz do Oeste; MEC, 1978.

(1956) SALGADO, Plínio. **Doutrina e tática comunistas:** noções elementares. Rio de Janeiro: Clássica brasileira, 1956a.

(1956) SALGADO, Plínio. Psicologia da Revolução. In: _____. **Obras Completas**. 2. ed. São Paulo, Américas. 1956b. v. 7, p. 6-180.

(1958) SALGADO, Plínio. O integralismo na vida brasileira. In: **Enciclopédia do Integralismo**. Rio de Janeiro: Clássica brasileira, 1958. v. 1.

(1964) SALGADO, Plínio. Prefácio de Plínio Salgado: Coração sem expedientes. CÉSAR, Amândio. **Coração sem expedientes**. Lisboa: Verbo, 1964. p. 9-17.

4) Rolão Preto

(1910) PRETO, Rolão. O Centenário de Herculano. In: **Echos do Collegio**. Figueira da Foz: Composto e impresso na typographia do Collegio Lyceu Fgueirense. 1910.

(1920) PRETO, Rolão. **Balizas:** manual do sindicalismo orgânico. Lisboa: UP, 1920a

(1920) PRETO, Rolão. **A Monarquia é a Restauração da Inteligência**. [s.l.:s.n.], 1920b.

(192?) PRETO, Rolão. **Nacional Sindicalismo**. 2. ed. Lisboa: UP, 1925.

(1932-1933) PRETO, Rolão. **Revolução, Diário**. Lisboa.

(1932) PRETO, Rolão. **Para Além do Comunismo**. Coimbra: Junta Escolar de Coimbra do Integralismo Lusitano, 1932.

(1933) PRETO, Rolão. **Orgânica do Movimento Nacional Sindicalista**. Lisboa: [s.n], 1933.

(1933) PRETO, Rolão. **Salazar e a sua época:** comentários às entrevistas do actual Chefe do Governo com o jornalista António Ferro. [s.l.:s.n.], 1933.

(1936) PRETO, Rolão. **Justiça!** Lisboa: [s.l.:s.n.], 1936.

(1936) PRETO, Rolão. **Para além da Revolução... A Revolução**. Porto: Composto e impresso na Tipografia "Aliança". Entrevistas concedidas a José Plácido Machado Barbosa. 1940.

(1939) PRETO, Rolão. **O Fascismo:** artigos ressuscitados de uma antiga polémica. [s.l.:s.n.], 1939.

(193?) PRETO, Rolão. **Revolução Espanhola:** aspectos homens-ideias. Lisboa: Livraria Bertrand, 193?

(193?) PRETO, Rolão. **Carta aos comunistas.** Lisboa [s.n], 193?

(1942) PRETO, Rolão. **Para além da Guerra.** Porto: Ed. Gama, 1942.

(1945) PRETO, Rolão. **A Traição Burguesa.** Lisboa: Pro Domo, 1945

(1953) PRETO, Rolão. **Tudo pelo Homem, nada contra o Homem.** Lisboa: Inquérito, 1953.

(1963) PRETO, Rolão. **Inquietação.** Lisboa: Specil, 1963.

(1971) PRETO, Rolão. **Carta a um Republicano.** Lisboa: [s.l.:s.n.], 1971

5) António Sardinha

SARDINHA, António. **A aliança peninsular:** antecedentes e possibilidades; pref. de D. Gabriel Maura Gamazo. 2. ed. Porto: Civilização, 1930.

_____. **A questão ibérica.** et al. Lisboa: Almeida, Miranda e Sousa, 1916.

_____. **A teoria da nobreza.** Famalicão: Tip. Minerva, 1916.

_____. **A teoria das cortes gerais.** Lisboa: [s.n.], 1975.

_____. **Ao principio era o verbo:** ensaios e estudos. Lisboa: Portugalia, 1924.

_____. **Ao ritmo da ampulheta.** 2. ed. Lisboa: QP, 1978.

_____. **Glossário dos Tempos.** Porto, Edições Gama, 1942.

_____. **Na feira dos Mitos:** Ideas & Fatos. Lisboa, Livraria Universal, 1963.

_____. **Nação portuguesa:** revista mensal de cultura nacionalista / dir. António Sardinha. Lisboa: José Fernandes Júnior, 1924.

_____. **O valor da raça.** Lisboa: Almeida, Miranda & Sousa, Ed., 1915.

REFERÊNCIAS

ABREU, Regina. **A Fabricação do Imortal:** memória, história e estratégia de consagração no Brasil. Rio de Janeiro: Rocco Lapa, 1996.

AMADO, Janaína. Míticas Origens: Caramuru e a Fundação do Brasil. In: **Mito e Símbolo na História de Portugal.** Actas dos IV Cursos Internacionais de Verão de Cascais. Câmara Municipal de Cascais. 1998.

AMEAL, João. **São Tomás de Aquino:** iniciação ao estudo da sua figura e da sua obra. Porto: Livraria Tavares Martins, 1961. v. 1.

A ORDEM. Rio de Janeiro: Centro Dom Vital. Typographia do Annuario do Brasil, Anno II, 2ª Serie, n. 21-24,1923.

_____. Rio de Janeiro: Centro Dom Vital. Typographia do Annuario do Brasil, Anno III, 2ª Serie, n. 25-28,1923.

AQUINO, Tomás de. **Livro de orações:** orações e hinos. Tradução de Jaci Maraschin. São Paulo: Fonte Editorial, 2008.

ARAÚJO, Ricardo Benzaquem de. **As classificações de Plínio:** uma análise do Pensamento de Plínio Salgado entre 1932 e 1938. Revista de Ciência Política 21, n. 3. 1978.

_____. **Totalitarismo e Revolução:** O Integralismo de Plínio Salgado. Rio de Janeiro: Jorge Zahar Editor, 1988.

BACZKO, Bronislaw. Imaginação social. In: **Enciclopédia Einaudi**, s. 1. Lisboa: Imprensa Nacional/Casa da Moeda, Editora Portuguesa, 1985.

BARBOSA, José Plácido Machado. **Para Além da Revolução...** A Revolução. Entrevista com Rolão Preto. Porto: Tip. Aliança LTDA. 1940.

BARTHES, Roland. **Mitologias.** Tradução de Rita Buongermino, Pedro de Souza e Rejane Janowitzer. Rio de Janeiro: DIFEL, 2003.

BARTHES, Roland. **O prazer do texto**. Tradução de Jaime Guinsburg. 5. ed. São Paulo: Perspectiva, 2010.

BARREIRA, Cecília. **Sindicalismo e integralismo:** o Jornal "A Revolução" (1922-1923). Análise Social. Vol. XXVII, 1981.

BARROS, João. **O Caramuru:** Aventuras prodigiosas de um português colonizador do Brasil. 7. ed. Lisboa: Sá da Costa. 1993.

BATISTA, Alexandre Blankl. **Mentores da nacionalidade a apropriação das obras de Euclides da Cunha, Alberto Torres e Farias Brito por Plinio Salgado.** 2006. Dissertação. (Mestrado em História) – Universidade Federal do Rio Grande do Sul, Rio Grande do Sul, 2006.

BERTONHA, João Fábio. **Bibliografia orientativa sobre o Integralismo (1932-2007)**. Jaboticabal: Funep, 2010.

BEZERRA, Elvia. **Gustavo Barroso:** cadcira 19, ocupante 3. Rio de Janeiro: ABL, 2009.

BLOCH, Marc. **História e Historiadores.** Tradução de Telma Costa. Lisboa: Editorial Teorema LTDA, 1998

BLOTTA, Celine Gomes da Silva. **A presença brasileira nas comemorações centenárias de Portugal.** 2009. Dissertação (Mestrado em História Política) – Universidade do Estado do Rio de Janeiro, Rio de Janeiro, 2009.

BOBBIO, Norberto. **Os intelectuais e o poder:** Dúvidas e opções dos homens de cultura na sociedade contemporânea. Tradução de Marco Aurélio Nogueira. São Paulo: Editora UNESP, 1997.

BOHÓRQUEZ-MONTOYA, Juan Pablo. Transnacionalismo e História Transnacional del Trabalo: hacia una sínteses teórica. **Papel Politico.** Bogotá, v. 14, n. 1, fev./abr. 2009. Disponível em: <http://revistas.javeriana.edu.co/sitio/papelpolitico/admín/upload/index.php?act=view&id=187>. Acesso em: 12 fev. 2015.

BOLETIM da Academia Portuguesa de História Acadêmico (1937-1938) Conselho. Portaria de 22 de dezembro de 1937. **DIÁRIO DO GOVÊRNO**, Lisboa, 1 jan. 1938.

BOTELHO, André. **O poder ideológico:** Bobbio e os intelectuais. Lua Nova, São Paulo, n.62, 2004. Disponível em: <http://www.scielo.br/pdf/ln/n62/a06n62.pdf>. Acesso em: 13 fev. 2015.

BRITO, Frei Bernardo de. **Monarchia Lvsytana.**Lisboa, 1597. v. 3. Disponível em <http://books.google.com.br/books?id=dl5JAAAAcAAJ&printsec=frontcover&source=gbs_ge_summary_r&cad=0#v=onepage&q&f=true> Acesso 22 fev. 2015.

BRITO, Giselda. **Catolicismo e Integralismo como lugares de produção do conhecimento histórico entre Brasil e Portugal em começos do século XX.** Revista Lusófona de Ciência da Religião. n.23, 2008.

BULFINCH, Thomas. **O livro de ouro da mitologia (a idade da fábula):** Histórias de deuses e heróis. (trad.) David Jardim Junior. Rio de Janeiro: Ediouro, 2001.

CAMÕES, Luís de. **Os Lusíadas.** São Paulo. Biblioteca Virtual do Estudante Brasileiro. p. 111. Disponível em: <http://www.bibvirt.futuro.usp.br>. Acesso em: 22 fev. 2015.

CAMPBELL, Joseph. **O herói de mil faces.** São Paulo, Editora Pensamento, 2007.

CARLYLE, Thomas. **Os heróis.** (Tradução) Antônio Ruas. São Paulo, Edições Melhoramento, 1963.

CARNEIRO, Márcia Regina da Silva Ramos. A Contribuição de Plínio Salgado, Gustavo Barroso e Miguel Reale para a construção de um projeto de Estado-nação. In: **Anais do XII Encontro Regional de História.** Usos do Passado. ANPUH. Universidade Federal Fluminense. Niterói-RJ. 2006. p. 2-3. On line. Disponível em: <http://www.rj.anpuh.org/Anais/2006/conferencias/Marcia%20Regina%20da%20Silva%20Ramos%20Carneiro.pdf>. Acesso em 02 fev. 2009.

_____. Gustavo Barroso, enfim, soldado da farda verde.In. **X Encontro Regional de História – ANPUH/RJ.** Universidade do Rio de Janeiro. 2002. Disponível em: <http://www.rj.anpuh.org/Anais/2002/Indice2002.htm>. Acesso em: 18 fev. 2015.

CARTAS DOS OUTROS PARA ALFREDO PIMENTA, Guimarães: Edição do Arquivo Guimarães – 1963.

CARVALHO, José Murilo de. **A formação das almas:** o imaginário da República no Brasil. São Paulo: Companhia das Letras, 1990.

CARVALHO, Nair de Moraes. As comemorações do septuagésimo aniversário do fundador do MHN. In: **Anais do Museu Histórico Nacional.** Rio de Janeiro: Imprensa Nacional, v. 10, 1949.

CASSIRER, Ernst. **O Mito do Estado.** Tradução de Daniel Augusto Gonçalves. Lisboa: Publicações Europa-América, Ltda., 1946.

CASTRO, Silvio. **Teoria e Política do Modernismo Brasileiro.** Petrópolis: Ed. Vozes, 1979.

CAVALARI, Rosa Maria Feitero. **Integralismo:** ideologia e organização de um partido de massa no Brasil (1932-1937). Bauru: EDUSC, 1999.

CEREJEIRA, Manuel Gonçalves. In: SALGADO, Plínio. **A Vida de Jesus.** 6. ed. Lisboa: Ática, 1947.

CESAR, Amândio. Alfredo Pimenta: Testemunho nos Primordios do seu Centenário. Separata **Boletim de Trabalhos Históricos.** Guimarães: Oficinas Gráficas da Livraria Cruz, n.34, 1983.

CHALIAND, Gerard. **Mitos Revolucionários do Terceiro mundo.** Rio de Janeiro: F. Alves, 1977.

CHASIN, José. **O Integralismo de Plínio Salgado:** Forma de regressividade no capitalismo hiper-tardio. São Paulo: Livraria Editora Ciências Humanas, 1978.

CHAUÍ, Marilena de Souza. Apontamentos para uma crítica da Ação integralista Brasileira. In: CHAUÍ, Marilena de Souza; FRANCO, Maria Sylvia de Carvalho Franco. **Ideologia e Mobilização Popular.** São Paulo: CEDEC/Paz e Terra, 1978.

_____. **Brasil:** Mito fundador e Sociedade Autoritária. São Paulo: Fundação Perseu Abramo, 2000.

CHAUÍ, Marilena de Souza. **Notas sobre o pensamento conservador nos anos 30:** Plínio Salgado. In: MORAES, Reginaldo et al. Inteligência Brasileira. São Paulo: Brasiliense, 1986.

CRUZ, Manuel Braga da. **As elites católicas nos primórdios do salazarismo.** Análise Social. Vol. XXVII, p. 547-574, 1992.

_____. **As origens da democracia cristã em Portugal e o Salazarismo.** Análise Social, Vol. XIV, p. 265-278, 1978.

_____. **O integralismo lusitano nas origens do salazarismo.** Análise Social. Vol. XVIII, p. 137-182, 1982.

_____. Prefácio. **Salazar e Alfredo Pimenta.** Correspondência (1931-1950). Lisboa: Verbo, 2008.

COIMBRA, Artur Ferreira. **Paiva Couceiro e a contra-revolução monárquica (1910 – 1919).** 2000. Dissertação (Mestrado em História) – Universidade do Minho, Braga, 2000. Disponível em: <http://repositorium.sdum.uminho.pt/bitstream/1822/6989/1/Paiva%20Couceiro%20e%20a%20contra-revolu%C3%A7%C3%A3o.pdf>. Acesso em: 09 set. 2015.

CORDEIRO, António. **História Insulada das ilhas a Portugal sujeitas no Oceano Ocidental.** Lisboa, 1732. p. 29-30 Disponível em: <http://bit.ly/1EErEEB >. Acesso em: 22 fev. 2015.

COSTA, Luiz Mário Ferreira; TANAGINO, Pedro Ivo. A construção do "mito do Salvador" no livro "A Quarta Humanidade" de Plínio Salgado. In: **XXVIII Semana de História:** Genocídios, Massacres e Nacionalismos, 2011, Juiz de Fora. Anais da XXVIII Semana de História da Universidade Federal de Juiz de Fora, 2011.

CRUZ, Manuel Braga da. Prefácio. **Salazar e Alfredo Pimenta.** Correspondência (1931-1950). Lisboa: Verbo, 2008.

DOTTA, Renato Alencar et al. **Integralismo:** novos estudos e reinterpretações. Rio Claro, SP: Arquivo do Município, 2004.

DUMANS, Adolpho. O Museu Histórico Nacional através dos seus 19 anos de existência. In: **Anais do Museu Histórico Nacional. Rio de Janeiro:** Museu Histórico Nacional-Imprensa Nacional, 1940. v. 1, p. 211-233.

DUTRA, Eliana Regina de Freitas. **Entre a melancolia e a exaltação:** Povo e Nação na obra de Plínio Salgado. Revista Brasileira de História 19, n. 37, 1999.

_____. **O ardil totalitário** – Imaginário político no Brasil dos anos 30. Belo Horizonte: Editora da UFMG; Rio de Janeiro: Editora da Universidade Federal do Rio de Janeiro, 1997.

ELIADE, Mircea. **Mito e realidade.** Tradução de Pola Civelli. São Paulo: Perpectiva, 2010.

_____. **O Sagrado e o Profano.** Tradução de Rogério Fernandes. São Paulo: Martins Fontes, 1992. Disponível em: <http://gepai.yolasite.com/resources/O%20Sagrado%20E%20O%20Profano%20-%20Mircea%20Eliade.pdf>. Acesso em: 09 set. 2015.

EXPOSIÇÃO Bibliográfica na Sociedade Martins Sarmento: Alfredo Pimenta. Guimarães: Câmara Municipal de Guimarães, 1 de agosto de 1959.

FAUSTO, Boris. **A revolução de 1930:** história e historiografia. 13. ed. São Paulo: Editora Brasiliense, 1991.

FERNANDES, Joaquim. **História Prodigiosa de Portugal:** Mitos e Maravilhas. Vila do Conde: QUIDNOVI QN, 2012.

FERNANDES, Lia Silvia Peres. Gustavo Barroso e o seu Tempo. In: **Anais do Museu Histórico Nacional.** Rio de Janeiro: Museu Histórico Nacional-Imprensa Nacional, v. 35, 2003.

FERREIRA, Tito Lívio. **Portugal no Brasil e no Mundo.** São Paulo: Academia Paulista da História, 1994. v. 2.

FIGUEIREDO, Jackson de. **Do Nacionalismo na Hora Presente.** Rio de Janeiro: Livraria Catholica, 1923.

_____. **Literatura Reaccionaria.** Rio de Janeiro: Edição Centro D. Vital, 1924.

FREIXO, Adriano de. As relações luso-brasileiras e a CPLP. Algumas reflexões em torno da ideia da lusofonia. In: **As Relações Portugal-Brasil no século XX.** (Coord.) SOUSA, Fernando de; SANTOS, Paula; AMORIM, Paulo. Porto: Fronteira do Caos Editores Ltda., 2010.

FREYRE, Gilberto. **Um Brasileiro em Terras Portuguesas:** Introdução a uma possível luso-tropicologia, acompanhada de conferencias e discursos proferidos em Portugal e em terras lusitanas e ex-lusitanas da Ásia, da África e do Atlântico. Rio de Janeiro: José Olympio, 1953.

GADAMER, Hans-George. **Verdade e método.** Trad. Flávio Paulo Meurer. Petrópolis, RJ: Vozes, 1997.

GALEANO, Diego. **Criminosos viajantes:** circulações transnacionais entre Rio de Janeiro e Buenos Aires (1890 – 1930). Rio de Janeiro: Arquivo Nacional, 2016.

GARCIA, José Luis Gutierrez. **Conceptos Fundamentales en la Doctrina Social de la Iglesia.** Madrid, Centro de Estudios Sociales Del Valle de los Caldos, 1971.

GIRARDET, Raoul. **Mitos y mitologias políticas.** Tradução de Horacio Pons. Buenos Aires: Ediciones Nueva Visión SAIC, 1999.

GOLDMANN, Lucien. Concepciones del mundo y clases sociales. In: _____. **El hombre y lo absoluto, El dios oculto.** 2. ed. Barcelona: Ediciones Península, 1985.

GOMES, Ângela Maria de Castro. **A república, a história e o IHGB.** Belo Horizonte, MG: Fino Traço, 2009.

GONÇALVES, Leandro Pereira. **Entre Brasil e Portugal:** trajetória e pensamento de Plínio Salgado e a influência do conservadorismo português. 2012. 668 f. Tese (Doutorado em História) – Pontifícia Universidade Católica: São Paulo, 2012

_____. Tradição e Cristianismo: O nascimento do Integralismo em Juiz de Fora. In: SILVA, Giselda Brito. (Org.). **Estudos do Integralismo no Brasil.** Recife: UFRPE, 2007.

_____. **Um Plínio Lusitano:** busca de antigos aliados e a solidariedade nazista, 2015. Disponível em: <http://bit.ly/1BtebwS>. Acesso em: 21 fev. 2015.

GONÇALVES, Leandro Pereira; SIMÕES, Renata Duarte. **Entre tipos e recortes:** histórias da imprensa integralista. Guaíba: Sob Medida, 2011.

GONÇALVES, Williams da Silva. **O Realismo da Fraternidade Brasil--Portugal.** Lisboa: Imprensa de Ciências Sociais, 2003.

GONZALES, Horácio. **O que são intelectuais.** São Paulo: Brasiliense, 1981.

GRAMSCI, Antonio. **Literatura e a vida nacional.** Rio de Janeiro: Ed. Civilização Brasileira, 1968.

_____. **Os intelectuais e a Organização da Cultura.** Rio de Janeiro: Ed. Civilização Brasileira, 1971.

HERCULANO, Alexandre. **As melhores Obras de Alexandre Herculano.** Lisboa: Circulo de Leitores, 1986.

JACOBELIS, Paola Gentile. **Contradição, engajamento e liberdade:** reflexões de Sartre sobre o intelectual no século XX. 2012. Dissertação (Mestrado em Filosofia) – Universidade de São Paulo, SP, 2012. Disponível em: <http://www.teses.usp.br/teses/disponiveis/8/8133/tde-30082012-114500/pt-br.php>. Acesso em: 13 fev. 2015.

JESUS, Carlos Gustavo Nóbrega de. **Anti-semitismo e nacionalismo, negacionismo e memória:** Revisão Editora e as estratégias da intolerância. São Paulo: Editora da Universidade Estadual Paulista, 2006.

JUNIOR, Isaac José da Silva; PEREIRA, Rakel Luciana Azevedo. **Influências sebastiânicas no fantástico mundo do imaginário nordestino.** Disponível em: <http://www.unicap.br/armorial/35anos/trabalhos/d_sebastiao.pdf>. Acesso em: 22 fev. 2015.

JUNIOR, Venceslau. **O integralismo ao alcance de todos.** Rio de janeiro: Sociedade Impressora Brasileira, 1936.

KUCZYNSKY, Uliana. Na saúde e na doença: o mito do salvador na figura do presidente Tancredo Neves. **Revista Vernáculo**, n. 19-20, 2007. Disponível em: <http://ojs.c3sl.ufpr.br/ojs/index.php/vernaculo/article/download/20543/13726>. Acesso em: 09 set. 2015.

LACAPRA, Dominick. Repensar la historia intelectual y ler textos. In: PALTI, Elias José (Org.). **"Giro linguístico" e historia intelectual.** Buenos Aires: Universidad Nacional de Quilmes, 1998.

_____. **Historia y memoria después de Auschmitz..** Buenos Aires: Prometeo Libros, 2009.

LACAPRA, Dominick. **History in Transit:** Experience, Identity, Critical Theory. Ithaca: Cornell UP, 2004.

_____. **Rethinking Intellectual History:** Texts, Contexts, Language. Ithaca: Cornell UP, 1983

LE GOFF, Jacques. **O Deus da Idade Média:** conversas com Jean-Luc Pouthier. Tradução de Marcos de Castro. Rio de Janeiro: Civilização Brasileira, 2007.

LIMA, Oliveira. **Aspectos da História e da Cultura.** Lisboa, Livraria Clássica Editora, 1923.

LOUREIRO, Maria Amelia Salgado (Coord.). **O integralismo síntese do pensamento político-doutrinário de Plinio Salgado.** São Paulo. Ed. Voz do Oeste, 1981.

_____. **Plínio Salgado, meu Pai.** São Paulo: GRD, 2001.

MACDONALD. H. Malcolm. Algumas reflexões sobre Intelectuais. In: **O intelectual na Política.** Tradução de Lívio Dantas. Rio de Janeiro: Gráfica Record Editôra, 1969.

MAIO, Marco Chor. **Nem Rotschild nem Trotsky:** O pensamento Anti-semita de Gustavo Barroso. Rio de Janeiro: Editora Imago, 1992.

MANNHEIM, Karl. **Ideologia e utopia.** Rio de Janeiro: Zahar, 1976.

MANSO, Joaquim. In: SALGADO, Plínio. **A Vida de Jesus.** 8. ed. Lisboa: Ática, 1954.

MARCHI, Riccardo. **A direita radical na Universidade de Coimbra (1945-1974).** Análise Social. Vol. XLIII, 2008.

_____. **Folhas Ultras:** as ideias da direita radical portuguesa (1939-1950). Lisboa: Imprensa de Ciências Sociais, 2009.

MARQUES, Rui. **O padre Vieira e o mito do Quinto Império.** Revisitação e actualidade. Brotéria, Vol. 177, p. 257-274, 2013

MATOS, Sérgio Campos. Historiografia e mito no Portugal oitocentista – a ideia de carácter nacional. In: **Mito e Símbolo na História de Portugal.** Actas dos IV Cursos Internacionais de Verão de Cascais. Câmara Municipal de Cascais, 1998.

MATTOS, Carlos Lopes de. **O Pensamento de Farias Brito:** evolução de 1895 e 1914. São Paulo: Editora Herder, 1962.

MEDEIROS, Jarbas. Plínio Salgado. In: **Ideologia autoritária no Brasil (1930-1945).** Rio de Janeiro: Fundação Getúlio Vargas, 1978. p. 379-599

MEDINA, João. **Salazar e os Fascistas:** Salazarismo e Nacional-Sindicalismo, a história dum conflito, 1932/1935, Lisboa: Livraria Bertrand, 1979.

_____. **Salazar na Alemanha:** acerca da edição de uma antologia salazarista na Alemanha hitleriana. Análise Social. v. XXXIII, p. 147-163, 1998.

MEGIANI, Ana Paula Torres. **O Jovem Rei Encantado:** Expectativas do Messianismo Régio em Portugal, Século XIII a XVI. São Paulo: EDITORA HUCITEC, 2003.

MELLO, Olbiano. **Concepção do Estado Integralista.** Rio de Janeiro: Schmidt – editor, 1935.

_____. **Razões do integralismo.** Rio de Janeiro: Schmidt – editor, 1935.

MICELI, Paulo. **O mito do herói nacional.** 6. ed. São Paulo: Contexto, 1997.

MICELI, Sergio. **Poder, Sexo e Letras na República velha.** São Paulo: Editora Perspectiva, 1997.

MICELI, Sergio. **Cartilha monárquica.** Editor Alberto Monsaraz (Conde de Monsaraz). Lisboa: Tip. do Anuário Comercial, 1916.

_____. **Cartilha do operario.** Editor Alberto Monsaraz (Conde de Monsaraz). Lisboa: Tip. Soares & Guedes, Ltd, 1919.

_____. **No centenário de Lourdes.** Lisboa: Edições da Rev. Ocidente, 1958.

_____. **Uma carta das que mordem.** Beja: Diário do Alentejo, 1957.

MONSARAZ, Alberto de. **A verdade monárquica**. Lisboa: Restauração,1958.

MOREIRA, Filipe Alves. **Alfredo Pimenta**. Biografias Vimaranenses. (Coord.) António Amaro das Neves. Guimarães: Fundação Cidade Guimarães e A Oficina, 2013. Disponível em: <http://www.academia.edu/4811143/Alfredo_Pimenta>. Acesso em: 17 fev. 2015.

MOTTA, Rodrigo Patto Sá. **Em guarda contra o "Perigo Vermelho":** o anticomunismo no Brasil (1917-1964). São Paulo: Perspectiva-FAPESP, 2002.

_____. O mito da conspiração judaico-comunista. **Revista de História**. FFLCH-USP, 1998. Disponível em: <http://www.revistas.usp.br/revhistoria/article/viewFile/18845/20908>. Acesso em 22 abr. 2015.

NOGUEIRA, Hamilton. **Jackson de Figueiredo:** o doutrinário catholico. Rio de Janeiro: Terra de Sol, s/d.

NUNES, Catarina Silva. **Compromissos incontestados:** A auto-representação dos intelectuais católicos portugueses. Lisboa: Paulinas, 2005.

OLIVEIRA, Lucia Lippi. **Elite intelectual e debate político nos anos 30:** uma bibliografia comentada da revolução de 1930. Rio de Janeiro: Fundação Getúlio Vargas, 1980.

PAIM, Antonio. **As filosofias nacionais:** Estudos complementares à história das Ideias Filosóficas no Brasil. 2. ed. Londrina: CEFIL, 1999. 2v.

PARADA, Maurício. Tempo de Exílio: Plínio Salgado, religião e política. In: SILVA, Giselda Brito; GONÇALVES, Leandro Pereira; PARADA, Maurício (Orgs.). **Histórias da Política Autoritária:** integralismos, nacional-sindicalismo – nazismo – fascismos. Recife: EdUFRPE, 2010.

PEREIRA, António J. da Silva. O "Tradicionalismo" vintista e o astro da Lusitania. **Revista de História das Ideias**, v. 1, Coimbra, Universidade de Coimbra, 1976.

PESSOA, Fernando. **Associações Secretas e outros escritos**. Lisboa. Ática. 2011.

_____. **Sebastianismo e Quinto Imperio**. Lisboa. Ática. 2011.

PINTO, Aline Magalhães; VALINHAS, Mannuella Luz de Oliveira. Historicidade, retórica e ficção: interlocuções com a historiografia de Dominick Lacapra. **Revista Rhêtorikê**. Rio de Janeiro – Universidade Católica do Rio de Janeiro. n. 3, jun. 2010. Disponível em: <http://www.rhetorike.ubi.pt/03/pdf/Rhetorike03-historicidade.pdf>. Acesso em: 08 set. 2015.

PINTO, António Costa. O regime fascista italiano. In: ROSAS, Fernando; OLIVEIRA, Pedro Aires (Ed.). **As ditaduras contemporâneas.** Lisboa: Colibri; ICH-UNL, 2006.

_____. **As Elites católicas nos primórdios do salazarismo.** Análise Social. Lisboa, Vol. XXVII, p. 547-574, 1992.

_____. **As Elites politicas e a consolidação do salazarismo:** O Nacional Sindicalismo e a União Nacional. Análise Social. Lisboa, Vol. XXVII, p. 575-613, 1992.

_____. O Estado Novo português e a vaga autoritária dos anos 1930 do século XX. In: MARTINHO, Francisco Carlos Palomanes; PINTO, António Costa (Org.). **O corporativismo em português:** estado, política e sociedade no salazarismo e no varguismo. Rio de Janeiro: Civilização Brasileira, 2007.

_____. **O fascismo em Portugal:** actas do colóquio realizado na Faculdade de Letras de Lisboa em março de 1980. Lisboa: A regra do jogo, 1982.

_____. **O Império do professor:** Salazar e a elite ministerial do Estado Novo (1933-1945). Análise Social. Vol. XXXV, 2000.

PINTO, António Costa. **O salazarismo e o fascismo europeu:** problemas de interpretação nas Ciências Sociais. Lisboa: Estampa, 1992.

_____. **Os Camisas Azuis:** ideologia, elites e movimentos fascistas em Portugal – 1914-1945. Lisboa: Editorial Estampa, 1994.

_____. Portugal contemporâneo: uma introdução. In: _____ (Org.). **Portugal contemporâneo.** Lisboa: Dom Quixote, 2004.

_____. (Ed.). **Rethinking the nature of fascism:** comparative perspectives. New York: Palgrave Macmillan, 2011.

PINTO, António Costa et al. **A formação do integralismo lusitano (1907-17).** Análise Social, Lisboa, n. 70, 1983.

PITTA, Sebastião da Rocha. **História da América Portugueza.** Lisboa: Joseph Antonio da Sylvia, impressor da Academia Real. 1730. Disponível em: <http://bit.ly/1E7CjpY>. Acesso em: 22 fev. 2015.

PURDY, Sean. História Comparada e o Desafio da transnacionalidade. **Revista de História Comparada.** Rio de Janeiro, 6-1, mar./abr. 2011. Disponível em: <http://www.hcomparada.historia.ufrj.br/revistahc/artigos/volume006_Num001_artigo003.pdf>. Acesso em: 12 fev. 2015.

QUINTAS, José Manuel. **Filhos de Ramires:** As origens do Integralismo Lusitano. Lisboa: Nova Ática, 2004.

_____. **Rolão Preto.** Lisboa: Única Semper Avis. 2002. Disponível em: <http://www.angelfire.com/pq/unica/il_frp_francisco_rolao_preto.htm>. Acesso em: 19 fev. 2015.

RAÍZES MEDIEVAIS DO BRASIL MODERNO. **Ordens Religiosas entre Portugal e o Brasil.** (Coord.) João Marinho dos Santos & Manuela Mendonça. Lisboa. Academia Portuguesa de História, 2012.

RAPOSO, Hipolito. **Dois Nacionalismos:** L'Action Française e o Integralismo Lvsitano. Lisboa. Livraria Ferin, 1929.

REALE, Miguel. **ABC do integralismo.** São Paulo. Ed. Revista Panorama, 1937.

_____. **Formação da Política Burguesa.** Rio de Janeiro: José Olympio, 1934.

_____. **Memórias:** Destinos Cruzados. São Paulo: Saraiva, 1986. v. 1.

REBELLO, José Pequito. **A ideia de Portugal Forte.** Lisboa, 1940.

_____. **Tradição e Ultramar.** Lisboa. Tipografia Portuguesa,1961.

REIS FILHO, Daniel Aarão. **Intelectuais, história e política (séculos XIX e XX).** Rio de Janeiro: 7 Letras, 2000.

ROSAS, Fernando. **O salazarismo e o homem novo:** ensaio sobre o Estado Novo e a questão do totalitarismo. Análise Social. Vol. XXXV, p. 1031-1054, 2001.

SANTOS, Paula Marques dos; AMORIM, Paulo. As relações Portugal-Brasil na Primeira metade do século XX (1910-1945). In: **As Relações Portugal--Brasil no século XX.** (Coord.) SOUSA, Fernando de; SANTOS, Paula; AMORIM, Paulo. Porto: Fronteira do Caos Editores Ltda, 2010.

SANTOS, Wanderley Guilherme dos. **Poder & Política:** crônica do autoritarismo brasileiro. Rio de Janeiro: Forense-Universitária, 1978.

SCOTT, Janny. 9/11 Leaves Its Mark on History Classes. **The New York Times,** 6, Sept. 2006. Disponível em: <http://www.nytimes.com/2006/09/06/nyregion/06history.html?pagewanted=all&_r=1&>. Acesso em: 12 fev. 2015.

SEIGEL, Micol. Beyonde Compare: Comparative Method after the Transnational Turn. **Radical History Review.** New York, 91, Winter 2005. p. 63 Disponível em: <https://www.english.upenn.edu/sites/www.english.upenn.edu/files/Seigel-BeyondCompare.pdf>. Acesso em: 12 fev. 2015.

SILVA, Dangelis Nassar da. **A interpretação de Brasil na obra de Plínio Salgado (1926-1937).** 2007. Dissertação (Mestrado em Sociologia) – Universidade Estadual Paulista, 2007.

SILVA, Giselda Brito; GONÇALVES, Leandro Pereira; PARADA, Mauricio B. Alvarez. **Histórias da Política Autoritária:** Integralismos, Nacional--sindicalismo, Nazismo e Fascismos. Recife: Editora da UFRPE, 2010.

SIRINELLI, Jean-François. Os intelectuais. In: RÉMOND, René (Org.). **Por uma história política**. Rio de Janeiro: UFRJ/FGV, 1996.

SOREL, Georges. **Reflexiones sobre la violencia.** Buenos Aires: Editorial la Pleyade. Tradução de Luis Albert Ruiz. Disponível em: <http://disenso.info/wp-content/uploads/2013/06/Reflexiones-Sobre-la-Violencia-G.-Sorel-.pdf>. Acesso em: 08 set. 2015.

SOUSA, Fernando Ponte de; SILVA, Michel Goulart. **Ditadura, repressão e conservadorismo.** Florianópolis: UFSC, 2011.

SOUSA, Thomaz Oscar Marcondes. **O acadêmico Gustavo Barroso e o seu processo "sui generis" de cuidar da história.** São Paulo: João Bentivegna, 1950.

TAVARES, José Antonio Giusti. **A estrutura do autoritarismo brasileiro.** Porto Alegre: Mercado Aberto, 1982.

TORGAL, Luís Reis. **Estados Novos Estado Novo.** 2. ed. Coimbra: Imprensa da Universidade de Coimbra, 2009.

TRINDADE, Hélgio. **Integralismo:** o fascismo brasileiro da década de 30. São Paulo: Difel/UFRGS, 1974.

VASCONCELLOS, Gilberto Felisberto. **Ideologia curupira:** análise do discurso integralista. São Paulo: Editora Brasiliense, 1979.

VICTOR, Rogério Lustosa. **À direita da Direita:** estudos sobre o extremismo político no Brasil. Goiânia: Ed. da PUC Goiás, 2011.

_____. **O labirinto integralista:** o conflito de memórias (1938 – 1962). Goiânia, GO: IFITEC Editora, Ed. Américas, 2013.

VIEIRA, António. **História do Futuro, Esperanças de Portugal.** Lisboa: Livraria Sá da Costa/ Edição eletrônica Richard Zenker, 1953. v. 1. Disponível em: <http://bit.ly/1ICtZVm>. Acesso em: 22 fev. 2015.

VIEIRA, Evaldo. Autoritarismo e corporativismo no Brasil: Oliveira Vianna & Companhia. 2. ed. São Paulo. Cortez, 1981.

WEBER, Max. **A Ciência como Vocação.** Tradução de Artur Morão. Disponível em: <http://www.lusosofia.net/textos/weber_a_ciencia_como_vocacao.pdf.>. Acesso em: 22 abr. 2015.

WEINSTEIN, Barbara. Pensando a história fora da nação: a historiografia da América Latina e o viés transnacional. **Revista Eletrônica da ANPHLAC**, São Paulo, n. 14, jan./jun. 2013. Disponível em: <www.zotero.org/liblatam/items/itemKey/P7IFZMAR>. Acesso em: 12 fev. 2015.

WINOCK, Michel. **O século dos intelectuais.** Tradução de Eloá Jacobina. Rio de Janeiro: Bertrand Brasil, 2000.

ZINN, Howard. **Você não pode ser neutro num trem em movimento:** uma história pessoal dos nossos tempos. Tradução de Nils Goran Skare. Curitiba: L-Dopä Publicações, 2005.

SOBRE O LIVRO
Tiragem: 1000
Formato: 16 × 23 cm
Mancha: 12,3 × 19,3 cm
Tipografia: Times New Roman 10,5 | 11,5 | 12 | 16 | 18 pt
Arial 7,5 | 8 | 9 | 10 pt
Papel: Pólen 80 g/m² (miolo)
Royal Supremo 250 g/m² (capa)